U0800580

向上管理

和你的领导相互成就

王付有◎著

中国铁道出版社有限公司
CHINA RAILWAY PUBLISHING HOUSE CO., LTD.

图书在版编目(CIP)数据

向上管理:和你的领导相互成就/王付有著. —北京:中国铁道出版社有限公司,2020.11(2024.5 重印)

ISBN 978-7-113-27282-1

Ⅰ.①向… Ⅱ.①王… Ⅲ.①管理学-通俗读物 Ⅳ.①C93-49

中国版本图书馆 CIP 数据核字(2020)第 179766 号

书　　名:**向上管理:和你的领导相互成就**
XIANGSHANG GUANLI: HE NI DE LINGDAO XIANGHU CHENGJIU
作　　者:王付有

责任编辑:陈　胚　　　**读者热线**:(010) 51873459
封面设计:仙　境
责任校对:王　杰
责任印制:赵星辰

出版发行:中国铁道出版社有限公司(100054,北京市西城区右安门西街 8 号)
印　　刷:北京联兴盛业印刷股份有限公司
版　　次:2020 年 11 月第 1 版　2024 年 5 月第 8 次印刷
开　　本:700 mm×1 000 mm 1/16　**印张**:18.5　**字数**:263 千
书　　号:ISBN 978-7-113-27282-1
定　　价:59.80 元

序

“你努力做的工作，领导都知道吗？”

“你的职业规划和领导的规划有哪些一致性？”

“每到年底总结，你是否发现自己忙了一整年，但是很难总结出价值？”

“是否有不如你的同事，反倒先升职了？”

……

试着回答这些问题，或许你会发现职场发展缓慢的原因就是缺乏“向上管理”。

“向上管理”，本质上是一种协作，目的是双赢。

很多人都把“管理”等同于“权力”，看到领导就会感到畏惧，这其实是一种认知偏差。在盖普勒的调查数据中，大部分职场人离职，是没有掌握好上下级关系，那么这部分人一定没有建立起“向上管理”的理念。

我最初看到“向上管理”这个概念，是在著名管理学家杰克·韦尔奇助手的一本书里。她首次提出要充分理解领导的指令和意图，去推动和协助他，从而达成完美沟通，也完成了对领导的“管理”。

猎头老王的“向上管理”，则扎根于国内职场特有的土壤，更本土化，也更体系化。比如我们可以根据领导的人格特征去调节工作方式，可以让自己的付出有回报，让努力被看见；与之保持良好的工作关系，维护自己的职场资源，完成与领导之间共同的绩效……这些都是“向上管理”最为重要的部分。

上下级关系是影响个人职场发展，团队目标与绩效，组织运行效率的关键因素。对所有的关系而言，最忌讳的就是一厢情愿。那么主动去达成上下级关系和谐的职场人，就不会再闭门造车，盲目自嗨，或者自怨。

即使是一个普通的职场人，只要学会了“向上管理”，就会发现自己拥有更多机会。因为我们的职场资源，不一定是被分配的，也可以自己主动争取。

“向上管理”，就是与领导站在统一战线上，相互成就，共同实现价值。我认为，这是职场快速迁跃的必经之路。

CGL（上海德筑企业管理有限公司）创始人　庄华

自序

职场就是竞技场，胜者需要能力和智慧的双引擎。除了脚踏实地打磨能力，更要认清竞技的本质。只有读懂规则，才能精准地获取上升通道，否则很容易举步维艰。

在职场中，很多人都曾遇到一些看似无解又不符合逻辑的问题：有人踏实肯干，却没能得到对等的利益回报；有人全力付出，表现出色，却没能获得领导赏识；有人渴望得到一个大展拳脚的机会，却总是得不到领导的支持；有人总是领会不到领导的战略意图，无法把工作做得准确到位……

其实，职场进阶的核心始终是工作业绩，但"只要工作卖力，领导就会满意"，这已经成为一个伪命题。

那么，是什么阻挡了我们拥有傲人的业绩？错付了我们的汗水与努力？往往是因为职场人与领导之间存在着隐形的壁垒，很多人渴望探索这些职场怪圈后的秘密。其实，这些令人迷惑的现象背后隐藏着你尚未读懂的规则。不是所有的努力都会被看到，不是所有付出都能获得对等的价值。它并不是什么厚黑的职场法则，而是一种"向上沟通"的艺术。

在职场中，没有人是一座孤岛，也都离不开与他人的联系。而领导作为项目进度的掌控者，资源和利益的分配者，对职场人的成长与发展起到至关重要的作用。想要快速打造自己的职场稀缺价值，完成职场进阶，除了要有埋头苦干的精神，更要具备"向上管理"的思维。

只有具备了"向上管理"的思维，职场人才会掌握正确的工作思路与方向，在职场进阶上，才能达到事半功倍的效果。这就像是一个跑步运动员，不仅要跑得快，也要跑在正确的轨道上。

如何赢得领导的信任,处理好与领导之间的关系,这需要技术,也是一门艺术。“向上管理”的概念是由著名管理学家杰克·韦尔奇的助手罗塞娜·博得斯基提出的。在她的观点中,管理需要资源,资源的分配权力在领导手上。因此,当你需要获得工作的自有资源时,就需要对领导进行管理,实现完美沟通。

向上管理,不仅仅是单纯地向上沟通,也更不是对领导进行管控。而是通过规划思维路径,行为逻辑,去消除彼此之间的思维偏差,建立平等和谐的双向关系;确立共同的目标,帮助领导解决问题,获得更多的资源。也只有在这种良性的平等关系中,才能够及时地读懂领导的需求和思路,与领导同频共振,获得共赢。

任何理论都需要有条理地搭建出模型,才能够在思维中沉淀;任何理论都需要在实践中应用,才能产生真正的价值。

我根据多年理论研究、实战经验、职业咨询案例,形成了一套具有实践意义的“向上管理”观点和系统的思维方法。它能够帮助职场人领会“向上管理”的本质,构建“向上管理”思维模型,掌握具有实操性的方法和技巧。实现与领导的深度沟通,获得深度信任,共同成长,彼此成就,打造职场稀缺价值,完成职场进阶与华丽蜕变。

王付有

注:本书中的“领导”,泛指一切职场管理者,包括直属领导和企业老板。

目 录

第三章

消除偏差思维

第四章

明确自己的角色定位

第五章

最佳拍档

第六章

向着共同的目标

第七章

从平庸到卓越

第八章

向上沟通与自我管理

第九章

人人都是管理者

第一章

建立平等和谐的双向关系

帮助领导做时间管理

职场上，时间是一种有限的资源，尤其对于管理者而言。在现实工作中，很多领导在面对繁杂工作时都会感到焦头烂额，他们都有着旺盛的精力，但也都有着数不清的待办事宜。因此，对于员工而言，如果能够帮助领导做好时间管理，也是“向上管理”的重要体现。

要帮助领导进行时间管理，首先要明白领导为什么总是处于不断忙碌的状态。对此，我们不妨先来看一下 G 公司负责人张总的一日工作概况，来分析一下。

8:30　董事长打电话让张总过去谈话，谈了一会儿有关分公司人力资源规划的问题，期间董事长有客人来访使他们的谈话一直延续到 10:00。

10:00　准备给员工布置工作，财务经理又打来电话，询问有关新员工入职工资确定的问题，张总与其充分沟通。

10:20　继续给员工布置人事调配的工作，期间不断有其他员工进来请示工作，张总的时间和思路不断被分割和耽误，人事调配的工作布置一直延续到 11:00。

11:00　对助理呈报上来的文件进行批示、处理；阅读各类报告、建议书等，一直到 12:00 还有一部分文件未处理完。

12:00　吃过午饭，午休时间。

13:00　下午上班时，想起上午董事长布置的起草关于人力资源规划报告的工作，张总开始细致梳理起本公司的人力规划现状、存在的问题，并开始考虑未来人力资源规划的构想。期间有其他部门人员过来与其沟通工作，结果一直沟通到 14:30。

14:30 销售部经理过来询问人员招聘的进展，张总不放心招聘主管所做的工作，又亲自将招聘销售部业务员的详细招聘流程介绍了一遍，销售部经理离开的时候已经到 15:20。

15:20 送走销售部经理后，负责本部门员工关系的主管进来汇报工作，就最近公司转场工作受到的阻力与张总进行沟通，但直到 16:30 也未沟通出满意的解决办法。

16:35 张总刚端上茶杯喝一口水，又被集团总办拉过去临时开小会，要配合集团总办协助处理退休人员的社会化管理工作，其实张总本可以拒绝，交由具体办事员去开会，但因为不好意思，所以时间又被分割出去了。

16:50 趁着还未下班，部门行政人员匆忙进来找张总审批日常报销单、出差单等各项单据，处理完已经是 17:25 了。

17:30 同事们已经陆续下班走人了，张总复盘了一下今日工作计划，发现计划中的好几件事都还未处理，董事长新布置的报告也没理出思路来。一天的时间就这样过去了。

回顾张总的一天，某些工作场景是不是似曾相识？其实，通过总结张总面临的问题，我们可以发现，领导们经常陷入忙碌的原因主要是以下三个。

(1)会议及临时事务较多。这些会议或者突发的事务经常会打断领导原有的工作计划，令人防不胜防。不过，这也说明了计划本身缺乏灵活性的问题。有些事情固然难以预料，但一个可以有效执行的工作计划才能够解决或化解这些情况，否则，工作者就只能受临时事务的摆布而被动地应付工作，使计划沦为空谈。

(2)不懂拒绝而增加杂事。作为领导，如果因为碍于面子而不好意思说“不”，有求必应，只会导致自己的杂事越积越多。就像张总一样，为了不驳下面经理的面子，于是亲自进行解释，结果白白浪费了将近半小时的时间。

(3)事必躬亲，管理过细。作为一个领导，事必躬亲本身就是一个最大的问题，因为这说明了领导没有进行良好的时间管理。比如，张总本可以将销售部招聘的问题授权给招聘主管全权处理，但却因为不放心而非要亲自解答，最后导致时间计划被打乱。

著名管理学家德鲁克说过："有效的管理者不是从他们的任务开始，而是从掌握时间开始。"一个可以有效管理时间的领导绝不能大包大揽，将所有工作都压在自己身上，而应该是一个掌舵者，通过合理分配时间，将自己从繁杂的事务中抽离出来，而就重大的问题和事项进行指挥和决策，提高处理问题的效率。

掌握了领导忙得分身乏术的原因之后，作为领导的助理或得力干将就可以有针对性地去帮助领导进行时间管理。具体而言，主要是做好如下三点。

1. 协助领导进行科学的计划

要做好时间管理，离不开科学的工作计划。一个能够统筹兼顾、高效利用时间的工作计划，才能让领导的时间管理达到最佳水平。

在这里，给大家推荐一个简单实用的时间管理办法——ABC 分类管理法。

ABC 分类管理法又称"重点管理法"，由美国管理学家莱金（Lakein）提出。其主要含义是，为了提高时间的利用率，每个人都需要确定今后五年、今后半年及现阶段要达到的目标。人们应该将其各阶段目标分为 A、B、C 三个等级，A 级为最重要且必须完成的目标，B 级为较重要且很想完成的目标，C 级为不太重要且可以暂时搁置的目标。具体步骤见下表。

ABC 分类管理法

步　骤	内　容	细　　则
第一步	列出目标	每日工作前列出"日工作清单"
第二步	目标分类	对"日工作清单"分类
第三步	排列顺序	根据工作的重要性、紧急程度确定 A、B、C 顺序
第四步	分配时间	按 A、B、C 级别顺序，定出工作日程表及时间分配情况

续上表

步 骤	内 容	细 则
第五步	实施	集中精力完成A类工作,效果满意,再转向B类工作。对于C类工作,在时间精力充沛的情况下,可自己完成,但应大胆减少C类工作,尽可能委派他人执行,以节省时间
第六步	记录	把每一事件消耗的时间记录在案
第七步	总结	工作结束时评价时间应用情况,以不断提高自己有效利用时间的技能

需要注意的是,A、B、C三级事务在事务总量中所占的比例及价值也是帮助领导做时间管理应该考虑的:

A级事务应该占任务和工作总量的15%,这是必须集中精力完成的事务,对所有达到的目标而言,它真正的价值高达65%;

B级事务应该占事务与工作总量的20%,完成事务的价值也就是20%;

C级事务占事务总量的65%,完成这级事务的价值仅为15%。

2. 协助领导进行适当的拒绝

对于领导而言,要协助其进行时间管理,就要想方设法让领导拒绝分外工作。

在实际工作中,因为绝大部分的具体事务均是由员工执行完成,所以作为员工,也可以更容易举出正当事由对分外事务进行拒绝。当然,在职场上,如何巧妙地帮助领导进行适当的拒绝,也是需要一些技巧的。

要让相关人员清楚领导优先解决的事情和界限,并坚决执行。在何时有空或哪些请求可以接受等问题上,绝对不能破坏领导所设定的规矩,这样可以很大程度上避免不必要的事务来浪费领导的时间。

对于突发事件需要找领导的,可以先查看领导的日程表,再给其明确答复。对于其他人员报请的非紧急的重要事务,不要马上同意也不要当场拒绝,比如,可以委婉表示:领导还有几个紧急的事务要处理,您的事情可以等到明天之后吗？这样,让领导的时间可控可用。

3. 协助领导进行合理的授权

《韩非子·八经》中曾讲到:“下君尽己之能,中君尽人之力,上君尽人之智。”要帮助领导实现尽人之智,管理好自己的时间,具体到实际工作中就是要协助其进行合理的授权。

在授权的问题上,必须要注意掌握如下六个要点:

(1)授权应当公开进行;

(2)只允许逐级授权;

(3)循序渐进地进行授权;

(4)对被授权者可能会犯错误的情况,做好应有的心理准备和预案;

(5)强调被授权者的工作绩效,而不是斤斤计较其执行工作的手段;

(6)当被授权者发生疑难时,应协助他自行寻找解决途径。因此,要尽量避免完全不授权或者授权不足的情况。

授权的精髓就是要把适当的工作在适当的时候,交给适当的人来做。因此,既然要授权,就必须对员工充满信任,不要总是担心员工做错事,或者员工工作表现太好而不受控制。同时,还要注意的是,授权并不是领导责任的转移。所以,在进行充分授权之前,必须要保证人选得当,明确被授权人的权利和义务;对被授权的工作也要严格把关,监督到位。

不要害怕提问

职场作为一个需要各方合作方能达成同一目标的体系,任何闭门造车的行为都是不被提倡的。当心中有了疑虑,最妥当的处理方式不是带着疑虑继续工作，而是直接向领导表达，寻求一个确定的答案。

职场上有些人并不喜欢提问，尤其不喜欢向领导提问。这样的人有两种，一种是由于缺乏合作精神，更习惯通过个人的力量处理任何问题；还有一种是出于胆怯的心态，害怕会被领导斥责，或者干脆就是害怕与领导产生任何沟通行为。这两类人的存在都很不利于工作的开展。

职场人杨先生曾经在工作中出现过一次很大的问题，这个问题直接导致他在职场上出现信任危机。他向我倾诉时，正是他最沮丧的时期。

那之前，他在一个项目里担任一个承前启后的位置，A 组会将完成后的项目内容交给他，他自己对项目内容加工后，再将其交给 B 组。他的工作内容并不复杂，但在这个过程中，他发现 A 组交上来的东西有时会有些许的偏差，于是他直接问 A 组的人，这些误差是什么情况。A 组的人很快就回复他，说那些误差都是在允许范围内的，让他不用多想，直接做好自己的内容，再交给下一组就是了。

他虽然有些迟疑，但一来怕麻烦，二来不喜欢什么事都去向上层领导反映，所以决定直接将那些偏差忽略，再经过自己的一番修整，做好项目内容后直接交给了 B 组。

在这个工作问题上，B 组由于专业上的不同，并没有看到 A 组内容的问题，而作为唯一能看到问题的杨先生，又直接忽略了这个问题。最后，当项目交付时，检查方发现了其中的问题，将整个项目都直接打回。

整个项目必须推翻重做，这自然给公司本身造成不小的损失，而他们这个项目组更是受到上层领导的严厉批评。为了今后不再发生同样的问题，追究责任便成了不可避免的一个环节。

错误是由 A 组产生的，自然责任会追到 A 组的身上，但是忽略错误并直接交给 B 组去封装的，却是杨先生。事实上，整个项目中，杨先生的任务除了完成对 A 组项目内容的润色，关键还是要将 A 组的内容再验收一遍。因此在追究责任这一环节里，尽管 A 组的责任不可免去，但真正被追究的第一责任人,还是杨先生。他不仅被公司罚了款,还影响到了今后半年内的绩效和分红。尤其是,作为“戴罪之身”,在相当一段时间内,他都觉得在公司内抬不起头来。

其实这件事完全可以避免,只要在他发现A组的工作内容有问题时,立刻向领导反映,就能将所有错误消灭在摇篮中。但他不喜欢与领导沟通,发现问题时,只是轻飘飘地问了下A组的人,在得到A组应付般的解释后,就直接放过,这才导致了问题的扩大。

职场上,不喜提问者往往都有着与杨先生相似的心态,他们或者是不喜欢与领导打交道,或者是不喜欢什么事都去麻烦领导,或者是自以为是,遇事喜欢通过自己的主观判断来下结论。这种心态在职场上其实十分危险,一旦出现问题便可能酿下祸端,即便无事,也不利于工作上的合作进度。于公是如此,于私,这种心态也很不利于自身的职业发展,更不利于在公司建立自身的形象和与其他人的合作关系。

一个成熟的职场人是很善于向领导提问的。在工作中遇到问题时要提问,即便没有遇到问题,当出现一些想法时,也要提问。一方面,提问是为了解决自己心中的疑虑,不至于在接下来的工作中出现错误;另一方面,提问也是为了增加与领导之间的沟通,了解领导的想法,对今后的工作安排也能做到胸有成竹。

不过,在工作场合的提问,尤其是对领导的提问,必须要有一定的技巧,若是没头没尾地就去问领导,可能不但没达到预计效果,还会引起领导的反感。

1. 将问题的脉络整理清楚

这是沟通必不可少的准备工作。提问的时候,你不应该是一张白纸,而是应该做过充足的功课。即便其中出现理解上的偏差也没关系,因为这些都可以在与领导沟通的过程中得到解决。

这样的沟通会更加具体。沟通之前，职场人要将问题细化再细化，让领导立刻明白问题在哪里。

2. 弄清楚问题的本质

在工作中，问题都往往不仅仅是问题本身。问题只是表象，其内里可能有许多含义，所以在向领导提问的过程里，关键还是要搞清楚问题真正的本质。只有弄清楚本质，才能真正获得能力上的提升。若是仅仅局限在问题本身，下一次遇到类似问题时再次找到领导，就会给人以愚钝之感。

3. 注意自己的表达

向领导提问这件事，除了解决具体的工作问题，也能够锻炼职场人的沟通能力，尤其是与领导沟通的能力。

很多职场人都有一种感觉，在与平级同事沟通时，许多问题都能很简单说清楚，一旦到了与领导沟通问题时，反而说不清楚。造成这种现象的原因，一是因为在面对领导时，很多人自然而然就会紧张；二是因为与领导沟通时，职场语言变得无法随意，不论是描述还是用词都需要更加严谨，需要摒弃一些日常聊天用语，所以不论平时多么口若悬河，面对领导都可能变得支支吾吾起来。

所以，职场人要珍惜每一次向领导提问的机会，将对工作的描述做到精准和严谨，让自己更加专业。

4. 学着将提问延伸为探讨

职场不是学校，领导不是事无巨细的班主任，提问如果永远只局限在基础认知上，那就像是一个长不大的学生。领导乐于传授自己的工作经验，但他真正想要的并不是学生，而是一个优秀的合作者。提问的最终目的是将工作更好地展开。所以，基础认知类的问题就不要问了，尽可能自己学习和探究，与领导之间应该进行有针对性的深入探讨。

丢掉偏见

偏见有很多种,因一个人性格问题而对其产生恶感,这是一种偏见;因一个人所处职位而对其产生固有印象,这同样属于偏见。职场上,要与领导建立稳定和谐的工作关系,首先就要消除偏见,摘去有色眼镜,明白彼此除了职位不同,都是属于整个职场系统中的一员,以平等的眼光看之,这会省去许多不必要的烦恼。

从员工的角度来看,员工最担心的就是领导对自己有所偏见,偏见一旦形成,可能整个职业生涯都要出现问题。这种现象的确存在,但实际上偏见有时候往往是作用于双方的。如果受到领导的偏见,不妨跳出固有思维去看待,看是否自己对领导也同样抱有偏见。

小路的领导是个工作狂。当我们定义一个人是工作狂,理由可能各有不同,有的人是由于自身精力旺盛,每天都能进行大量的工作;有的人是因为爱岗敬业,将工作当作自己的生活重心;也有人仅仅是热衷于给自己的员工安排大量工作,并对工作内容要求极其严格。许多工作狂是三者兼而有之,但在自己的员工看来,他们似乎永远认为自己的领导只是最后一种。

作为一名普通职员,小路每日只是简单完成领导布置的任务,从未思考过公司前景、部门业绩等问题,工作算是颇为轻松。但由于市场的变幻无常,公司本身也急需改革,很多部门已经率先采取了措施,且颇有成效。不过,在改革之风未曾吹达小路所在部门之前,他一直都很迟钝,并未察觉到公司内部的变化。

直到新的季度来临,小路的部门受到了公司整改,他的领导直接被替换成一位空降领导。无人知道这位新领导的来头,下面有些传闻,认为这位新领导跟公司高层有裙带关系,当这个传闻传到小路耳中,他直接便对该领导产生了抵触情绪。之前的领导虽然在公司内并不受重用,但对小路的帮助颇多,仅仅因为一个有上层裙带关系的人，就让前任领导被明升暗降，小路心中也觉得不公。

更让小路感到难以接受的是，这位新领导十分喜欢向自己的员工施压，工作量几乎被放大了许多倍，原本他们只需要半个月完成的任务，新领导直接要求一周内完成，并且如果完不成任务就会被扣除一部分的绩效奖金。一时间，部门的员工怨声载道，小路更是心中不平。

于是小路向我询问，遇到这种领导该如何做，是该继续忍下去，还是另寻他路。

由于小路的描述本身具有片面性，因此我建议他再观察一段时间。首先，裙带关系是否为真尚且存疑；其次，根据小路的描述，部门原本效益并不好，换了新领导之后，虽然员工的工作强度有所增加，但部门的效益却提升了，每个人获得的绩效奖金也有所提升，从这一点来看，新领导的做法实际是有利于公司发展的。

过去的部门工作强度较小，员工心里舒适度虽然高，但似乎并未给公司带来效益。或许经过新领导整顿后的工作节奏，才是一个公司的正常节奏。只因过去大家习惯了懒散，反而不能接受正常节奏下的工作了。如果这种懒散习惯继续保持下去，那么该部门的员工一旦离开熟悉的环境，很可能无法适应外部残酷的职场生活。新领导的做法一时间看起来不近人情，但实际是在增加他们在职场上的生存能力。

小路的问题在于，他一开始就对新领导抱有敌意和偏见，以至于不论新领导做什么，他都觉得不顺眼，都觉得对方是在以权谋私，却并未以客观的角度去思考新领导做法背后的真正意义。

职场上，如果是领导对员工产生偏见，影响的是员工的职业发展；而如果员工对领导产生偏见，最后影响的很可能也是员工的职业发展。这两者中受到负面影响的都是员工。

如何才能够在职场中剔除对领导的偏见，首先需要正确认识偏见。

在心理学上，偏见是人们脱离客观事实而建立起来的对人、事、物的消极认知与态度。大多数情况下,偏见是仅仅根据某些社会群体的成员身份而对其形成的一种态度,并且往往是不正确的否定或怀有敌意的态度。

一般而言,偏见具有以下几个特征。

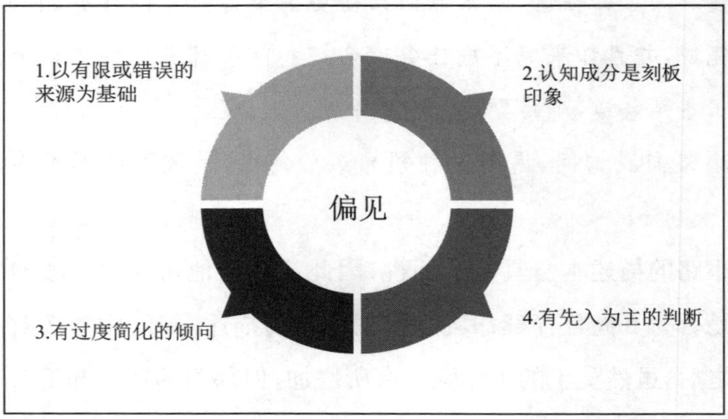

偏见的特征

(1)偏见以有限或错误的来源为基础。它指的是人们常常会通过有限的信息表象,来推断它的整体状态,或者是凭借一些没有根据的传闻,而形成自己的主观印象。

就如同前文中提到的咨询者小路,他通过一些传闻听说了新领导是因为裙带关系才走马上任的,所以在心里为前任领导鸣不平,同时也对新任领导产生了强烈反感。

每个人在环境发生变化,产生负面情绪时,都会不自觉地用一些客观因素让自己的情绪合理化,也因此会不加考证地吸收很多负面的信息。但职场人应该清醒地认识到,这些片面的或是错误的信息只会激化情绪,让人失去理智,最终酿成糟糕的后果,而这个后果都会由自己买单。

(2)偏见的认知成分是刻板印象。在偏见形成中,人们可以简化认知过程,直接形成刻板印象。刻板印象也叫定型化效应,其中消极的作用是,人们会通过有限的资料,做出普遍性的结论。例如,在公司中一个经常向领导汇报,与领导走得很近的职员得到了晋升,很多人在刻板印象中就会认为,领导更喜欢阿谀奉承的员工，而不去分析这个人获得晋升的核心竞争力究竟是什么。

(3)偏见有过度简化的倾向。它指的是一种类似于晕轮效应的消极认知现象。你一旦对某个人形成了糟糕的印象，便会理所当然地认为，他在其他方面也同样糟糕。例如，你在职场中，因为某个事件认为领导在针对你，那么在其他的事件中，你也会不自觉地产生同样的心理反应，认为领导看你不顺眼，处处都在针对你。但其实很多事情，都只是自己的主观偏见加工而成的。

(4)偏见有先入为主的判断。它是指人们在资料尚未收集完全时，就会断然地作出决定性的倾向判断，对人或事物过早地作出评论。这种以偏概全的倾向就如同盲人摸象一样，只了解了局部，却在主观中认为自己看到了全部的事实，陷入一种自我主观的判断中。

但实际上所有客观的判断都需要建立在深入的了解之上。前文中的小路正是因为在短时间内的接触，对新领导形成了糟糕的印象，也给自己的职场制造了无端的障碍。所以，职场人应当学会放大格局，才能站在更高的角度上去客观地评价人和事。

认识偏见的特征可以让职场人更容易地诊断出自己认知中的偏见。那么在职场中究竟该如何化解这些偏见？建议可以从以下几个方面进行自我调整。

1. 摆正自己的眼光

职场人首先要学会摆正看人的目光，丢弃掉那些自己主观附加的内容。不可能所有领导的形象都趋近于完美，当脱下职业的外衣，领导只是万千普通人中的一员，他的身上必然存在各种优点与缺点，其缺点很有可能刚好不受其员工的待见。这时候作为员工，就需要摆正目光，只需去看领导在职场上的表现，而忽略其他个人因素。

我们经常强调，个人好恶并不适合带入职场中来，这是因为一个公司体系的拼接基本上都是以工作能力作为依据，至于个人特点则完全随机。作为员工，不该对领导的私生活横加挑剔。

2. 学会换位思考

我们时常发现,当面对同样的问题,领导考虑问题往往比员工更加全面。造成这种现象的原因,并不是员工能力不足,而是因为员工所处的位置使他很难看到本质所在。这就如同爬山,只有站在更高的山峰上才有更大的视野。

有时候,偏见之所以产生,正是源自视野的差异。在员工看来,领导的某些作为会显得不可理喻,但如果员工能够做到换位思考,站到领导的角度去看问题,可能就会产生相同的看法和体会。

3. 出现问题需主动沟通

员工与领导之间不可能完全没有分歧,当发生分歧后,双方都很容易对彼此戴上有色眼镜,之后看对方总觉得不顺眼。即便之前的分歧早已被忘记,但戴上的有色眼镜,却很难摘下去了。

对事,一旦变成了对人,就是一件很难解决的事情。如果不去及时解决这个问题,时间拖得越久,问题越容易变得根深蒂固。

这也是为什么不论在职场上还是在生活中,出现了分歧时一定要及时解决,不可靠时间将其淡化。当这种分歧发生在领导与员工之间,主动解决问题的一方往往应该是员工,因为员工是受到负面影响更大的一方。

4. 制造合作情景

著名的社会心理学家谢里夫曾经做过一个实验,在一次夏令营中通过刻意的操纵,将孩子们分为两个阶段群体,让他们彼此互相敌视。但紧接着他又制造了一系列需要双方共同合作才能完成的课题。而在这个合作过程中,两个群体之间的敌意渐渐消散,关系更加和谐。

由此可见,在合作情境下能够增强人们对彼此的了解,从而消除偏见。因此职场人在工作中,可以积极争取与领导合作的机会,把领导的目标当作自己的目标,在工作上高度配合。一方面可以让领导看到你的能力和优势,另一方面也可以在此过程中增加对领导的了解,化解主观偏见。

5. 增长自身学识

有些偏见之所以会产生，其实是因为自身的学识不足。对一个职场人而言，保持学习永远是一个终身受益的习惯。增长了学识，就能够增加眼界，同时能扩宽胸怀，一旦拥有了宽广的胸怀和眼界，不但很难对人产生偏见，而且对人性缺点的容忍度也会放宽许多。

一般来说，偏见很重的人，系统思维和判断能力都会比较差。从个人职场发展的角度来说，也是不适宜的。建议职场人要正视这个问题，及早学会调整心态。

摆脱权力和地位的束缚

在普遍印象里，职位总是与权力与地位直接挂钩。在这种印象下，有些职场人会视领导为“统治者”，甚至“压迫者”，自己则以职场弱者自居。

其实这是一个认知上的误区，也是一种在职场中角色定位的偏差。这种观点错误地将企业管理等同于职权欺压，误解了简单的工作合作关系。实际上，领导的管理行为与权力地位并没有任何关系。尽管从员工到领导，很多人都容易犯这种认知上的错误，但在本质上，这种认知关系并不存在。

对领导来说，首先应当意识到自身的管理工作并非意味着权力，而是意味着责任。公司管理制度之所以存在，是因为每一个人的思维方式与行事节奏不可能自觉达到统一，想要公司正常运营，就需要统一的制度以对所有人进行约束，而领导便是承担了约束一职的重任。这种约束行为，既不是为了体现领导的地位，也不是为了让领导拥有压迫员工的权力。

对员工来说，要清楚明确领导在公司的这种管理位置，是出自对公司制度的维护。倘若领导有越过制度滥用权力的行为,员工完全有权利对此种行为抗议。

某公司市场部的小徐曾经向我倾诉,自己近日来压力特别大,以致时常整夜失眠,身体状态也大不如前,问及原因,是因为担心领导的责备,每日里担惊受怕,这种情绪令她无心工作,而工作的积压使得她更加日夜不安。

之所以会演变成如此状况,是因之前某次工作中,小徐犯过一个不小的错误。由于她在工作中疏忽,输入错了一个数字,导致整个市场推广计划都要推翻重做,这个失误令部门内半个月的工作都成为无用功。领导因此狠狠地训斥了小徐,并且扣除了她的一部分工资作为惩罚。

虽然这件事已经过去,但从那之后,她便不敢面对自己的领导,工作时经常觉得领导在监督自己,同时,她因担心再被领导训斥,每次处理工作都会小心翼翼,这种心态使得她对工作本身产生了一种恐惧感,每一次工作时都需要承受十分巨大的压力。

首先,我给她的建议是她应该先去看看心理医生,因为她的这种状态很明显是心理上已经出现了问题,如不加以控制定会影响健康。但同时,我也向她表示,应该从根本上改变自己的职场认知,否则下次遇到这种情况,她还是会继续引发心理问题。

她在认知上的最大误区就是,错误理解了领导训斥她的这件事。之所以如此,是因为她将领导放在了一个权威的位置上。她害怕领导就如同孩子害怕家长、学生害怕老师,是一种对权威的敬畏心理。

其实公司中的领导与权威毫不相干。领导训斥她,是因为她在工作中犯了错误,而不是领导有资格训斥她。领导对她的训斥完全是代表着公司的立场。而她作为公司的一员,任何有损公司的行为都会最终损害到她自身的利益。所以,与其说是领导在因她做错事而训斥她,不如说是由于她对自身的工作不够负责,而受到领导鞭策。

因此小徐最需要扭转的认知,就是要意识到她的工作是为了她自己,而不是为了其他任何人。公司是属于每一个人的,与每一个人的前途都息息相关,当工作上出现错误，她首先应当做的是反省自己，因为在她的错误中受到损害的，也同样包括了自己。当领导对她训斥时，她更无须将自己放在受害者的位置上，而应该与领导站在同一个立场上，对自己进行自我批评。

事实上，如果始终在将管理者等同于权威的认知中工作，很难使人在职场上获得成长。因为在这样的心态下，职场人将始终受制于权威，并被动地将工作这件事认作是对权威的屈服。由此可见，只有改变这种权威印象，才能真正成为工作的主人，而不是将自己与工作对立起来。要重新塑造认知，首先要清楚地认识到以下几点。

1. 领导与员工只是职业分工不同

如果是身在大型公司中就会了解到，具备管理职能的人并不是只有领导。大型公司因体系庞大，职能也会更加细分，因此就会出现一些虽然在职位本身上并不具备管理者的职权，但是其工作内容本身就存在着对其他部门的监督职责。而通过这类员工，推及公司的管理者，就会看出管理者们也同这些员工一样，只是被公司任命了管理监督的职责，而不是拥有了权力。

当然，即便道理清楚，当职场人面临被监督和审核时，难免会引人心态失衡。这时不妨换个角度去想，如果自己的工作无人监督和审核，那么自己是否真的能够做到在完全符合公司要求的条件下，准确、准时、高效地完成工作，又是否真的能达到现有的工作水平，拿到现有的薪水呢？

一旦想清楚其中的利害关系，就会意识到，领导的管理监督行为从来都不是权威和地位的压迫，而是提升自身工作水平的助力。

2. 员工有权维护制度上的平等关系

当然，在职场上，看不清管理关系的往往并不只是员工，很多管理者同样容易对自身的职能产生误解。当公司赋予自身管理权时，尽管在制度上明确该管理权只是为了维护工作的正常运行，但仍然有人会陷入误区，将这种管理权等同于权威，并借此向员工施压。

若是遇到这样的领导，员工完全有权利对其反抗。这种对权力的滥用首先是对公司管理的挑战,其次也是在破坏公司各方的劳动关系。员工可以接受一切合理的监督行为,也可以拒绝一切不合理的职权滥用。

只是,这种反抗程度可大可小,可依据领导滥用权力的恶劣程度来确定。若能够在小范围内解决是最优的结果,只有当小范围内无法解决时,才可考虑是否将问题扩大。

3. 唯一需要服从的是制度本身

既然领导并没有权威,那么工作中,员工究竟是在听从谁的指挥,又是在服从谁? 员工自然是听从领导的指挥,但这并非因为权威,而是因为领导具备统筹决策的能力。员工服从的并不是领导,而是公司的制度本身。即职场上任何一个人,服从的都是制度,因为没有规矩则不成方圆,对任何公司而言,唯一的权威便是制度、规则。在对于制度的服从上,公司从上到下人人平等。而管理者对员工的管理行为,同样也属于对制度的服从。

职场上的确存在着权威,并且这种权威必须存在,只有在以遵从该权威为前提的环境下工作,每个人才能获得最大限度的发挥,只是这种权威只属于管理制度,而不属于任何人。

在职场上除了要改变对领导的权威认知,还需要明确自己的角色定位。才能找到真正属于自己的位置,明确自己的发展方向。

所谓角色定位,也就是在一个组合中拥有不可替代性的定位。在职场中的角色定位主要包含了以下两部分内容。

(1)要具备一定的系统环境,也就是组织系统环境、体制系统环境和时间环境。

组织环境是指一个企业中需要有总经理、财务、人力资源、市场等多个部门组成一个系统,也因此会产生各种角色分工。组织环境决定了决策分工,但体制环境才能最终决定角色定位。时间环境则代表着一种时效性,它意味着角色定位需要与时俱进,才能保证定位的有效性。

举例来说,10 年前对电商运营人员的要求与 10 年后的今天,已经完全不同了。如果,运营人员还只是懂得基础的店铺运营操作,那么在当下竞争激烈的市场环境中早已经失业了。

(2)角色定位具有不可替代性。

角色定位的不可替代性包含了以下三个方面。

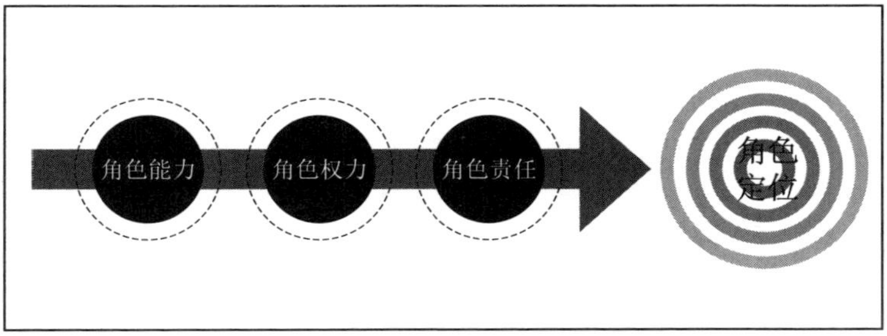

角色定位的不可替代性

①角色能力。这里指的是不可替代的核心竞争力。职场人需要在工作中不断地打磨自己的竞争优势,强化某一角色能力,才能够真正地让角色站稳脚跟,这同样也是实现向上管理最基本的自我要求。例如一个策划人员,他的角色能力,并非他能完成一个策划,而是他的策划案,有亮点,有创意,并且能长时间保持这种优势,它才能够称之为真正的角色能力。

②角色权力。在体制系统必须提供一个这样的环境,角色不需要对某一权力负责,对某一个人负责,而是要对自己角色的事物和原则负责。也就是前文中提到的,职场人需要服从的是制度本身,而不是屈服于领导的权威和权力。职场人只有在保持自己角色原则的基础上,才能够更加充分发挥自身的潜能,处理自己的工作事务,获得领导的赏识。

③角色责任。它是指职场人在角色原则之下拥有处理事务的权力,那么相应也要承担角色原则下的最高责任。这也就是说,职场人除了要尽职尽责地完成自己的工作事务,还需要对它的结果负责。一旦发生错误,或产生了失败的结果,职场人有责任对其弥补和挽回,而在受到领导批评或惩罚时,也需要以一种坦然的心态去接受,并从中提炼出有价值的经验,以确保在未来不会发生同样的错误。

总之,职场人在明确了自己的角色定位之后,更能将专注力投入到工作本身,与领导保持和谐的沟通,减少一些不必要的心理负担,使职场之路更加通达。

切忌与领导抢功劳

喜欢享受成功,获得他人的赞美与认可,这是每个人都会有的心理。但是在职场上,尤其是现在团队工作的模式下,几乎可以说没有哪一件事情的成功是只归功于一人的。在这种情况下,有些员工就很容易陷入这样一个误区:事情做成功了,但是功劳都归了领导,这怎么可以?怀着这种心态的员工,就很容易在事情成功之后,不自觉地和领导抢功劳。

这种心态和做法在职场上可不是什么明智之举。因为,“向上管理”的重要法则之一,就是“切忌与领导抢功劳”。冒失地和领导抢功劳时,你内心可能会短暂地“爽”了,但你在领导心中的形象可能就要“黄”了。学会不争无用之功,着眼于实际利益,不和领导抢功劳,尊重领导的地位和价值,职业生涯才能越走越宽广。

1. 学会接受领导的“影子”

所有职场人都不得不承认的一点是,事实上,要想在职场上展露自己的才华,实现升职加薪,都离不开领导“影子”的支配和影响。可以说,领导的“影子”就代表了公司、组织、平台,身为组织一员的我们,是没有办法超越组织的影响和控制的。

并且,从某种程度上来说,领导的“影子”其实也是对我们的一种支撑和保护,没有了这个“影子”的存在,任你天纵奇才,也难有用武之地。执意与这层

"影子"对抗，盲目追求越过领导的控制和影响，只会给职场发展带来不必要的障碍。

我们不妨看一看乔纳森·艾弗的经历。

提到苹果公司和它的产品，很多人首先想到的就是史蒂夫·乔布斯。但是，又有谁知道，作为苹果首席设计师的乔纳森·艾弗也是苹果能够大获成功的核心人物呢？几乎可以断定，如果苹果公司没有乔纳森·艾弗的设计，就无法生产出iPhone、iPod等一系列顶尖的产品。可是，就是这样一个为苹果公司做出了核心贡献的人物，也没有能够突破"张仪无功"的职场规则。苹果公司的设计功劳最后还是归功于史蒂夫·乔布斯，让他成为苹果公司的形象烙印，而乔纳森·艾弗却只能躲在史蒂夫·乔布斯的"影子"里，被果粉和大众所忽视。

对此，乔纳森·艾弗也坦言自己"很受伤害"，但与此同时，他亦坦言，是史蒂夫·乔布斯将他和团队的设计和想法从思想变成了现实的产品，如果没有史蒂夫·乔布斯，或者他因为功劳没有归于自己而赌气离开苹果公司，那么，他所有的设计和想法就只能因无法实施而化为泡影。

因此，学会接受领导的"影子"，明白离开组织、平台的支撑和影响，你可能什么都不是，放下偏见和执拗，遵守职场规则，尊重领导，不和领导争表面之功，这才是一个成熟职场人的做法和选择。

2. 懂得把功劳归于领导

如果说，学会接受领导的"影子"是思想转变的第一步，那么，第二步就要化消极为主动，懂得把功劳归于领导。

还以苹果公司为例。和孤傲的乔纳森·艾弗不同的是，苹果公司的另外一位重要人物——蒂姆·库克的做法就很实际。

在苹果公司，乔纳森·艾弗负责设计端，蒂姆·库克则负责运营端。乔纳森·艾弗为苹果公司设计出了iPhone、iPod等一系列顶尖的产品，但"酒香也怕巷子深"，而聪明的蒂姆·库克则创下了刚刚加盟苹果公司九个月之久，便将苹果公司的库存期从最初的两个月逐步压缩到了六天，后来到两天，最后甚至达到了只有十五个小时的营销战绩。如果说蒂姆·库克算不上是运营天才，谁也不会相信。可以说,乔纳森·艾弗和蒂姆·库克是苹果公司,或者说是史蒂夫·乔布斯的"左膀右臂",两人的功劳和地位不相上下。

唯一不同的是,当发现史蒂夫·乔布斯将所有功劳都归于了自己时,乔纳森·艾弗表示很受伤,并且常常会有一些怨言,只不过因为身在职场,而不得不接受了这一事实。但蒂姆·库克则不同,他深谙职场规则,对于功劳的划分、别人的喝彩和关注根本就不在乎,所以主动称"并不希望在报纸上看到自己的名字"。

难道蒂姆·库克真的是"淡泊名利"吗?当然不是。"失之东隅,收之桑榆。"在甘愿接受史蒂夫·乔布斯的"影子"的控制和影响,一心一意搞运营,不争风头,主动将功劳让于史蒂夫·乔布斯的状态下,蒂姆·库克深受史蒂夫·乔布斯的信任和喜欢,得到了更多锻炼、施展的机会,领导能力与日俱增,最终,苹果公司继承人的位置顺利从史蒂夫·乔布斯传给了蒂姆·库克。

很多人对蒂姆·库克这样的行为和理念无法接受,认为这种做法和观点是一种怀有"奴性"思想的表现,是缺乏价值追求的行为。但要知道,员工的本分就是要正确、有效并且努力地做事情。你做了什么,哪些做得特别好,就是日后发展的前提和基础。

3. 追求成功快乐的共享

如果把组织比喻为一艘大船,那么领导就是船长,身为员工的我们是船员。船长的任务是指挥、带领大家驶向成功的彼岸,而船员的任务,就是发挥自己的长处和才华,与船长一起实现目标。

从这个意义上来讲,船长和船员,员工和领导并不应该是对立的、非此即彼的、相互倾轧的关系,而是一个共同体。帮助领导,其实就是在帮助自己。既是为领导谋利益,也是为自己拼前程。

因此,员工和领导是联系紧密、利害相关的。明白了这一点,或许,你就不会再纠结于功劳到底应该归谁的问题,而是应该看到这种社会关系里你的最终目标和价值,那就是通过价值提供,帮助领导取得成功,从而和领导共享成功的利益和快乐。至于究竟谁对成功结果的贡献值更大,都不是问题的关键。

将领导放在第一位,并不是对个体价值的压制,而是因为领导赢了,员工也就赢了，而如果领导输了，再优秀的员工，也是无力施展自己的才能。所以，学会追求和领导共享成功的快乐，而不是居功自傲，就功劳与领导论短长，才是处理与领导关系的最恰当的选择。

形成互补

据盖洛普的调查，75％员工的离职，其原因都是无法和自己的领导处好关系。由此可见，与领导处理不好关系会直接中断自己的职业生涯。知往鉴今，在今天的职场中要想使工作卓有成效，其中重要的一条就是要学会向上管理，和领导充分配合，明白领导的短板和长处所在，形成互补，共成大事。

著名的管理学家彼得·德鲁克在《卓有成效的管理者》一书中曾提到，工作想要卓有成效，员工发现并发挥领导的长处是关键。那么如何发现领导的长处，弥补领导的短板，助力双方工作更为顺利地开展，就成为职场人的必修课。

1. 要了解并善用领导的长处

不可否认，领导之所以能成为领导，必然有其过人之处。充分借力领导的长处，对职场人个体目标的完成，将大有裨益。一般来说，领导的长处分为两点。

一是领导所具有的一些个人优秀品质，比如视野宽广、能力出众、执行力强、善于学习、尊重员工等，这就要求我们在平时工作中多留心观察，了解领导的个人特质，服从领导的工作安排但不盲目顺从，多向领导学习，与领导步伐保持一致，成为领导信任的人。

二是领导所掌握的各项资源。对员工而言，这也是领导最重要的长处了。我们要认识到，任何资源都是有限和稀缺的，领导在分配资源时必然要权衡利弊，将资源使用在刀刃上。那我们在争取资源时就要寻求突破口，努力实现自己争取资源的目的和领导投放资源的期望完美对接，让领导认为将资源分配给你，才能产出最大效益。善用领导给予你的资源将更有利于实现双方共同目标。一定要明白领导的职责就是指导员工开展工作以达到组织目标。领导就是你的工作资源，善于利用才有助于自己的成功。

2. 意识到并尽力补齐领导的短板

俗话说："金无足赤，人无完人。"领导也有他的短板和认知盲区。在职场中，相比于善用领导的长处而言，补齐领导的短板，和领导形成互补，更容易实现且更为重要。

(1)主动汇报，避免领导认知不足。

在日常工作中，很多人都不愿意主动向领导汇报工作情况。有的人可能觉得不好意思，认为主动向领导汇报工作是一种邀功或拍马屁的行为。有的人可能觉得领导应该看到自己的工作状态与业绩，没必要再去汇报。其实这都是不良心态在作怪。

事实上，领导们分身乏术，工作交代下去，他会希望得到及时的反馈，而不是等着他个个去跟进。主动汇报能为领导节省时间，及时掌握动态，双方形成良好的信任关系。同时，主动汇报也是工作积极性的表现，领导交代下来的工作，我们快速及时地响应，给出超预期的反馈，才能在领导的脑海里留下深刻的印象。

在汇报之前，我们要先确定哪些为重要的节点，哪些是需要进行工作汇报的节点，哪些是可以自己做决定不需要向领导汇报的。提前规划好，让双方都有心理预期，让工作更加可控。不要等到最后一秒才和领导沟通，万一出现未预知的变故，连补救的机会都没有。跳出被动、执行的视角，明确汇报要点，主动向领导汇报，任何问题都可以想得更加周全一点，这也是弥补领导认知不足的重要途径之一。

(2)提出建议，避免领导错误决策。

一段良好的上下级关系，是能够平等地看待对方。特别是作为员工，不要认为领导就无所不知，百分之百了解你的业务，能及时预见你的问题，大部分时间领导的盲区需要你去同步，建议需要你去提出。

如果将自己当作领导的合作伙伴，那么你就会站在领导的位置去思考问题。基于充分的思考，你可以知道什么时候和领导做什么样的沟通，“猜猜猜”的游戏除了内耗之外基本没有意义。就现存问题向领导提出合理的建议，不但会让自己的工作变得轻松，还会让领导感觉很舒畅。

当然，在提建议时必须要言之有物，要提供依据和解决方案，切忌只说问题，不给解决方案，也不要只给领导做单选题。领导日常工作繁忙，很少有时间去思考具体事项，你给领导一个开放式的问题或只有一个方案，领导一定会不悦。

我们需要注意“先见林，再见树”，一定要先从基本任务谈起，告诉领导目标是什么，目前进度如何，哪些地方需要其提供意见。我们也要明确告诉领导自己制定出的可行方案，具体的做法、工作项目、期限以及必要的人力资源等。例如，就某个问题，自己想了四个方案，四个方案的优点和劣势分别是什么（对于方案进行分析和阐述）；对于四个方案，分别列明需要领导提供的支持是什么（说明需要提供的支持）；哪些支持是领导容易提供的，哪些支持是领导不易提供的。综合分析，选出两三个更加容易达成目标的方案，让领导最终拍板决定选择哪个方案。领导喜欢的就是你根据问题列举几种解决方案，并用数据分析出每种方案的优劣势，供领导参考和选择。

（3）减少抱怨，尽量避开领导消极低落期。

在职场中，我们发现总会有一些人不分时间地点地不停抱怨领导，而这一类人也往往一事无成；有一些人平时话很少，在岗位上默默耕耘，反而能够脚踏实地，成为领导的左膀右臂。

和领导一起工作的过程中，与其抱怨，不如主动承担起更多责任，填补领导所欠缺的才能。在最后期限前提出建议，提醒他各种预约与计划，并跟进他容易忘记的事项。这样做可以赢得领导信任，成为团队中最有价值的成员。

某医药公司的小 C 在这一点上就做得很好。小 C 的领导是个粗枝大叶的人,平时也总是丢三落四,跟小C同一个项目的其他同事没少吐槽过。小C做事谨慎细致,他深知领导的这个缺点,于是时刻做好准备,避免出现意外情况。

有一次,公司召集主要骨干在甲方公司商讨市场调研,参会领导都要通过PPT演示汇报。马上快到小C领导汇报了,领导发现竟然带错了优盘,一起去的同事也没备份。恰巧小C过来办业务,有带优盘且随时备份的习惯,这才解了领导的燃眉之急。

之后,领导开始器重小C,小C也没让领导失望,在两人合作的项目里,总是能起到提醒并帮助领导做好备份的作用,平时也很少和同事聚集抱怨领导的弱点,而是把更多精力用在了如何协助领导更好完成工作任务上。最后在领导的指导和提拔下,小C两年就升了业务主管,成为他那届升职最快并且是最年轻的小领导。

李卓汐和秦浩洋在他们《向上管理,做高效能员工》一书中,提到哈佛大学商学院提出的"向上管理"两个准则。

(1)理解自己和领导,尤其是自己和领导各自的短板、长处、工作风格和个人需求。

(2)在理解的基础上创造和谐健康的工作关系——双方工作风格的匹配,对彼此的合理期望,双方如何取长补短等。

如果你不能管理好领导的缺点,就很容易出现互生嫌隙的情况,更严重的还会造成两败俱伤;如果能意识到领导的缺点,并尽力去弥补,形成良性互补,就能实现共赢。

简而言之,就是在"向上管理"中,努力成为领导更好的"另一半",了解彼此的优缺点,然后进行互补,以此打造良好的工作关系,使自己成为不可或缺的得力助手。

第二章

像领导一样去思考

做好预测

职场如棋局。喜欢下棋的人都清楚,想在棋盘上获胜,关键在于对棋局的预测能力。在棋盘上,看得越远的人,胜算越大,职场上也是同样。

一家公司能在市场上赢得竞争的关键,就在于对市场的预判,而一个职员想在公司内脱颖而出,同样也需要预判。至于预判的内容其实大同小异,虽然所面对的局面不同,但底层逻辑其实是相同的。

公司基层职员最容易犯的错误就是不愿意观察市场。他们往往只将目光局限于某一份具体的工作任务上,不愿意花费更多心思。这,便是“打工者”与创业者的本质不同。

那我们回到职场环境中来,既然“打工者”心态与领导心态如此不同,我们应该跳脱出工作本身去做更多考量,才会被公司授以更高的职权。

并非每一位“打工者”都有成为创业者的野心,但不论是意欲最终独立门户的人,还是有升职愿望的人,或者希望成为一名优秀职员的人,都应当将掌握市场作为自己的必备能力之一,才能使得手头工作更加游刃有余。

小非是我所认识的一位十分优秀的职员。他对创业并没有什么向往。小非曾对我说过,他最大的理想就是做一个高级“打工者”。他深知创业所需要肩负的责任和压力,宁愿成为一个帮助他人成就大业的助手。

不过,这并不是说小非没有成为领导的能力。做好一个助手,同样需要全面提升能力,培养全局视野。正因为他一直用这样的高标准来要求自己,所以当企业遇到危机时,小非没有被大浪淘沙,而是稳稳地渡过了难关。

当时，公司内部传得沸沸扬扬，大家得知大批员工会被裁员。在整个市场都不景气的情况下，若被裁员，再找工作很难，也难达到现有薪水水平，大家内心都很恐慌。

有的人开始找领导打探消息、拉关系，有的人一改懒散作风，一夜间变得勤奋起来，积极加班努力超额完成工作。小非就像什么事情也没发生过一样，保持一如既往的工作节奏，仿佛并未将裁员一事放在心上。

两个月之后，公司果然开始裁员，小非所在的整个部门直接被取缔，其中大量员工被解除劳动合同，虽然他们获得了一定的赔偿，但今后的前途仍然堪忧。而小非不仅没被裁掉，还被提拔到了其他部门任主管。一些人不解，认为小非必定是走了关系，也有人认为他只是单纯运气好，因为公司的整改方向恰好与小非曾经参与过的项目有关，小非或许是因为有这方面的工作经验，才躲避了被裁员的命运。

殊不知，小非之所以会参与那个项目，正是因为他早在半年前就意识到市场的发展方向，看清大势所趋。若想不被市场淘汰，就必须掌握这方面的技能。因此他早早地就开始自主学习与培训，并且时常与部门领导讨论相关问题。部门领导知晓他在这方面颇有见解，因此当公司有项目时立即推举小非加入其中。这个经验，成为小非在整改时留在公司的有效筹码。

他既非运气好，更非走了关系，只是目光比其他人更长远，对未来发展有着更明确的预测。

对于普通职场人来说，因为不需要承担市场动荡的责任，不需要为公司发展做出任何决策，因此很多人理所当然不去关心行业的市场变化。这种心态虽然在平时看起来无伤大雅，但在遇到动荡时，就会发现自己的抗风险能力极弱。

不过，预测能力并非是想想就能拥有，就如同棋盘上的对弈者，并不是随便一个新手就能直接看到棋局的走向，并预测对手的行棋路线。任何一个高明的棋手，都需要不断学习，有足够的对弈经验，才能真正做到掌控棋局。

1. 保持学习精神

想要精准预测职场的走向，与学识水平脱不开干系。职场人想获得这一能力，对于市场发展趋势及公司的市场布局都应当有足够的了解。一些人出于懒散，不愿在工作之外的事情上下太多功夫，因此拒绝学习这些看似与工作任务无关的信息，其实这是一种十分被动的心态。根源在于，他们始终认为自己在为别人打工。

实际上，不论是打工者也好，创业者也好，工作最终都是为自己而做。不论是为薪水本身，还是为增长自身的职业水平，付出的一切努力最终都会回报到自己的身上。员工与公司与其说是雇佣关系，不如说是合作关系，而增长与行业有关、与公司管理有关的知识，则是在增加自己手中的筹码。

这也是为什么，在有些行业内，一些十分优秀的“打工者”也可以成为行业中的明星人物。

2. 培养全局视野

蚂蚁看不到树冠，这就是像很多公司职员们身处的境地。只不过，现实中的蚂蚁无法看到树冠，是因为生理水平所限，而职场上的职员们看不到公司全貌，则是受限于自身的心态和眼界。生理水平无法更改，但作为高智商的人，却可以通过不断的学习，使自己能够将目光放得更远，格局放得更大。

在《哈佛大学危机管理课》中，对于一个问题的全局给予了四种分类，以此来分析自己知道什么，不知道什么，应该去知道些什么。

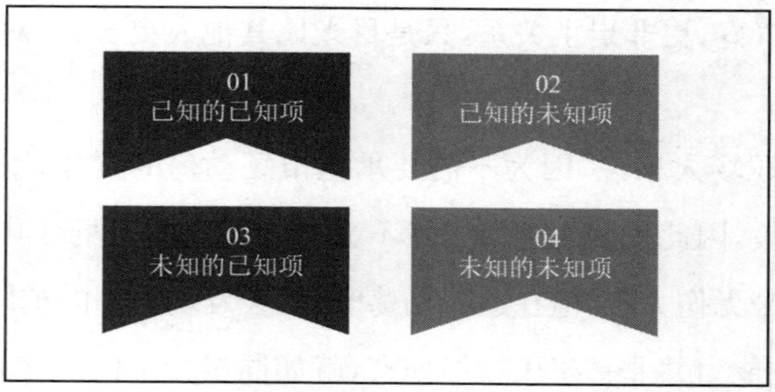

全局的四种分类

按照这样的维度来获取信息，可以帮助职场人更好认知事物，做出决策。

3. 养成多思考的习惯

思考更多的人永远能在职场上占得先机。不论是遇到与自身有关还是无关的事情，都能积极思考，分析总结出这些事情的发生原因以及会造成的可能后果，这样当真正遇到大事时，也就能够立刻分析出事情的走向。

当然任何事都不可能依靠凭空想象，任何分析都需要依靠数据和经验，所以不仅仅要勤思考，更要养成找论据的习惯。

有勇有谋，塑造强者

在职场上，领导往往是最好的老师。当对任何事情有所疑惑时，不妨找个时间直接跟领导进行交流。绝大多数的领导都很乐意与员工讨论这方面的问题。一方面这样可以给自己培养更优质的副手；另一方面，在跟员工探讨的过程中，自己也能发现一些之前未曾想到的方面。作为领导，他们也同样需要有其他人帮助一起分析前景，而一个勤学好问的员工往往是最好的选择。

职场中存在着这样一类人，他们本身的工作水平并不差，学习能力也可以，但他们却总是很难出头。当公司内出现任何动荡时，他们永远都是“受人宰割”的那一批。年轻时，尚且有一定的容错空间，中年以后，便只能依靠不断妥协来维持自己摇摇欲坠的生存空间。

这类人如果不改变在职场上的处世态度，往往只有两种结果：一种是直接被市场淘汰，退出竞争市场，靠吃老本坚持到退休；另一种则是被任命在公司待遇较差的部门，数十年如一日拿着远低于其他部门同资历员工的薪水，直到退休。

这类人最大的特点就是，他们在行事风格上总是在退缩，总是在妥协，他们几乎没有胆量承担任何一点风险，哪怕是领导的一次发怒，都属于他们想要极力避开的冲突。

这类人往往都是在进入职场之前，几乎从未经历过磨难，且自身个性较弱，咨询者叶小姐就是我所说的这一类人。在同她对话的过程中，我能够体会到她的性格特点：过于小心翼翼，过于担心别人的看法。

她进入公司时，也和许多新人一样，对职业有着美好的愿景。她曾计划一年内升主管，三年内升部门经理，但当实际操作起来，却发现很多事情都事与愿违。她原本以为，只要自己勤勤恳恳工作，升职加薪只是时间问题。但职场并不是完全单线程的路径，而是一个复杂的网络，任何一点其他方面的影响都可能直接作用到她的职业生涯上。

在她刚进入公司后不久，公司有过不错的项目需要新人来做，这个项目跟叶小姐所学专业刚好有一定的关联，她便觉得自己一定能有机会被选上，于是默默等待着领导的任命。

但很快，她就发现另一个跟她同期加入公司的新人也在争取这个项目，这名同事先是毛遂自荐整理了一些相关资料找到部门直属领导，接着又几次积极地找领导谈话。

这件事虽然给了叶小姐危机感，但她也有自己的考量。首先，她觉得如果贸然递给领导与当前无关的资料，很可能招致领导的反感，如果影响到领导的工作，甚至还可能会对她产生恶感，这是她非常不愿意看到的；其次，三番五次地跟领导谈话，只会显得自己功利心和竞争心过重，这不但会影响到领导对她的印象，还会影响同事对她的看法，影响她在公司内的形象。就比如这一次，那位积极争取的同事就招致了部门内其他人的非议，这更是她不希望发生的。第三，对于工作任命，公司领导自然有他们的考量，如果作为员工总是干扰领导的决定，这就是对公司制度的挑战，反而可能被领导否决。

思虑再三，叶小姐觉得此时还是应当按兵不动，稳妥为重。更何况她的专业原本就适合加入该项目，公司并没有理由不选择她。

然而事与愿违，当公司的任命下来时，名单上有那位同事，却并没有叶小姐。叶小姐为此陷入了纠结之中，来咨询我究竟该怎么做才是正确的，她并不认为自己考虑的方向有误，但结果就是她失去了这次宝贵的机会。

其实叶小姐很细心，思考得也很多，但她犯下了一个致命的错误，就是太过

胆怯，不够大胆。

她的一切考量，都是基于将风险降到最低。降低风险本身并没有错，但是也会因此而导致自己失去了机会。她的确没有招致领导的反感，更没有影响自己在同事心中的形象，但这些都比不上失去一次绝好机会带给她的损失。

职场如战场，不可能任何事情都有利无弊，有时候职场人面临的是权衡取舍，如果一味避开所有弊端，那么也很可能无法获得更好的发展。

有时候在领导眼中，你的保守，或许也代表了不够主动。在职场上，主动的人拥有的机会一定更多。心理学上有一个"王安论断"的理论，说的是犹豫不决固然可以免去一些做错事的机会，但也失去了成功的机遇。它由美籍华裔企业家王安博士提出，认为"成功始于果敢的决策"。

想要主动争取到更多机会，就要从心态开始调整，并不断增加自己挑战风险的胆量。

1. 培养强者心态

怀有弱者心态的职场人，在心态上很容易处于劣势。他们自动将自己放在了"食物链"底层的位置，并且谨小慎微，听任天命。

事实上，强者心态是主动争取，而不是被动等待。强者永远不会将自己的命运交到他人的手中，他们对自己都有一个明确的认知，并且会找任何机会，让自己进入到应该去的位置。

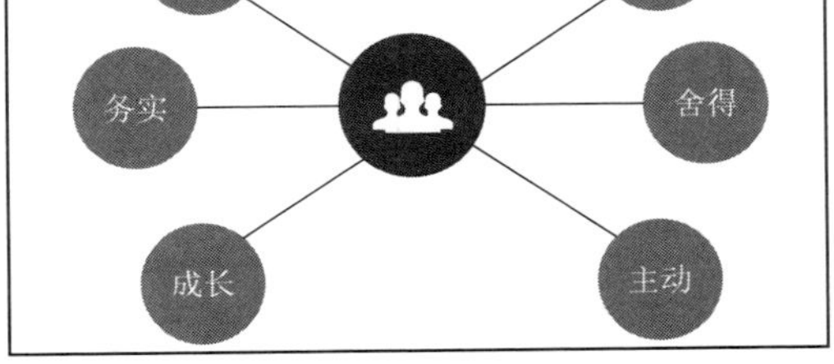

强者心态的六种表现

2. 客观认识自己，强化自信，塑造竞争优势

很多时候职场人不敢参与竞争，是对自己认识不够充分，缺乏自信。在还没参与就给予自己否定的判断。因此想要培养自己的竞争意识，职场人需要建立自信心，因为在自信心不足时，就算参与了竞争也会严重影响能力的发挥。

3. 提高思维层次，看到竞争的隐形价值

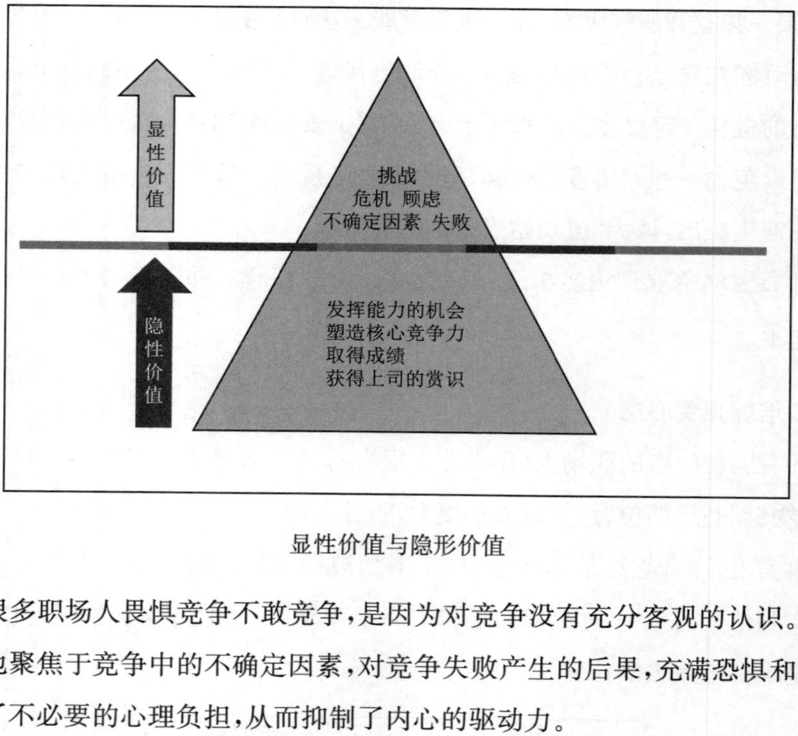

显性价值与隐形价值

很多职场人畏惧竞争不敢竞争，是因为对竞争没有充分客观的认识。他们过分地聚焦于竞争中的不确定因素，对竞争失败产生的后果，充满恐惧和担忧，造成了不必要的心理负担，从而抑制了内心的驱动力。

因而，想要克服这种不必要的恐惧心理，则需要职场人能够客观深入地看待竞争。从表象上来看，竞争会给人带来挑战也可能带来危机，有人甚至为此顾虑重重，担心失败的后果。但在这些挑战和危机之后，职场人也应该清晰地认识到一些竞争的隐形价值。它能给职场人提供发挥能力的机会，在挑战中塑造自己的核心竞争力，获得更有价值的工作成果，进而获得领导的赏识，实现良性的向上管理。

4. 学会适当权衡利弊

很多职场人为了谨慎起见，追求少犯错误，这种想法本身就是一种胆怯的表现。

尤其当职业处境动荡时，职场人就更需要有一点冒险精神。当然，这也要量力而行。如果光是胆子大，有可能做出引火烧身的行为，还需要有所计算，对利弊进行合理分析。

总之，有勇又有谋，才是职场行事之道。

洞悉行业动态

坦诚来讲，很多职场人不关心行业动态。他们以“打工者”身份自居，认为自己不是公司的运营者，只需要做好分内工作，至于公司的前景、行业的发展，这些都是公司的运营者和决策者需要考量的事情。一个普通职场人，做好手头任务就可以了，何必要去操那么远的心呢。

我国有一句话，叫作“人无远虑，必有近忧”。很多人都有过这样的经历，就是一些原本认为与自己无关的事，一旦发生，自己却不由自主卷入其中。这是因为人类社会是一个庞大而复杂的网络，任何事情都不能说绝对与己无关。发生在南太平洋的风暴甚至可能影响一个内陆小城的物价。若做不到高瞻远瞩，则很可能躲不过一场原本可以在预料之中的风暴。

任何行业市场上，都随时会刮起大大小小的风暴，有些风暴在到达公司前，会被公司强大的运营体系化解，有些则不会。作为公司内部的职员，被公司强大的羽翼遮挡，尽管一时间可能高枕无忧，但并不意味着可以始终目光短浅。因为当下一次风暴来临时，很可能就会直接刮到自己的身上了。

小J就是那种并不是十分热衷去关注行业消息的人，但他关心自己手中的工作。任何对他的工作会产生影响的因素都在他的考量之中。并且，由于他喜欢多思多想，在开始进行任何一项工作之前，他都会去考虑这项工作对公司的意义，以及在整个行业中的意义，只有这件工作的意义足够积极，他才能心无旁骛地做下去，否则，便会心中不安。

旁人自然不能理解他这种杞人忧天的性格，觉得他思虑过多在自找烦恼，但他的想法很简单，他只是希望自己的每一份付出都能有相应的价值，不希望自己做无用功。即便不论最终如何，公司都会付给他足够的薪水，但比起薪水，他更在乎的是价值本身。

起初公司引入一个新的项目，小J被划入项目参与者。平时对这方面颇为关注的小J立刻嗅出不对劲。他之前了解过这个项目，也想过如果自己参与，将会如何做，但是很快，他就发现该项目只能带来暂时的利益，并不能引起长久的发展。因为他看到一些引入了与之十分类似项目的公司陷入了一个难以自拔的循环，该公司因在此项目内投入了很多资金，因此不能轻易放弃，但因为该项目并没有良好的发展前景，因此他们只能依靠投入更多的资金来维持该项目本身的运行，其实是陷入了恶性循环。而根据小J的观察经验，随着市场的进一步淘汰，该项目必然会从行业的市场上消失。

该项目本身也并非毫无意义，它属于一种过渡项目，行业内的公司多多少少都会碰上一碰，但是随着行业技术的进一步发展，这个项目很快就会被淘汰，就算短时间内依靠资金维持，最后也必然是以亏损告终。

这种事情在任何行业内都并不罕见，通常人们都将其叫作过渡中的阵痛，只是，这阵痛可大可小，大了痛掉一个公司，小了也会痛掉很多从业人员。正是因为这类事件，才会使得很多人明明在工作上从未出错，可就是会被某个行业风暴卷走，几年内都难以翻身。

当时作为一个普通职员的小J并没有权力去干预公司本身的决策，但他也意识到最终投身这项目的人很可能会变成行业进化的牺牲品。因此他找领导作了一次很长的谈话，谈话中心就是申请停薪留职去学习。在学习期间，他不需要公司给他任何薪水，也不需要公司提供他任何学习相关的费用，他唯一的要求就是希望留住他的职位，在他学习归来时可以回到公司继续上班。

虽然这个要求看起来对公司并没有任何损失，但在人事任命上还是有些麻烦，所以他向领导阐述了许多他想要学习的项目的前景，并表示学成归来后一定会将所学用在公司发展上。

由于他态度坚决，领导在经过向上层申请后，同意了他的要求，就这样，在公司进行那个项目期间，小J独自离开公司去学习今后真正会对行业发展有用的知识。

而在小J学成归来时，正是公司决定对原项目搁浅，启用新项目之时。由于原项目当时陷入半停滞状态，很多从事该项目的人都因薪水的减少而另寻他处了。即便是留下来的人，由于他们缺少对新项目的理解，不可能立刻投入到新项目之中，也只能继续在原项目内吃老本。

小J带着新学到的技术很快投入到新项目之中，并且由于他对该项目了解最深，所以很快就成为该项目的领头人。不出两年，由于他在该项目上的出色表现，便很快成为公司内的高层。

对于小J的晋升历程，该行业内的人多多少少都有些耳闻，通常大家说起他时，都是说他脑子活、有远见。其实小J只是在工作时考虑得更多，他虽没有主动去了解行业动态，但他出于对自身工作负责的态度，自然而然就对行业动态有所洞悉了。

(1)了解行业动态是敬业的表现。

敬业是对职场人的基本要求，但怎样做才算是真正的敬业，标准却各有不同。有人认为只要将领导安排的工作做好，就算是敬业；但也有人认为，仅仅做好眼前的工作，只能叫作合格，而不能称为敬业。一个人敬业，意味着这个人能够将自己的绝大部分心思都用在自己的行业本身。当领导交付一件工作，首先想到的不是如何将工作做完，而是想如何将工作做好，以及这份工作对公司、对行业的意义，这才算是真正的敬业。

这也是为什么敬业的人往往都能够走在行业的前端，因为他们出于对行业的热爱，总是想得更多，想得更深。

（2）收集资料是一种能力。

当开始处理手中的工作时，有的人只是领导怎么交代自己就怎么做，但也有的人会收集许多相关资料，通过分析各种资料，来给自己一个确定工作的方向。比如一个工厂的领导让工人去处理一个零件，不愿意多想的工人会直接按领导说的去处理；但思维灵活的人就会去想为什么领导让自己这样处理该零件，是为了适应新的机械，还是为了完成某个新的工作？想得到结论，就意味着该工人必须了解新的机械，以及新工作的性质。

一旦分析出结论，那时对零件的处理过程，就不再是处理零件本身，而是为了让该零件能够适应其新的作用。而这就是手中掌握资料多少的区别。

（3）以领导的角度进行分析。

对任何事情，如果仅仅是以员工自身的角度去分析，那么结论永远是有局限性的。只有将自己放在领导的位置上，从公司发展的角度去分析行业内的一切动态，才能够知道领导下一步将会如何行事；也才会知道在领导的下一步中，自己是处于怎样的位置。

职场人又该如何在工作中，建立全局思维，把握行业动态？建议从以下几个角度出发。

1. 内容维度

无论做任何事情，明确目标才能够保证结果更有价值。所以想要了解行业动态，首先需要明确学习目标。任何一个行业所涉及的信息都是五花八门的。职场人需要明确一个行业最有价值的内容都包含哪些维度，才能真正地把握这个行业的核心。

真正有价值的行业信息不是点状的，而是线性的闭环。所以想要真正地了解一个行业，必须要明确全链条上下游的协作关系，以及各个环节的利益链条。一般上下游的协作关系，我们通过一些网络信息，就可以很容易地了解，但其中的各个环节的利益链条，则需要通过一些访谈和调研，才能够真正厘清。

2. 信息途径

在互联网时代很多人已经习惯了通过网络搜索去寻找信息，但是网络信息庞杂，想要获取真正有高价值的信息并不容易。它更确切的作用是帮我们建立对一个行业的基础认知，这样当你再去与业内人士沟通时，便不会手足无措。

了解真实信息的最佳途径就是要到一线去。假如你想要了解一个产品，那么就可以去市场上多走动，多看多问多了解，才能最直接地掌握真实情况。

除了深入一线，还有一个更重要的途径就是咨询业内人士。职场人可以通过自己的人际关系，尽可能多寻找资深的从业者。通过对从业者的深入访谈，可以了解到更多网络上、市场上无法知晓的高价值信息。

3. 注意事项

在与业内人士交流之前，一定要先做好前两步准备，具备对行业的基础认知，以及对一线情况的了解，可以让你们的沟通更加有效率和深度。

在获取信息之后，一定要对信息进行梳理，并进行交叉对比，可以精炼出更有价值的信息。

在这个信息快速迭代的时代环境下，任何一个行业的发展都是日新月异，因此，职场人需要不断地更新自己的行业知识，关注最前沿的行业信息才能够与时俱进，与势俱进，让自己的行业知识具有高价值。

你的领导不是神

脱下职业的外衣，人与人其实并没有太大区别。职场上有职权之分，有薪水之别，但离开了职场，每一个人都不过是有着平凡情感的血肉之躯。其实职场上大家都是各有各的梦想,各有各的心酸,领导不必把员工当作只会工作的机器,员工也不必把领导当作全能的神。

人们经常容易犯的一个错误就是会把周围的人脸谱化。有时候,一个人可以对自己的亲朋好友和颜悦色,但是却对为其服务的人员颐指气使,其实就是因为将服务人员脸谱化了。当面对权威时,这种脸谱化则会更加严重,比如面对自己的领导时。

在职场上,很多员工不懂得去体谅领导。他们认为领导比自己地位高,薪资高,根本不需要自己的理解和体谅。

领导看到员工时,尚可以透过员工的工作,看到员工作为个人的不易,但员工看领导,却很难突破那层职权的外衣。当处于弱势的人看向自己认为更强势的人时,他们很难产生同理心,更多时候都只会为自身鸣不平。

其实如果突破心理屏障,看向职权背后的领导本人,就会发现尽管领导比员工赚得更多,但领导也同样比员工承受了更多的风险和压力。也可以说,正是因为领导需要承担这样的风险和压力,所以他们才值得拥有更高的薪水和待遇。

试想,如果仅以工作量作为薪水考量,那么作为一家公司的老板,对外要与各类客户权衡关系,对内要完善公司制度以保证公司的正常运行,一旦公司有所亏损,整个公司的前途都会成为一座山压在自己身上,而这时还要保证给每个员工正常开工资,保证不拖欠,在经历了重重难关之后,领导还要与员工拿持平的薪水,那么谁还愿意去做领导呢?这一点,所有的创业者都会深有体会。

从风险压力与薪水比例来看,领导并不比员工轻松,员工也无须认为领导占了自己的便宜。当突破这道屏障,将领导当作一个仅仅是拥有着"领导"这一职位的普通人来看,就会发现自己过去对领导的要求可能过于苛刻了。

一位名叫小迪的咨询者曾经向我询问一个与领导有关的问题。根据他的描述,当时他所在公司的效益并不好,且这种情况已经存续将近半年之久了。虽然员工的薪水并没有被拖欠,但是明显处于不断下滑的趋势。

在相当长的一段时间里，员工们对领导怨声载道，认为领导缺乏决策能力，不能给公司带来更好的效益。并且之前因为种种原因，公司丢了一个十分优质的客户，员工们也将罪责指向领导，认为是领导没有能力留住客户，部分员工已经考虑另谋他处，留下的员工时常在私下数落领导的不是。

这种情况一直持续到小迪向我询问的近半月之前。半个月之前的某天，领导出于对下半年的公司运营考量，决定对公司员工进行改革，原本宽松的管理忽然变得严格起来，修改之后的规章制度完全非过去的制度能比，奖惩制度也比之前扩大了几倍。

起初大家并不在意，以为只是雷声大雨点小，虽然规章在那里，但是下面仍然我行我素，该怎么做还是怎么做。然而没想到老板并不只是随便说说，一周之内就处罚了九个人，到了第二周，再也没有人敢迟到、早退，到了第四周，再也没有人敢在工作上拖沓了。

虽然从效率上来看，公司的效率有所提升，但下面的员工们却怨气更甚，怒骂领导者兼而有之，私下故意丑化领导、说领导笑话的人更是比比皆是。大家的出发点无非是认为老板压榨员工，认为老板不把员工当人，为了钱不顾员工的身体健康。

于是我问小迪，大家的薪水是否有增加呢？小迪回答自然是有增加的，但那也是大家辛苦工作换来的。

我顿时明白，其实小迪的说法已经说明了领导和员工看问题角度的不同。

从小迪的说法来看，领导对公司加强了管理，且新的管理方式的确给公司带来了不错的收益，这种收益也直接体现在了每个人的工资上面。虽然小迪认为，这些工资都是他们靠工作赚来的，但这份靠工作赚来钱的机会确是领导给他们的。

管理就是这样，虽然绝大多数具体工作都是由公司员工来做，但是确定公司做什么、怎么做的，却是领导本人。正是因为领导能够规划出正确方向，才能给公司、给员工们带来相应的收益。若是领导决策错误,那么不论员工做多少工作,都可能赚不到多高的薪水。小迪所在公司的员工们,当公司效益不好时责怪领导领导无方,当公司效益变好又责怪领导对他们太严格,其实就是认为一切错误都应该算在老板的身上,认为老板就应该既给员工发足薪水,又能让他们舒服地工作,从没想过公司的发展其实关乎公司内的每一个人。

诚然,为公司承担风险和规划方向就是老板的工作之一。但是作为员工,也可以试着换位思考,不要总是传播负能量拉后腿。一家公司需要从上至下共同努力,才能真正实现快速进步,在市场上占据优势。

在工作中,任何人都难免会生出负面情绪,只是,当负面情绪来临,当对领导的怨气一次次攀升时,不妨提醒自己一句,领导也是人,并不是全能的神。

1. 不必以完人标准要求领导

这世上并没有完人的存在,是人就会犯错,领导只是在职能上拥有更高的处置权和决策权,并没有任何道德标准要求领导要比员工更加完美。他需要在工作能力上比员工更强,但不意味着他就必须是一个完美的人。

当员工对领导生出怨气时,有些指责可能只是无理取闹,也有些指责可能并未说错。但是,作为员工可以换位思考一下,如果换成是自己,是否也会犯错误?是否可以做到全知全能呢?

2. 犯了错的领导并非罪无可赦

即便是领导,也并非没有犯错的权利。当领导犯了错误,只要及时挽回及时纠正,并非不可原谅的。作为员工,前途原本就与公司息息相关,当老板犯了错,优秀的员工是会选择默默支持老板改正错误,与其共渡难关,而不是在关键时刻落井下石背后插刀。

3. 领导不是神，员工更不是

有容人之心的员工固然可贵，但并非做不到的人便有小人之心。领导并不是神，员工更不是神，当员工产生负面情绪，对领导有所抱怨其实十分正常。任何一个人在有负面情绪时，都需要一个发泄口，而在职场上，领导就成为那个发泄的目标，这在任何一家公司内都是正常现象。哪怕领导自己，也会容忍这种现象的存在，毕竟只要能够令大家平衡心态，以便更好地工作，领导也愿意做那个平衡工具。

只是，作为员工，也要对领导适当体谅，明白发泄情绪是一回事，真的将一切责任都推在老板身上便是另一回事了。

4. 学着放下偏见，摆正心态

当你怀着一种敌意和不尊重的心态去面对领导时，往往只能最先被他的缺点所吸引；而当你放下心中的偏见，抱着欣赏和发现的态度去客观分析时，领导的优点和长处才有可能被你看在眼里。

5. 挑着细节观察，以小见大

一个人的品质和能力往往体现在细节之中。比如，那些要求苛刻但做事认真的领导，他在交给客户一份文件时，一定都是精心装订、认真校对过的；而一个做事圆融但情商极高的领导，他待人接物一定是宾至如归、关怀入里的；一个看起来很"抠"但言而有信的领导对员工作出的每一个承诺，哪怕再小，也都会一一兑现，而绝对不会食言……

因此，在与领导相处的日常工作中，不妨多花些耐心去观察一下他为人处事的细节，你就会发现，其实领导身上还是有很多值得自己尊重和学习的长处或优点的。

最后，一言以蔽之，要进行向上管理，就要正确地看待领导的错误，尽量发现领导的长处，这样不仅有利于你们之间的互相沟通与协作，也可以帮助自己学习和利用领导的长处，给自己高效赋能，从而在升职加薪的路上越走越远。

管理期望值

在职场中,领导的期望值像是一把无形的标尺,衡量着员工的每一个工作结果,形成综合的印象反馈。它直接影响着领导对你的印象、信任以及满意度。

领导的期望值与绩效考核不同,它是建立在事实项目情况和员工能力、表现、承诺等基础上的一种心理期望。

我曾调查过很多职场人,他们似乎并不在乎对领导的期望值管理。很多人都会认为专注工作,做好自己,为什么要去管理领导的期望,而多此一举呢?并且在职场的上下级关系中,本来就存在着一定角色价值认知差异。处于弱势的职场人,又如何能够掌控领导的心理动态?

很多被忽视的职场理论,只有在发生问题时,才会彰显出其重要性和价值。

在我的职业生涯中,曾遇见一位叫安迪的咨询者。他个人工作能力很强,也很有才华,毕业后在一家小公司做了两年的产品策划,在业内口碑很好,发展得顺风顺水。他的职场信条是:一切靠实力。和很多人一样,他也从没考虑过领导期望值管理的问题。

后来,安迪跳槽到一家大公司,这家公司资质强,项目多,发展前景也更好。他觉得自己找到了一片沃土,可以大展拳脚。然而,到了新公司一年,他的职场路就遇到了危机。起初,领导作为业内资深人士,很欣赏他过往的成绩,也对他抱有很高的期望。但是在后来多个项目的推进中,领导对安迪的工作有诸多不满。曾经意气风发的安迪,开始连连遭遇挫败。

安迪来向我咨询时,陷入一种很糟糕、很迷茫的状态,甚至已经考虑到辞职。他觉得自己在新环境里“水土不服”,才没能得到认可。在以前的小公司,领导对产品策划不太懂,也喜欢放权给员工,所以对安迪特别器重,许多问题都尊重他的意见。现在情况则完全不同。一年里，他的失误相对来说并不多，也不是没有成绩，但领导似乎总是对他不满意。最终，他能够想到的结论是领导对他有个人偏见。但是如果辞职离开，他心中还是很舍不得，毕竟这里的发展机会更多，资源也更好。

从安迪面对的问题来看，辞职是完全没有必要的。换了一个新单位，同样的问题仍旧有可能发生。安迪幸运地遇到了第一个领导，这位领导本身爱沟通，与员工距离近，员工更容易洞悉领导的意图和目标。同时这也是一位放权型管理者，所以给了安迪充分的空间，发挥自己的能力，大展拳脚。但并不是每一次职场生涯，都能遇到放权型的领导。尤其是当他跳槽到大企业，公司管理制度更加严谨，而他将目光都盯在项目上，完全忽视了对领导的期望值管理。

安迪过往的成绩让领导对他产生了较高的期望值，踌躇满志的他每次在项目前还会向领导拍着胸脯承诺结果。但是事实上，新公司的项目在难度上要远远超出从前，过程中常常碰壁，有时候表现尚可，有时候就会失败。项目失败或完成情况不佳时，安迪会向领导解释原因，但领导显然很失望。安迪的能力虽然在挫折中成长着，但领导对他的期望值却是下降的。

其实无论是初入职场，还是跳槽到新公司，在业务上，与领导、同事的沟通都需要一个磨合期。过高的承诺，会为磨合期增加不必要的难度和挑战。只有管理好领导的期望值，才能从“被动地受领导管理”到“主动地向上管理”，掌握好职场的发展节奏。

一般而言，项目或工作的实际结果，减去领导的期望值，剩下的部分才是领导的满意度。你交付的结果，越是高于领导的期望值，领导的满意度越高，反之，则满意度越低。如果结果刚好与领导的期望值相符，则表示完成任务，但并没有超出领导的期望值，也就很难获得高度的认可。

不过，期望值管理并不是简单地降低自己对结果的预期承诺，反衬出一个好结果。这样的做法是无效的，甚至会带来负面影响。

期望值也并不是一个固定值，它会根据项目或工作的发展情况出现动态的波动。所以,期望值的管理是动态的,需要分阶段进行。下面就是期望值动态管理的三个步骤。

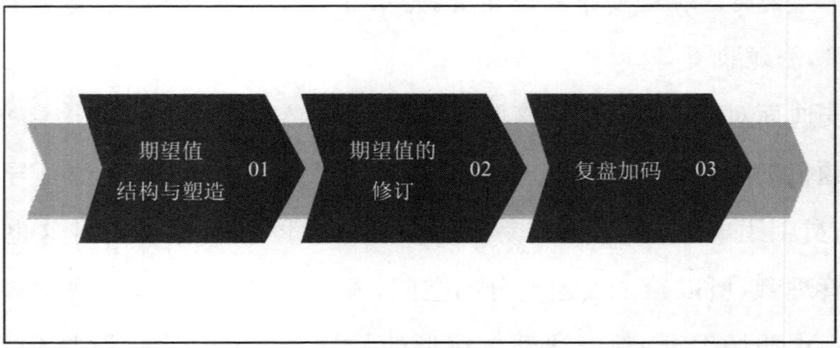

期望值动态管理三步骤

1. 追根溯源,期望值的结构与塑造

在任务开始前,切忌未经深入沟通,便自以为是地解读领导的期望值,更不要因为畏惧领导而不去沟通,盲目猜想、揣测领导的意图。这样就算你拼尽了全力,最后结果也会大打折扣。

管理的前提需要追根溯源、充分了解。领导最初的期望值来源于什么,又该如何解析这些期望值。

领导的期望值,一部分来源于领导对项目本身的期待,另一部分来源于员工的承诺。所以,首先需要通过沟通明确领导自己判定的期望值是什么。并通过时间节点、阶段目标、任务质量标准等多个维度量化,不可量化的内容要尽可能地详细。通过这样多维度、多角度地详细分解,更加明确领导期待的目标值。工作中可以更加有的放矢地锁定目标,完成任务。而一旦领导最初的期望值过高,与实际情况存在较大偏差,可以通过有说服力的论证,辅助领导调整期望值。

从员工的角度出发,要尽可能精确地描述自己所能达成的客观数据,用词精准,切忌含糊。尤其是不要使用“大概、应该、也许……”之类的词汇。这样不仅降低了沟通的有效性,还会让领导对你的印象大大减分。向领导承诺自己有把握完成的部分，并给自己留有可发挥的余地。

当你从执行角度发现任务可能在过程会存在一些没有把握解决的阻碍，一定要提前向领导说明情况，让领导有对任务的阻碍产生预知，同时也是给领导的期望值中，加入了一些弹性预估。

2. 运筹帷幄，适时修订期望值

任何项目或任务在执行的过程中都会产生一定的偏差。这个时候，就需要通过与领导及时地沟通和反馈，去不断修订期望值，对期望值进行动态管理。

项目进行中的沟通一定要高效务实，要掌握翔实的数据资料，任务进度，及时向领导汇报进展情况。并且在这个过程中，可以深入了解领导对项目是否增加了新的期望，或者领导是否修改了期望的方向等。同时可以积极地与领导进行深入探讨，通过与领导交流可以得到思维的提升，也增进与领导彼此的了解。

当工作进展偏离了规划轨道，甚至发生突发事件时，同样需要第一时间上报，但更重要的是，你不仅需要上报问题，同时也需要上报解决方案，或是给领导提供决策思路。

3. 真实汇报，复盘加码

当任务完成时，无论结果如何，一定要如实地向上汇报。就算没有达到领导的期望值，也不要因为害怕承担后果而去虚报或者篡改结果。一旦失信于领导，将会给自己的职业发展带来不可估量的损失。

当任务完成结果较好，并超出了领导的期望值时，也要懂得复盘总结。因为职场成长是一个漫长的过程，需要无数次地打磨。在每一次任务中总结学习，不仅是提升自身能力的重要方法，更能够给领导留下谦虚、踏实的印象，增加领导的满意度和信任。在后续的工作中，领导也会愿意向你倾斜更多的资源和机会。

上述的期望值动态管理，是我的归纳总结。职场人可以根据这些步骤，建立期望值管理的思维结构和执行逻辑，并有条理地应用在日常工作中。但具体执行中，也需要根据领导的性格、行事作风、文化背景等深入分析，构建出属于自己的期望值管理内容。

职场中的期望值管理，并不是为了讨好领导，让领导满意。其深层次的意义是，通过高质量、高效率的沟通，最大程度地满足领导的期望值，逐步建立与领导的深度信任，形成高效沟通的工作模式，使原本的上下级关系，逐渐转变为工作合拍、拥有共同目标的合作伙伴。彼此成就，才能实现共赢。

领导只做选择题

遇到问题需要请示领导，或者向领导汇报工作进展，这些都是我们在日常的工作过程中经常遇到的事情。但是，这些看似平常简单的工作，并不是所有职场人都能够处理好的。

小陈和小赵是同一时期进入某大型公司的，刚入职的时候都是普通职员。半年之后，小赵已经一路高升，被提拔成为该公司的副主管；而小陈，却始终是原地踏步，毫无升迁。对此，小陈也十分苦恼。在他看来，自己和小赵一样，都是做事情十分认真的人，并且很能吃苦耐劳，深受同事们的喜爱和尊重，对各自任职的部门贡献也都不小，可为什么领导只是提拔小赵呢？

原来，问题就出在了他的汇报方式上。每次大家一起向领导汇报工作时，小陈的表述和汇报总是听上去令人感觉十分混乱，需要领导耐着性子听他讲完，然后还要花费时间去自行总结，提炼他汇报的要点，最后反问他表达的是否是这个意思。相比之下，小赵的表述和汇报就十分简洁明了、思路清晰，能够让人快速地理解和赞同他的想法。

最重要的是，小陈在啰里啰唆地汇报完工作之后，就将自己解决不了或者没有办法自行解决的问题，一股脑儿地全部抛给了领导，问领导应该怎么做。但小赵就很聪明，他在快速、简洁地汇报完工作的主要内容后，对于自己解决不了或者没有办法自行解决的问题，会结合自己汇报的情况，提出自己对这些事情的解决思路和方案，并且，通常是提出好几个解决思路和方案来供领导选择和把握。

毋庸置疑，大家都会更喜欢小赵的汇报方式，尤其是领导。因为，小陈的汇报方式，实质上就是在给领导提问题，但是没有给出他的想法和解决方案，所以，他的汇报对于领导来说，就是在做问答题，而小赵虽然也提出了问题，但是他提出了好几种可供领导参考的思路和解决办法，这种汇报方式对于领导来说，就变成了做选择题。大家试想一下，如果你是领导，你愿意做问答题还是选择题呢？

当然，身为领导，必须要有做问答题的准备。当员工面对一个绞尽脑汁也无法解决的问题时，作为团队的领导，责任就在于运用自己的智慧和资源，帮助大家解决那些攻克不了的难关，从而为团队的进步扫清障碍。但是，如果一个领导始终或者说经常在做问答题，那只能说明：第一，领导不够有眼界和智慧，不懂得抓大放小；第二，员工不够有责任感和头脑，不懂得发挥主观能动性，为领导分忧。

另一方面，领导也是人，是人都会有惰性，并且领导的时间宝贵。做选择毕竟比做问答要简单、高效得多。所以，哪个领导会愿意让自己整天都面对一堆问答题呢？如果什么都需要领导去解决的话，那领导肯定会想：我招聘这么多员工又有什么用呢？

因此可以这样说，一个高效运作的团队，领导一定是经常在做选择题，而不是做问答题的。

明白了这一点，我们在日后的工作过程中，就要时刻提醒自己：不要总是盲目地给领导提问题，要带着自己的想法和方案去提，让领导做选择，而不是做问答。这样做，至少有以下四个好处。

(1)让领导做选择,是在证明你具有担当精神。

把要给领导提的问题,当成是自己的问题去思考和解决,在领导看来,就是一种有担当的表现。因为,只有一个有担当的人,才敢于直面并解决问题,而不是在指出问题后直接抛给别人去解决。主动把解决问题当成自己的一项任务和责任,在追求成就感的同时,帮助领导理清思路、快速决断,这才是领导们最需要的员工。

(2)让领导做选择,是在减轻领导的基础负担。

很多只会给领导提问答题的员工,他们在提问题时,其实是在内心已经假设:

⋙ 领导对我所提的这个问题背后的细节、关系和过程等都十分清楚和了解
⋙ 领导对与该问题有关的一切数据或者后果都有着足够的掌握和认识
⋙ 领导的时间十分的充足,有足够的精力来思考和解决这个问题

提问的内心假设

但事实上,公司做得越大的领导,越没有时间。所以他们不可能也不会允许自己花大量的时间去了解基础数据和信息,这些工作都是员工需要替领导做的。所以,在你没有对自己应该掌握的细节和数据等进行深入分析,为领导提出可供选择的解决方案,却试图将这一切工作扔给领导时,你认为领导会对你的工作满意吗? 相反,如果你帮助领导制定出选择项,为领导澄清一切利害,将这些基础的负担都主动扛下来时,被“减负”的领导才会对你露出欣赏的笑容。

(3)让领导做选择,是在展示你的深入思考能力。

就像我们上学时一样,学习成绩好的学生在问老师或学生问题时,并不是简单地问这个题应该怎么做,而是带着自己的思考去问的。也就说,经过深入思考,你认为这个题应该是这样解的,但是就是解决不了。你又尝试了其他的解决方式,还是解决不了,最后才选择去问老师或同学。只有经过这样一番深入思考之后，这个问题的解决方案在你脑中才会形成深刻的印象，久而久之，当大脑熟悉了这样的过程时，就会让人养成遇事爱深入思考的好习惯。

员工在向领导提问题时也应该如此。只有经过你的深入思考，你把要向领导提的问题的方方面面都尽力考虑到了，并且捋顺了，只剩下最终的选择时，再去请示领导。只要领导给出决断，这个事情就立马可以往前推进，而不是再需要领导花费大量时间和精力去重新了解情况、思考和解决。所以说，让领导做选择，就说明你进行了深入思考，而具有深入思考的意识和能力，也是优秀人才具有的很重要的特征之一。

(4)让领导做选择，是在促进你自身的快速成长。

通过深入思考、主动解决，以领导的眼光去看待问题，时间一长，基础再差的员工，都会在这一锻炼中获得长足的进步，获得自身在职场的快速成长。

最后，既然让领导做选择这么重要，那么，有哪些小技巧可以用来借鉴呢?其实很简单。

1. 全面思考并多准备几个方案

对于同一个问题，领导和员工的想法可能并不会完全一致，甚至完全相反。在这种情况下，如果你虽然进行了思考，但是只给出了领导一个方案，这不叫作选择，而是做判断。而一旦这个方案被领导否定掉，你需要重新花费时间去思考第二、三、四个方案，甚至有可能每次提出的方案也都会被否定掉。因此，为了避免这种低效的工作方式，一开始我们就要全面思考，尽可能多地提解决方案。如果你给出了很多的方案，即使都被否定掉了，领导也不会认为是你没有尽力或者工作方式有问题，但如果你一次只拿一个方案还被否定掉的话，那等待你的，可能就是领导的不满和批评了。

2. 预测问题并准备好所有的答案

相信很多人都听过这样的故事：领导同时让员工甲和乙去早市上看看有

没有卖土豆的。甲回来只告诉领导有卖土豆的,而乙则直接告诉领导:“有卖土豆的,但是只有一个摊位在卖,存量是100斤,卖价是一斤两元钱,比较便宜,而且土豆的质量还不错。我想,根据我们的销售经验,一天左右将100斤土豆卖出去没有太大问题。我咨询了商贩,如果我们要全部买下的话,价格还可以再往下压。如果您觉得可以进行合作的话,商贩的电话我已经留了,现在我就可以跟他联系这个事。”说完,乙还将一个土豆作为样本交给了领导。最后乙得到了晋升。从这个故事里我们可以得到的启示就是,要让领导做选择,就要提前预测领导在做选择前可能需要提哪些问题,然后把答案交给领导,而不是等着领导来问。简言之,这种做法,就是不但要让领导做选择,还要帮助领导做选择。尽一切方法让领导做选择的过程简单而又正确,这就对了。

用数据说话

懂得在工作中运用数据的人,总是能够比别人事半功倍,因为数据意味着可视化结果,同样意味着逻辑分明;任何问题如果仅仅用文字来说明,都是虚空的描述,只有当引入数据时,一切问题才变得清晰明朗起来。

这也是为什么任何一个行业相关的论文,都会将数据作为一个重要的部分,就是因为只有引入了数据,才能把问题说清楚。而在日常工作中,如果一个员工在向领导交代工作时,可以时刻将数据挂在嘴边,那么领导必然就会对该员工的工作给予充分的信任,因为数据是不会骗人的。

事实上,在现代职场中,能够熟练运用数据的人并不多,而那些对数据能够自由使用的人,往往能拥有比其他人更高的薪水,在公司受重用的程度也相对较高，因此，一些公司在培训内容上，会引入对数据的运用。

只是，不论公司如何培养，对于数据使用的掌握程度还是因人而异，有些人一谈数据就摇摇欲睡，也有人尽管能够看懂所有的数据分析，也能够根据他人的数据分析得出合理的结论，但他们在工作中却很少做到引入数据。而在职场中，这是非常实用的一种关键能力。

小高就是一个在数据使用方面十分上手的人，在某次公司内的竞争中，他是依靠数据而赢得了胜利。其实这次胜利与其说是小高本身的胜利，不如说是他为公司赢来了一次胜利。

当时，公司在下一季度的计划中，决定启用 A 计划方案完成下一季度的指标，一切已经准备就绪。但是由于小高当时查阅了很多行业内的资料，他发现 A 计划其实并不理想，他自己私下整理了一套 B 方案，如果实行 B 方案，那么公司下一季度就可以将成本节省 5%，同时效益上提高 10%。他反复分析了 B 方案，认为其并没有任何漏洞。

这件事原本小高可以仅仅放在自己心里，毕竟他作为一名员工，并没有公司的决策权，他也没有必要以得罪领导为代价来展示一下自己。但是当时，公司正在与另一家同类型公司竞争，对方的气焰很嚣张，从网络到线下都时常贬低小高所在的公司，公司内每一个人都对那家公司憋着一口气。

如果公司下一季度能使用小高的方案，那么必定能够在下一个季度很快抢占市场份额，甚至可以将那家公司的一部分业务抢到手。

由于带着这份好胜心，小高思来想去，最后还是决定向领导推举这套方案。

他首先找到自己的直属领导，向其仔细阐述了自己的计划，并对领导的每一个问题都顺畅解答，通过这次深度沟通，领导也认为小高的计划十分可行，但是，小高的直属领导也并没有决策权，而要说服董事会并不容易。于是领导建议小高做一套完整的计划书，关键数据一定要真实可靠，他决定在下次会议中，带着小高一起去说服董事会更改计划。

到了开会那天,董事会给了小高五分钟的时间说服他们。而小高直接将几个表格播放给他们,他做的几个折线图和柱状图直接清楚对比了A方案和B方案在成本上的差异和预期效益的差异。他将A方案的每一组数据都拿来跟B方案进行比对,其中,B方案有的比A方案优势,也有的比A方案劣势。他又分析了几处优势和劣势之间的对比,最后的结论是在对公司的优势上,B方案比A方案多处了3个百分点,而在前景预期上,B方案比A方案多出了10个百分点。

他说得清楚明白,董事会甚至不需要提出更多问题,因为所有的问题都写在他的表格内。最后,小高的计划通过了董事会的举手表决。

由于小高的出色表现,董事会直接破格提拔小高,因为他们认为小高的能力不应该仅仅在底层工作。

其实即便没有这件事,以小高的能力,他也必然能够很快得到提升。因为首先他能做到站在全局的立场上为公司着想,其次他也的确能够拿出可行的方案,而不是纸上谈兵,超前的学习能力更显出他并非池中之物。

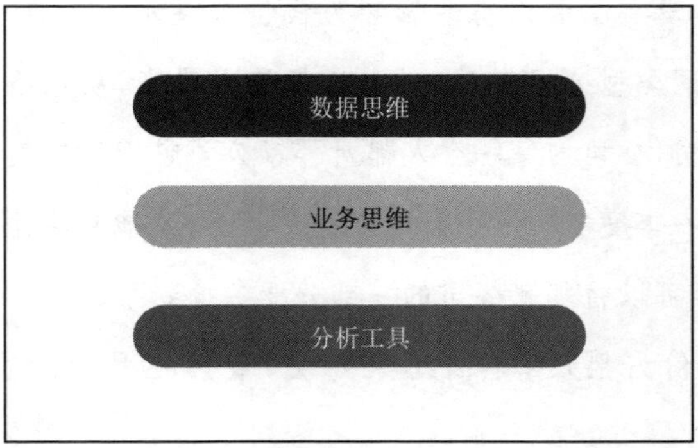

职场数据能力

小高能够通过数据分析说服公司董事会并不奇怪。其实对于每个职场人而言,熟练掌握数字分析技巧都能提升职场竞争力,获得更多赏识与机会。

1. 数据是最清晰的表达方式

时常有职场人向我询问，该如何做到简明又有条理地向领导汇报工作。因为有不少职场人都因为在汇报工作时表意不明而遭到领导的训斥。其实，答案就是运用数据。

尽管我们鼓励职场人与领导多做交流，但这种交流并不是可以完全不顾任何技巧，如果在交流中说出很多冗长而无意义的内容，则只会给领导增添腻烦感，久而久之，这样的员工很难得到重用。

我曾经听人说起过某家公司的某个新员工传奇的升职经历，他是转正刚满三个月后，某天直接来到领导办公室内，毛遂自荐做下一季项目的主管负责人。领导听后直接问他，凭什么提出这个要求。于是他将这三个月的工作内容做了一个总结，表示他在一周之内就做好了 50 份表格，在三周之内，给客户的收益提高了 7 个百分点，并在一个月内，提取出了 46 个优质客户，他自认有能力升至主管。

尽管领导一直看到他工作很积极，但当这些数据被摆出来后，领导还是被惊呆了，当核实了这些数据为真之后，领导通过了他的请求。

这便是数据的力量。当一个员工向领导表示自己很努力时，这只是一句空话，并不会给领导带来太多印象，但当员工用具体数据表示自己有多么努力时，效果便大大不同。

2. 将工作任务数据化

除了可以有效说服领导，其实对一个职员来说，数据最大的用处还是用来整理自身的工作。如果没有一个清晰的数据，那么一个职员很可能忙碌很久都只是瞎忙，但只要有数据跟上，自己便有了工作上的依据和目标，做起事来思路就会更加清晰，效率也会提高许多。

聪明的领导在布置工作时，时常会将数据跟上，将布置下的工作直接量化，这样员工工作起来就有了明确的目标，不会变成一团乱麻。但并不是所有领导都喜欢使用数据，也有一些领导只是布置下去一个大致的范围，至于工作流程则需要员工自己掌握。这时候，就需要员工自己对工作进行量化和细化，而不是凭感觉去工作。

比如某领导交代给员工的任务，是进一步扩大市场占有率，至于扩大到什么程度，却并未说明。员工缺少明确的方向，最后可能市场占有率仍是保持原状。这时，员工自己就可以给自己设定一个确定的目标，比如将市场占有率扩大到3%，最后不论是否到达自己设定的目标，最后工作成果必然都能够较之前有所提升。

3. 运用数据做工作总结与比对分析

一些人不喜欢使用数据，根本原因是他们不喜欢计算，认为计算是一件劳费心神的事情。这时候，能够做好数据对比分析的人就尤为突出，因为做对比分析需要的就是大量的计算，一份优秀的数据分析能够直接令后面的工作事半功倍。

对任何的行业来说，数据分析都是不可或缺的一项，即便是艺术相关的行业也同样如此。

因此，即便很多人并不喜欢计算，但如果要培养自身的职业竞争力，就应当加强对数据的掌控能力，即便会付出辛苦也全然值得。

结果重于过程

职场不是剧场，没有结果的努力并不感人，一切都需要靠结果说话。

想要努力有意义，就要先让努力有结果、有价值。只有尊重结果的人，才能获得职场中的尊重。

在职场，“做了”和“做到”，有着本质上的区别。用结果说话的人才是职场赢家。一切没有产出的努力，都是浪费资源。遗憾的是，很多职场人仍自以为是地把“做了”当成“做到”，或者将二者的价值画上等号。

“领导临时交代了别的事情，所以这个海报还没做完。”

“不好意思，那个文件还没审完，最近实在太忙了，请多理解。”

“你没把诉求交代清楚，方案不满意我也没办法。”

……

相对于挖掘解决问题的办法，人们似乎更擅长为糟糕的结果找托词。在他们心中，“做了”就是尽责，而“没做到”是因为外界因素，与己无关。

聚沙成塔的正负效应时时都在应验，一次又一次失败的结果，最终会将人推向职场的下坡路。很多人犯这样的错误，却从不自知。

职场的竞技中，事实胜于努力，结果是衡量成败的标准。它简单、直接，也公平。但是在现实的职场中，很多人常常陷入结果思维的误区。在职场中，常见的结果思维误区有以下几种。

(1)任务并不等于结果。其实简单来讲，任务并不等于结果，指的就是“做了”和“做到”的区别。职场中常常会有这样一种喜欢埋头苦干的人。他们很努力地把工作做完，最终却没有达到领导想要的结果，有时候甚至为此遭到批评，这个时候便容易滋生满腹抱怨。但任务并不等于结果，就像是你学习了一项知识和学会了一项知识，是有本质上的差别。因此，职场人在做任何一项工作时，都要明白领导真正想要的结果是什么。从结果出发去思考如何才能达到这样的结果，聚焦目标，而不是无意义地瞎忙。

(2)态度并不等于结果。在职场中经常会有这样一种情况，领导在安排一项工作任务后，有一些人愿意积极主动承担任务，在结果没有达到领导的预期后遭到了批评后，对此心生不满，认为领导辜负了自己的积极付出，变得消极。但从客观角度来讲，积极的态度并不等于有价值的结果。在职场上，一旦态度被当作价值得到了鼓励，会使团队养成不好的风气。

(3)理由不等于结果。有些人在工作没有达到理想结果时，会为自己找很多理由，让自己从责任中解脱出来。但事实上，这种行为无论如何开脱都改变不了事实。它不仅无法让你从责任中解脱，还会失去领导的信任。

总之，一个结果要具备实效性、有价值、可衡量三个要素，才可以称之为真正有价值的结果，才会得到领导的赞赏和认同，帮助你在职场上获得快速成长。

在职场中，究竟如何才能掌握结果思维？

1. 理解结果思维的内涵

首先职场人需要认识什么是结果思维，对知识的掌握需要建立在深刻的理解之上。

结果思维是一种高效的思维方式，它需要职场人能具备很强的质量控制意识和强烈的责任心，以及敬业精神，并且能够在过程中发现、分析问题，解决问题，达成预期目标。

简单地来讲，职场人在进行任何一项任务时，都需要关注自己的目标和取得的成果。从结果出发，优化执行过程，保障结果的思维方式。

2. 逆向思维，学倒着做事

我有一位高管朋友，多年来一直遵循着逆向思维方式做事。任何事情，他都会从预期的结果进行反推，寻找最简洁、最高效的路径。

大到几百万的项目，他会根据客户期望的效果、质量、成本、完成时间等多个维度，倒推设计几个方案，留下最优方案和备用方案，保证最终目标顺利达成；小到他要几点参加会议，什么时候会见客户，他都会从结果思考，倒推计划，最后再去执行。

建立逆向思维可以让很多事情变得简单明了，也会让人少走弯路。职场人养成“倒着做事”的思维，更易于掌控结果，达成目标。

3. 预设可能出现的问题，提前考虑好对策

达成预期结果需要合理的路径，并消除路径中的障碍。因此，解决问题的能力，是达成预期结果的必要条件。

除了在发生问题时解决问题，职场人更需要对任务具备一定的前瞻性，预判执行过程中可能出现的问题。

当初活动执行者小于就因此犯了错，他负责的一次活动当天出了不少问题，现场音响故障，备品不足等，好在小于机灵，办事效率高，都一一化解。活动结束后，小于还是受到了领导的批评。因为，当天的很多错误，都可以提前预判，并做出充足准备。

因此，聚焦目标，对执行过程中可能出现的障碍进行预判，并提前做好对策，能够最大限度地保障目标，达成预期结果。

对障碍的预判其实也是一种 B 计划思维，它能够有效地提高我们在工作中的抗风险能力，帮助你在职场中走得更加稳妥。

4. 合理地计划，有效地开会，高效地执行

计划、会议是实现结果的过程中必不可少的部分。但是低质量的计划和低效率的会议，往往会成为达成结果的最大阻碍。

开会、讨论分析只能产出“计划”和“结论”，一旦失去了执行，并反复周折于没有尽头的计划和会议中，将永远无法达成结果。合理地计划，有效地开会，高效地执行，才能最终实现目标。

5. 工作失误，首先想到弥补，而不是辩解

在任何达成结果的过程中，都会存在着一定的困难和不确定性，这正是展现职场人能力，并需要其克服的东西。偏偏很多人会习惯性地将这些困难和不确定性，当成未能完成的理由和借口。

这样事例多如牛毛，尤其作为领导对此会深有体会。他们常常会听到来自员工各种各样的解释。

“领导，客户临时改变了想法，所以没能按时完成。”

“咱们的活太多了，人手忙不过来，我已经在赶工了，进度慢我也没办法。”

“客户太挑刺儿了,估计谁都伺候不好他们。”

……

许多困境在职场人口中演化成了完不成、做不好的理由。行动者不知不觉地成为了解释者,而那些解释者口中的“不可抗力”往往都能找到解决方案。因为很多人还没“尽人事”,就“听天命”了,糟糕的结果,便会如影随形。

没有一个领导愿意花费时间去评判这些无意义的是是非非,他们想要的,都是一个好的结果。而就算结果是失败的,他们想听到的也不是辩解。因为再精美的托词,也比不上一个踏实靠谱的解决方案更有价值。

一定要主动出牌

职场精英们都有着一个共同的特征,那就是积极主动。态度影响行为,行为产生价值。在工作中积极主动的人,往往会拥有更好的职场发展。当代的职场人常常会发出这样一种质疑:我明明很努力,为什么却还越来越平庸?

他们在工作中没有偷过懒,甚至看起来比较勤奋,但职场却发展平平。当回报与付出无法平衡,便会开始质疑命运的不公,抱怨自己的环境。但细致观察你会发现,这样的人在工作中,时常是被动地等待和接受工作,领导要求他们做什么就做什么,只是按时完成了任务。也正是这种被动的态度和工作状态,让他们在职场中,不知不觉变得平庸。

当下竞争激烈的时代,这种听命行事的员工已经逐渐失去了竞争优势。

在我接触的一些职场咨询案例中,就有一部分人是因为在工作中不够积极主动,而与职场晋升失之交臂。

电商公司的黄先生就是一个典型的案例，他的工作能力在团队中有目共睹，策划出很多爆款产品。在年底的竞聘中，很多人都认为他十拿九稳。但结果却出乎意料，领导们最终决策，选择了另一位同事，当时几个关系走得比较近的同事都为黄先生大呼不公。

同样一件事情换一个角度，便会呈现出另一种状态。黄先生虽然工作能力强，但在领导眼中，它能够把安排的事情做好，却是一个指哪儿打哪儿的被动型员工。相比之下，黄先生的同事，能力稍逊于他，但是工作积极主动，经常向上汇报，遇到任何问题都会想办法解决，他不仅会把领导想到的事情努力做好，而且还会把领导没有想到的事情思虑周全。

领导提拔一个人，需要考量的是它的综合能力，工作能力只是其中之一，却不是唯一标准。领导需要的是一个能够替自己解决问题，给自己助力的人，而非一个事事都需要自己安排的人。

积极主动的态度，会让你的职场发生质变。

职场上所有的成长都不是一蹴而就的，它需要你在实践中不断地累积经验，并从中获得提升。积极主动的人会比别人承担更多的责任和工作，但也会因此得到锻炼。很多职场人常常会有一种多做多错的顾虑，但无论对错，这些在工作中积累的经验，都将为你的成长提供充足的养料，让你在未来走得更远。

积极主动的人一直都在锁定目标，无论遇到任何难题会选择调动思维，去尝试是否存在另外的可能性，努力想办法去解决问题，去达成目标。他们始终都在为结果和目标寻找出路，为了实现成功而寻找方法。

积极主动的人更容易获得机会。

中国人自古以来就有含蓄内敛的特质，很多人都推崇矜持收敛的态度，不要过于表现自己，总有一天伯乐会发现你这匹千里马。但职场讲究的是效率和结果。你的被动很有可能让你错过最佳的职场成长期，那么等到你真正能发光的时候，很可能变成了一场职场悲剧。

有优点就需要秀出来才能成为优秀的职场人,傻傻地去等待别人挖掘你的价值,会让你的职场生涯变得很被动。

细心观察你会发现,在职场赛道中能跑在前面的人,往往都是积极主动的人。在提案时,他们会积极主动发表自己的意见;在工作时他们会积极主动去分担责任;在领导遇到难题时,他们更会挺身而出想办法,替领导分忧;在取得成绩时,他们也会适当展示自己的;在面对机会时,他们更会主动去争取。

无论身居何位,那些积极主动的人都能成为一个管理者,掌舵自己的职场。如何成为职场的掌舵者?

1. 克服依赖性

掌握职场的前提是要克服自己的依赖性,成为一个能够独立思考、独立解决问题的人。很多职场人在工作中遇到难题时很容易未经思考,就对其做出判断和结论,并寻求领导解决问题。当领导回馈了意见或解决方法时,再按照领导的指令完成工作。

渴望掌舵职场的人,一定要克服对领导的心理依赖。你可以在工作中学习领导解决问题的思路,对工作中出现的所有问题进行深入分析,在自己的职责和职权范围之内,尽可能地解决所有问题。

2. 拒绝守株待兔的工作模式

在职场中并不是每一个领导都能够面面俱到地安排好每一位员工的工作。那么你对待工作的态度,就会直接影响着你职场的出路。积极地去承担责任,你不仅可以获得更多锻炼的机会,同时也会收获领导的信任,更有机会大展拳脚。

3. 主角思维

按时打卡上班的态度只是把工作当作一种交易,跳出员工思维,才能看到职场前景。只有把公司当舞台,把领导当伙伴,把工作当事业,内心才会获得强大的动力,去为自己的人生打拼。

4. 尺度哲学

把握分寸是一个人做事的基本素养,因为分寸之间,如果拿捏不当,便会让事情有了本质上的差异。过度的积极主动,往往是过犹不及,会适得其反。

积极主动的前提是需要保质保量地完成自己的核心工作,再去对他人施以援手,承担更多工作。你需要做的是,在别人有需求的时候提供帮助。绝不可以为了表现自己而插手其他人的工作,或抢夺他人的功劳。自私自利的人就算打着积极主动的旗号,也很难获得更好的发展。

5. 保持积极的心态

无论是生活中还是职场中,正负能量如影随形。它们不可触碰,却在无形之中影响着我们的行为和决策,对我们的人生产生着重大的影响。

若想要拥有积极的工作状态,首先一定要树立积极的心态。在心理学上,有一种皮格马利翁效应,也称作期待效应,它是指人们基于对某种情境的知觉而形成的期望或预言,会使该情境适应这一期望,或预言的效应。换言之,你期望什么就会得到什么。如果你在工作中对自己充满了自信的期待,并相信所有问题都会得到解决,那么最终也会如愿。

这种效应并非一种玄妙的理论。从现实角度来讲,我们应当对未发生的事情都抱有一种积极的态度,那么在事情发生的过程中无论是否顺利,我们都会以一种积极的思维和状态去解决问题,最终达成目标。

6. 保持思维的活跃性

在职场中,每个人都可能会碰到棘手的问题。但任何难题都不可能只有一种解决方法。在遇到难题时任何的抱怨、借口、推脱,都只会显示你的平庸。

难题是一种困境，但也可能是一次机会。所以无论你此刻从事什么样的职业，一定要敢于创新求变，适时地改变自己的工作思维和方式。不仅可以在关键时刻帮你解决难题，还会在不经意之间，提升你的能力和认知。因此保持思维的活跃性，本质上来讲就是保持了你职业成长的活性。活力更强的人动力更足，在职场发展中也能走得更远。

第三章

消除偏差思维

做一个微观计划者

领导在一定程度上掌控宏观发展方向，但是对于微观细节往往无法亲自掌控。如果把组织比喻成一艘船，那么领导就是掌舵手，需要对船行驶的方向进行把控和纠正；而员工就是船员，负责整艘船的细节工作。

当领导分配一个任务之后，我们首先要考虑的不是立即执行。首先，需要明确目标以及目标背后领导的真正意图；其次，拆解目标。拆解，就是做翔实的计划，将任务真正落地，将想法转化成现实，并且制订有效项目跟踪计划表，以达到令人满意的结果。最后，才是任务的执行。

在第二步和第三步中，需要员工扎实的专业能力，不仅仅是浮在表面，而是能够深入下去，切实解决与目标任务相关的所有棘手的困难，理顺整个工作流程。

制订计划，尤其是微观计划，需要遵循土豆原则（SPUDS 原则），即：短小的、实际的、易于理解的、可实现的、简单的。

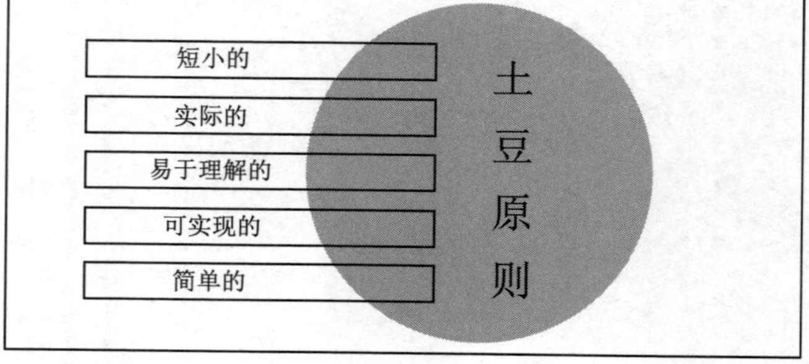

土豆原则

现在，我们逐一分析这五点，如何做一个有条不紊的微观计划者，为领导的目标制订高效完美计划。

1. 脚踏实地，切记好高骛远

向上管理，我们强调的是“微观执行”，而不是做宏观的战略制定。刚从象牙塔里走出来的天骄之子，怀着初生牛犊不怕虎的勇气，有一腔热情和抱负，准备在职场大展身手。处于这个阶段的员工，常容易犯的错误就是“眼高手低”。面对领导提出的任务，常常觉得过于简单，不屑于行动。而对于一些需要实践的任务，又往往喜欢提出自认为独特的见解。总之，总是想从战略层面提出建议，而不是去想如何拆分目标，完成领导交代的任务。

对于微观计划，我们首先要确定最小的目标单位。将整个计划拆解再拆解，直到最小的可执行的单位。因为这样一来，我们的工作以及汇报就变得有节奏和层次感。

每完成一个单元的工作量，就可以及时向领导反馈汇报。领导会欣然接受这样的向上管理方式。在不知不觉中，就为员工打上了“高效”“及时”的标签。

短小的微观计划可以帮助我们清晰展现项目的脉络，也使得领导对项目管理能有一个细节与宏观不同维度的认知。

2. 计划方案需要解决实际问题

这更多体现了员工分析问题的能力。管理咨询公司对新员工的第一课，就是培训分析问题的能力。在拿到一个项目时，不要急，先去一层一层地剖析，找出实际问题所在。

很多时候，员工拿出来的方案看似非常华丽且完美，却不能走到领导心里。某些方案，领导一眼就能看出，员工专业能力是不是名副其实。

曾经辅导过一位白领L小姐，她是全国销售总监的助理，需要将总监的某些通知转化下传到区域销售经理那里。总监曾请L跟踪一个项目，并每周汇报一次。这个项目非常大，L起初并不知道要从哪几个层面汇报，就制定了一个甘特图,发给区域销售经理,并请他们每周填写后回传给自己。

几周过去了,总监开始皱眉。因为L仅仅起了一个传话筒的作用。每一周,L粘贴复制汇总甘特图,然后拿给总监看。因为各个区域情况都不同,每个区域经理在制图时都有各自的见解,整个项目进展看起来非常混乱。总监认为这是L督导不力的结果,他觉得项目是停滞不前的。

在咨询过程中,我们重点分析了这个问题:甘特图复制汇总这个计划,真的能解决实际问题吗?其实,L没有从本质上理解这个项目,自然也找不到问题症结所在,所以用看起来很漂亮的甘特图汇报进度。

后来,L更换了一个更接地气,能呈现项目问题和进展的计划,看起来没那么高大上,但是却非常行之有效。总监也因此重拾了对L的认可。

无论怎么样的微观计划,切记,方案是为解决问题服务。如果这个计划不能解决实际问题,就不是一个有效的计划。

3. 给出一个方便上下级沟通的微观计划

一个好的微观计划,是简单明了,所有人看过之后都能理解。

团队内外的合作伙伴,看到这个计划,不需过多提问,就明白了要如何配合;而领导在看到这个计划后,也不会一头雾水。简单明了,一针见血,能够解决主要矛盾的微观计划,才是领导最想看到的计划。

与领导沟通的过程中,其实我们不必使用过多华丽和专业的表达方式。要知道,领导之所以能做到这个位置,一定有他的过人之处,此时我们再用一些绕口的专业术语将一个简单的计划包装成高大上展示出来,难免贻笑大方。

给到领导的汇报简单、直接、能说明问题,就是最好的。

4. 这个计划能够实现吗?过程与结果同样重要

这一点是第二个要素的延伸。所有的计划都是需要用结果来检验的。

管理者的风格大体分为两类:过程管理型和结果管理型。

过程性管理者更多注重员工在项目进程中的表现。与这样的领导合作,需要拿出细致耐心的品质。尤其在做阶段性微观计划拆分的时候，需要翔实汇报以及请教领导。

结果型管理者是以严格的结果为导向，可能对项目的过程掌控并不严格，也不会过多干涉员工的决策和具体执行环节。结果型管理者可能不会考虑过程中员工的行动闪光点。不过，正是因为有了结果型管理者的高压监督，并且有效地放权，不干涉员工的决策思维，员工更加明确行动方向，反而会提高交付的成功率，项目进展也能更为顺利。

然而，无论是过程型管理者还是结果型管理者，需要的都是结果。这就要求我们在做微观计划的时候，去评估这个计划是否可以实现。

归根结底，还是需要在计划前与领导沟通。请领导来指导评价，这个计划是否可行。当然，管理者不是万能的，面对未知，他无法给员工一个确切的保证。此时，员工要做的，就是利用自己的专业知识和工作经验，谨慎评估并且深思熟虑，给出可以实际执行的方案。

5. 把极简主义与工作融合

近几年，刮起一阵“断舍离”风。极简主义建议抛弃掉冗余的东西，只保留自己真正的需求。职场上也是如此。在做微观计划拆分时，最终的目标以及最小的目的单元，都一定要是最简单的。

单维度的、单线条的、单一目标的计划，就是简单的计划。大道至简，以简御繁，计划越简单，就越容易执行，越容易汇报，领导也越能理解计划的核心以及项目的进度。

计划必须是简单的，这个要素也是第三个要素“易于理解”的延伸。易于理解的计划未必是简单的计划，但是简单的计划一定是容易理解的。

公司对销售培训话术时，有一个环节叫作“一分钟电梯拜访”。很多时候，客户不会给我们充足的时间，销售必须抓住任何一个时间空隙，有条理且清晰说明拜访目的。同理，我们的领导可能也不会有那么多时间和精力只听我们一个人的汇报。这就需要我们有一个高度概括的表达能力和把复杂的事情简单化的能力。

将计划简化,抽出最关键信息,排列组合,再用精简的语言做汇报。好的汇报,不在于时长,而在于质量。一个简单的计划,并不代表是单调的计划,反而体现了员工清晰的思路,领导会由衷觉得,你对这个项目是了解透彻的。只有了解过的,才能够去伪存真,扔掉冗余的部分,提炼最核心的东西。

这个核心,就是简单化的微观计划。它易于理解,便于执行,让领导可以短期内了解你的工作进度,从而进行反馈和指导。

其实,说起来容易做起来难。想要做好领导的操盘手,做一个优秀的微观计划者并不是一件容易的事情。越是细节,越能展现一个人真正的实力,困难和阻力也越会凸显。

领导赢,你就赢

团队目标就是领导的主要考核目标,它真正掌管着职场人的“生死大权”。与领导目标一致,是职场人最基本的职业认知。

经常会遇到这样的职场人,觉得自己能力很强,所有成绩都是自己努力的结果,对领导极其不尊重,甚至很轻视,也不在乎领导的目标是什么。他们有时候甚至公然挑战领导定下的目标,按照自我想法行事,我行我素。

有能力的人往往个性都很强,但是不要忘记了,离开了平台谈能力都是惘然。所以,我们的工作目标其实就是“让领导赢”,领导赢,我们才能赢,“皮之不存,毛将焉附”,说的就是这个道理。

1. 明确自己是在完成任务还是完成目标

很多人会问,任务和目标有区别么?区别太大了!任务指的是领导分配下来的工作量。一位员工不必创新发挥,甚至可以不加思考,只凭着经验和 SOP

流程(导向流程)就可以完成。目标则是对团队合作提出了更高的要求。这个目标是领导的目标,是每个员工的目标,是整个团队的目标。所有人必须心往一处想,力往一处使,互相配合协调,才能达到这个目标。

心怀目标进行工作的员工常思考的是,领导为什么制定这样的任务,背后的逻辑是什么,如何完美交付甚至做到更好。换句话说,心怀目标的员工能够做到站在领导的角度去看问题。这样的员工,一定深受领导的信赖和喜爱,未来的晋升途径也会平坦。

晋升从来不是仅仅因为一个人有潜力,然后才被提升。而一定是这个人做到了上一个职级应该做的事情,站在上一个职级的角度思考问题,才会被提升。组织需要的是确定的人才,而不是一种模糊的未知。

2. 执行前与领导充分沟通

从一个最简单的角度去看,与领导目标一致可以提高基层员工时间的利用率以及工作效率。比如准备项目展示 PPT,很多人会觉得,领导实在太吹毛求疵了。换了一个版面又一个版面,数据分析角度改了几次,甚至连汇报的模式都会被领导挑毛病。

职场人不禁感到郁闷,领导这么难伺候吗?问题究竟出在哪了呢?

其实,在执行任务之前,需要与领导充分沟通,就整体目标需求和拆分的细节进行确认。确保交付的任务是领导想看到的。就好比,别人想要一个苹果,你送去了一筐香蕉,虽然花费了更大的力气,但是适得其反,没有达到理想的结果。

所以说,在接到领导分配的任务之后,我们不仅要听明白字面意思,还要去深思,领导为什么说这句话,分配这个任务背后的底层逻辑是什么。不要害怕与领导沟通,这种有效的对上管理能够让领导对员工有更深的了解和察觉,加深印象。而且,通过沟通,上下级确认共同的目标,节省执行项目的时间。

3. 在思想和行动上与领导保持一致

有人非常反感事事与领导保持一致,声称在职场上做不到绝对服从。与领导的思想和行动保持一致,不是指绝对服从。绝对服从在某种程度上来说,是懒于思考,是巧妙偷懒的代名词。很多员工只等着领导下达命令,领导说什么就做什么,不多做,也避免多错。

而我们需要的是由内而外的一致。与领导的这种一致性,不仅仅体现在行动上,从思想层面,我们就要认可这件事情。

与领导的思想保持一致,是对直属领导最基本的尊重。职场是一个专业场景,没有人不希望被尊重,尤其身为管理者,更希望员工能够拥护并理解自己的决定。

所以我们要为领导创造这样的心理舒适的氛围,对其有着最基本的尊重。在此基础之上,与其保持一致。很多员工喜欢独树一帜,显得自己特立独行,殊不知,有时候会适得其反。领导关注的是,任务是否可以按时交付,项目是否可以保质保量完成;领导更关注的是结果。所以,在行动路径上不要别出心裁,领导如何指挥,就怎么去做。

如果你与领导三观不同,真的无法保持一致。那么应该尽快对职场现状做出调整,跳槽或者换部门,及时更改这个错误的组合。

在思想上保持一致,指的绝对不是阳奉阴违。很多职场人容易犯这个错误,表面应付领导一套,背后有自己的一套。殊不知,岗位不同,高度也不同。领导之所以能够做到这个位置,站得一定比普通员工高,任何的小动作都难逃他的法眼。

阳奉阴违带来的坏处比公然反对还要恶劣。上下级之间的信任感全部崩溃倒塌,直接影响了后续的任何合作。

没有一个组织能够容忍这样的员工存在。与领导思想不一致的人在组织中很可能是一个定时炸弹,因为他有着负面情绪和煽动性,可能影响团队的稳定性,影响其他同事的工作观念,带来巨大的损害。

其实,与领导步调一致,最获益的是员工自己。看得长远一些,领导所制定的目标，一定程度上反映了组织未来的走向，我们可以从中窥探出一些东西来。这才是所谓的“领导赢，你就赢”。一个组织中，无论员工还是管理者，都是一个整体。既然是一个整体，利益目标一定是一致的，我们可以就具体事务展开充分的讨论，但是没有道理公然反对领导。

试探授权

员工与领导之间始终处于一种微妙的平衡关系。当两者之间发生了冲突矛盾时，这种平衡关系就会被打破，出现短时间内的倾斜；但是这种倾斜很快又会被接下来的工作关系慢慢淡化，并形成一个新的平衡。倘若这个平衡持续倾斜下去，这种关系又将会变得岌岌可危，不论是正面的倾斜还是负面的倾斜，都可能对彼此的职业生涯产生不利的影响。

所以领导通常都会去学习和练习平衡，就是为了维持公司管理系统的稳定。基层职场人则很少注意到这一点，似乎掌控天平的，永远是领导一方。

其实，想要实现平衡，就需要反复地试探，通过有节奏触碰领导的反应，从而获得更高的自由度和对工作的掌控权。

一位昵称为小 Y 的线上咨询者找到我，他刚刚接受了一项任命，并对此有些困惑，不知道该如何看待这项任命。

他说，领导任命他作为下一季某个项目的负责人，让他直接成立工作组开启项目。之所以感到迷惑，是因为领导除了将负责人的任命交付给他之后，便没有了更多的交代。虽然这看起来是领导对他的信任，但他不知道在这项工作中，自己究竟有多少处置权。

比如,他是否有权力直接从部门调用员工为他所用,还是他需要先拟出一份名单,交给领导去审查。而且当领导任命他时,距离项目启用尚有一段时间,在这期间不知会发生其他变动,如果有,岂不是浪费了这么多天的运作时间。

此外,对于公司其他资源的使用也是未知数,究竟哪些资源他可以直接使用,哪些需要向领导请示,这些都没有一个明确的指示。

同时,根据他的观察,任何一个项目组在工作过程中,都可能与其他的项目组发生冲突。当冲突产生时,究竟哪边的优先级更高一些,这些仅靠他自己的揣测分析还是不够的。领导这样简单的一个交代,让他感到束手束脚。

或许有人认为小Y是多虑了,既然受到了领导的任命,那当然要放手去做,这样思前顾后的又如何能成大事?其实小Y的考量并不多余。若要成大事,对细节的考量必须清楚,否则就可能在具体实施时陷入僵局。而小Y的主要考量,就是领导给予他的授权度。

如果小Y自己是公司老板,他自然不需要去思考这么多,只需要直接去做就是。但正因为他并不是,公司也不是只有他这一个项目,他才需要在这其中找到属于自己的平衡,在不越界的前提下,最大限度去做好项目。

我给他的建议就是,通过与领导的日常事务交流,有针对性去试探领导给他的权力范畴。

比如,从最初的组建团队开始,他可以先将自己预期的人选列出一个名单,并找到领导问这个名单是否可以。如果领导表示不用向他请示,则意味着他可以自由组建团队;如果领导仔细审核了他的名单,则意味着对人员的挑选必须经过领导同意。

这里遵循的原则就是先将自己的预期授权降到最低,当认为会有越权的行为时,就去向领导请示,如果领导表示他可以放手去做,便是给予了他这方面的权力;若是领导在这方面有所迟疑,就意味着要在这上面谨慎行之。

一切没有明确给予的授权,都先假设自己并不拥有,这样在行事上就不会出错。而对于那些自己希望能拥有的权力,却不确定领导是否会给予时,或者是领导明确过并不会授予这些权力时，则可以有技巧地去索要，比如表示因缺少这方面的权力而在工作过程中受到阻碍等。在索要权力的过程中，不妨先向领导汇报一下之前比较优秀的工作成果，这样也能让领导在放权时对自己比较放心。

向领导试探授权是一个颇为微妙的过程，过于小心翼翼可能会得不到自己想要的结果，过于激进则可能引起领导的反感。虽然这已经超出了工作本身的范畴，但这也是需要职场人掌握的必要的职业技巧，毕竟公司并不是机械，只有处理好与同事和领导之间的合作关系，才能更好地在公司的系统下运行下去。

在史蒂芬·柯维(美)的《高效能人士的七个习惯》一书中，讲到领导的授权大概分为两种：第一种是指令型授权，指的是直接指挥员工去做某件事情，做完后回来汇报，这种情况下的授权，是清晰可见的；第二种是责任型授权，这种方法更关注结果，职场人应该充分分析，达成共识。

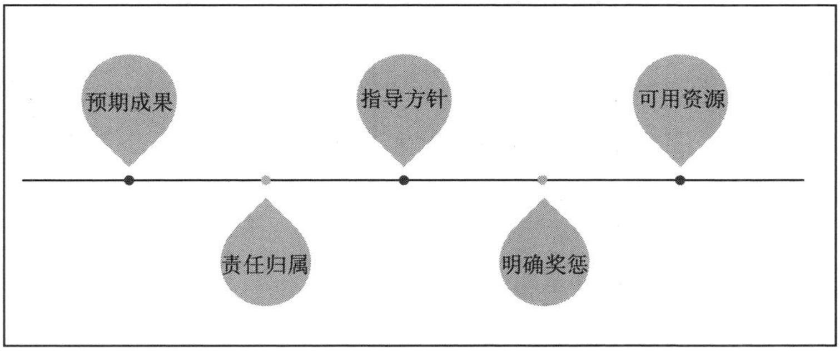

责任型授权

至于如何向领导索取授权，我根据对一系列类似案例的分析，总结出了以下几条。

1. 索取授权的前提是先明确自身的职权范围

知己知彼，方能百战百胜，工作中，当需要获得更多的授权时，职场人可以先对自己进行充分剖析，将自己绝对能做、绝对不能做，以及也许能做的事情分别列出。然后,再根据工作内容,决定是否要向领导明确表达出可能要做的事情,以及是否应适当争取那些看似绝对不能做的事情。

如果遇到那种含糊其词的领导,就要分析清楚领导的用意。领导含糊其词通常有两种情况,一种是领导自己也尚没有一个明确的概念,只是有一个大致的范围,这时候作为执行工作的员工,就需要将所有事情摆在明面上,再分别一一向领导试探;另外一种情况是领导对员工尚在犹豫之中,一些应当交付的任务并不能直接给予,需要通过员工的工作表现另作决定。这事作为员工就不要过于急功近利,先做好本职工作,再另行向领导试探。

2. 通过向领导征求意见,来明确自己的职权边界

当明确了自己需要的职权后,下一步就是向领导进行试探了。最好的试探方式,就是征求意见。当然这种征求必须要有技巧:首先频率不可过高,其次要有选择性,选择那些有代表性的内容向领导询问。

比如对其他员工的使用问题,不要每次征用一个员工就向领导问一次,这样只会使其不厌其烦。选择那个征用难度最大的员工,向领导询问,同时委婉询问对其他人是否自己可以直接任命,否则每次都得请示领导。只要领导点头,那么即便之后的工作中发生冲突,有领导"令箭"在手便不必担忧。

3. 用工作成果让领导对自己放心

领导对员工不能放心授权,一个根本原因还是对员工本身并不够信任。当然,既然领导会给予员工一定的权力,就说明领导在某些层面上是认可员工的,但是,这种认可是有限度的,在更高层面上,领导仍然有所犹豫。

作为员工,如果要想为自己争取到更大的权力,首先就要让领导对自己放心,而在职场上,最能令领导放心的,就是拿工作成果作为自己的门面。

因此,对领导授权的索要,往往并不能一蹴而就,而是需要在工作的过程中,通过层层递进。每次取得了不错的成果,都可以借此机会向领导要求更大的权力,这种时候,领导往往都不会拒绝。

4. 一切以工作本身作为诉求

关于向领导索要授权这件事，还有一个非常重要的点需要明确，那就是索要权力并非为了权力本身，而是为了自己的工作能更加顺利地开展。如果从一开始仅仅是为了权力，那这种授权领导通常是不会给予的；即便给予了，这种眼中只有权力的员工也很难全心投入在工作中。拿不出好的工作成果，就算给出的权力也可能被收回。

反过来，为了工作本身而索要权力，这在目的上正当，在态度上也可以理直气壮，只要员工一心为工作，就必然有利于公司的发展，领导也不可能吝啬对其的授权。

承诺可以达成的目标

在职场中，领导为了发展需求，降低人工成本，稳定员工情绪等常常会对员工作出承诺，并且在履行承诺后往往能够筛选并留住可用之才，增强团队凝聚力，鼓舞员工更加积极地去完成组织目标。反过来，在向上管理的过程中，要想得到领导的信任和器重，员工也要对领导作出承诺。并且，这种承诺必须是可以达成的目标。

之所以要对领导进行目标承诺，具体而言，有以下两方面的原因。

(1)获取领导所掌握资源的需要。

公司资源的分配权在领导手上。当你需要完成领导分配的任务时，获得资源的支持就必不可少。那如何才能有理有据地向领导申请到资源的支持呢?这就是向领导作出必要的目标承诺。

这种承诺的前提，一定是建立在你对自己需要何种资源、多少资源，可以利用资源获得多大的效益回报等问题十分清楚的前提下。只有这样,你才能保证自己的承诺是可实现的;而这种可实现的承诺,才可以让你给予领导明确的信心,让领导知道你有能力充分利用好资源产生最佳的收益,最终说服领导将支配权交到你的手上。

(2)实现劳资双方期望的需要。

著名心理学家和行为科学家维克托·弗鲁姆于1964年提出了著名的期望理论,他用公式表示为:

激动力量=期望值×效价

说明人的积极性被调动的大小取决于期望值与效价的乘积。在具体实践中,一般都是领导运用此理论调动员工的积极性。在向上管理中,员工也同样需要善用此理论来激发领导对你工作支持的动力,最直接有效的方法就是对领导承诺可以达到的目标,实现领导对员工的期望。

对于员工而言,一旦对领导做出可以达成目标的承诺,既是实现领导期望,调动领导积极性的要求,也是实现自己职业期望的必要手段。

那么,如何向领导进行承诺,才可以保证其可以实现增强承诺的稳妥性和合理性呢?

1. 让领导了解你的工作

每个员工都希望领导清楚自己工作的强度和负责的工作内容。在作出承诺之前,就一定要先让领导了解你的工作内容和能力,帮助领导建立合理预期,做到心里有数。

如果领导对你的工作了解不足,就会出现以下几种情况:

(1)对你的工作能力了解不足,不知道你是否有能力按时完成任务;

(2)担心你对此项任务的关注度不够,怕你不能全力以赴来做这件事;

(3)担心你对完成这项工作的信心不足,因为没有足够底气的话,要完成一项重要工作是很难的;

(4)将一件对于你很难完成的任务交代给你并提出较高要求等。

而无论以上哪一种情况的出现,都将不利于你对领导作出目标承诺,并且，一旦你作出的承诺领导没有理解或无法按期完成，领导就会对你心生失望。

让领导了解你的工作有多种方式，比如提高执行力，做到“我办事，你放心”；积极汇报工作，让领导感受到“事事有着落，件件有回音”；实时沟通，让领导时刻掌握你的工作动向，明白“工作在推进”，领导了解了你和你的工作，才能对你承诺可以达成的目标表示认可，产生共情。

当然，身处职场，现实情况往往会更加复杂。很多时候，即使领导了解我们的工作情况，也会需要我们承诺一些难以完成的任务，这就需要智慧应对了。

前段时间，小Z就遇见了这种情况。因为年中审计的问题，小Z一直都在加班加点，忙得不可开交。但是由于人手少，即使领导清楚小Z的工作量，也还是给小Z另加了不少工作。某天上午，领导过来问小Z：“昨天下午交代的工作到中午时你能完成吗?”要是一般的员工可能就直接回答：“我尽量争取吧。因为工作量确实很大，每项都很着急，这都是有目共睹的。”但小Z却没有这样回答，他给领导的反馈是：“您放心，既然您提要求了，那我就一定按时完成这项任务！然后再问一下，是不是中午必须完成呢？如果是，我就把其他一切工作都放下，专门来做这项工作！”这种回答就十分优秀。

前一句话表明小Z对领导交代的工作不仅十分重视，而且很有信心来完成。这是必须表明的态度问题，会直接立刻影响在领导心目中的形象。后一句话，是试探这项工作是否时间很紧急，如果真是紧急，那就必须全力以赴来做；如果不紧急，领导会告诉你不必放弃一些重要事情来专门处理这件事的。

由此可见，在领导交代任务或员工向领导做出承诺时，员工首先要表明重视程度，接下来才是如何来做的问题。当领导要求你完成一些费时费力的工作时，你就要将一些难题提前估计出来，同时在工作过程中保持与领导的信息互通。这一点非常重要，这不仅让领导充分了解了处理此事的实际难度，还会让领导重新考虑是否能够调整你的目标承诺。

2. 了解领导的目标

每个人都有工作上的目标。你被要求要达到向领导承诺的目标,领导其实也有。不管你的领导是公司经营者还是中间管理层,他也背负着业绩指标,他也会在意获利、营收、客户关系等事项。

所以,我们平常工作时,要自觉将自己向领导承诺的可以达成的目标与领导的目标紧密结合,共进共退。

(1)不能只埋头于自己被交付的事项,还要换位思考,以领导的视角,想想这件事情跟领导的目标关联性如何。如果跟他某个目标关联性极高,万一你时间很忙要做工作排序时,马上就知道哪些工作千万不能拖延,哪些稍微晚些时候也不会误事。

(2)根据领导的目标来决定如何取舍。比如领导交付了一项很紧急的项目,在执行过程中又必须对这个项目有所取舍时,领导若很在意项目完成时间,你就不用去跟他协商是否能延后一个月交差这种事;但若你提议加人或是外包一部分无关紧要的零碎事务,就比较有讨论的空间。由此可见,你所承诺的目标及取舍都要和领导最终目标一致。

3. 管理领导的期望

在向领导作出目标承诺之前,要管理好领导的期望,其中重要的一条就是要经常沟通双方的期望。因为无论能力高低,作为员工最基本的任务就是让领导满意,而领导满意的一个主要指标就是是否达到了他心中的期望值。

例如,领导让你起草一份行业计划报告,他希望你能在周三提出报告,而你在周三当天或之前就完成工作,便符合,甚至超越了他的期望;反之,若你拖到周四、周五,很可能已经在领导心中留下办事不力的负面印象。所以,对于领导期望的时间,就需要你提前去做沟通。在沟通的同时,你也要事先提出你的期望和困难,使双方信息对称,更方便于后期执行。

除了经常沟通期望外,我们还要对领导的期望做积极管理:先了解领导的期望标准,设法调整他的期望,营造对自己更有利的工作环境。例如,在任务交派下来后,虽然领导没有要求,但你可以带着想法去和领导讨论,让他知道你打算怎么做,或让他告诉你他希望的做法。你甚至可以明确地让领导知道"这件事我可以早两天完成"或是"因为审核需要时间,按过去经验可能必须再延一天"等。在这个过程中可以让领导心里有数,避免失望,同时也可以争取表现机会,有助于建立双方的信任关系。

在管理领导期望的实践中,可以不断地提升双方期望,从而提升各自的能力。一旦形成这样的状态,双方都会发现对方是一个最好的参照物,不自觉地提升自己的期望,使得各自都逐步上升到一个新的高度,这样也有助于你对领导承诺可以达成的目标时更加科学合理和自信。

承诺可以达成的目标,不高估目标完成的难度,也不低估你自身具备的能力。只有这样,才能促使下级与领导之间相互成就,把双方上下级的关系变成合作伙伴关系,朝着共同的目标努力奋进,最终实现共赢。

不要有对立思想

职场上,因为管理与被管理的关系,很多人难免对领导产生对立思想。尤其是工作不顺的时候,认为领导似乎是那个给自己带来最多痛苦和麻烦的人,造成一些情绪上的困扰。

根本原因仍然在于,许多员工会下意识地认为自己与领导之间存在着一种对立关系。这种对立关系的概念一旦形成,不论遇到什么不愉快的事情,都会直接将其归咎给对方。而他们其实并未意识到,这种对立关系从一开始就是他们的误解,是他们将领导与员工在职权上的关系理解成了对立。其实对立从来都不存在。

首先,不论是公司领导,还是部门领导,他们的职权就是管理团队、整合资源,保证工作能够顺利完成。管理的属性之一,就是要建立约束,建立一定的奖惩制度。这时候,如果一个不遵守规则的员工因做错了事而受到惩罚,并不能够及时认识到自身的错误,就会认为领导在针对自己。

此外,为了顺利管理员工,领导需要摆出自身的威严。权威一旦确立,它就会成为员工头上的一把剑,因此给员工带来一定的心理震慑,产生一种对立的错误认知。

职场人永远不要忘记,我们并非被抓进公司做苦力的。我们是经过投递简历,经过公司的千挑万选,才获得的工作机会。我们能进入自己梦寐以求的公司,可能是为了赚钱养家,可能是为了实现自我价值,也可能两者都有,总之绝对不会是为了混日子。

公司管理者的存在,恰恰是为了推动团队不断向目标靠近。领导的权威,或许是悬在职场人头上的一把剑,但这是一把自律之剑,是为了督促工作,为了实现理想。

曾有一位策划经理王先生,在多年前找我来咨询。他认为领导在刻意针对他,因为几乎他的每次提的方案都会被毙掉。当着所有同事的面,他感到很难堪。我当时劝他放下情绪,去寻找事件背后的真实原因。

对于我的建议,他显得有些抵触,认为领导就是恶意针对他,自己唯有辞职才能解决问题。这样的情况又持续了三个月,他忍不住提交了辞职信。不过,接下来在求职的过程中,他终于印证了背后的原因。

他向几家求职公司提交了自己过去的一些方案,结果几乎得到了同样的反馈——方案很完整,思路也很清晰,但是已经脱离了目前的市场环境。

也就是说,当初领导接连毙掉他的提案,并不是刻意针对他,而是他没有保持行业信息与市场动态的更新。而他一直陷入情绪之中,忽略了自己在专业上出现的问题。

当然,也会存在另外一种状况。

比如一个名叫小如的网友,就不止一次向我抱怨领导要求太严格,太不近人情,并且经常要求员工加班,不顾员工的身体等情况。她说,她也并不想把领导想得那么坏，但事实就是频繁加班直接导致了一个同事的住院，她认为领导在这件事上很难说没有责任，认为领导就是一个只会要求工作，不把员工当人的"恶魔"。

她说的这种情况当然存在，不近人情的领导是存在的。作为员工，根据劳动法争取自己的合法权益是十分正当的，当领导做出不合理的要求时，员工必须懂得站出来维护自身的权益，但这并不是为了与"某一位领导"对立。

我给小如的建议，是当领导对自己严格要求时，不妨先想想这要求是否超出自己的承担范围，以及是否能够推动个人成长。如果可以，那么她就可以将这种严格当作对自己的鞭策；如果不能，那就将超出合理范围的部分直接拒绝，只要不违反公司的合同规定，拒绝不合理要求完全是员工的正当权益，不必为了领导的要求而硬撑。

只要是经营合法的公司，那么公司的权力并不属于任何人，而是制度。作为员工需要遵从制度，作为领导甚至是公司老板也同样需要遵从制度。

包括老板在内的所有企业成员，都是一荣俱荣、一损俱损的关系，因此从来不存在什么内部对立，当有人做出损害公司利益的行为时，自然会有人出面喝止，这个人往往就是对方的老板。

要改变自身的认识并非一朝一夕，但只要明确了其中几点，便不难在工作的过程中慢慢扭转对待领导、对待工作的态度。

1. 反省自身

这一点最重要，也是最容易被忽略的。

面试的时候，如果能够被理想的公司选中，职场人都会兴奋不已，认为是自己的幸运。但随着工作的开展，大家不断被制度约束，不断被催促工作，渐渐便失去最初的激情，工作变成了压在肩头的大山。

之所以会发生这种变化，是因为人的惰性导致。一些人不能够适应公司的工作节奏，有了倦怠之意时，领导作为管理者为了履行职责，会成为那个鞭策的人。他的所有做法都是在维持公司的秩序，这实在没什么可对立的。

2. 正视鞭策

员工看起来受制于领导,但如果意识到工作是为了自身的发展,就会同时意识到领导在这个过程中其实是在服务自己。鞭策,也是一种服务。

从这个意义来讲,能够从与领导的对立情绪走出来,就是一个拿回主动权的过程,亦不失为一个良性的职场成长过程。

"领导永远没有错"

在职场上,有些人总是恃才傲物,他们喜欢跟领导争执,并自认为为领导着想才敢于"说真话"。但是,绝大多数的情况证明,这些人的"自认为"其实就是"自以为是"。

领导的很多决定或许看起来是偏执的、疯狂的,但是视角不同,会造成理解的巨大偏差。你并不知道的是,他们行为背后一定是有着深刻原因的。因此,想要成为一名真正优秀的员工,做好"向上管理",你必须记住这样一句话,那就是:"领导永远没有错"。

很多人对这句话嗤之以鼻,认为这是一种盲目崇拜,或者是职场毒鸡汤。但是当你放下偏见,换一种角度去思考这句话的真正含义,冷静分析现实的职场环境和角色分工时,你或许也会不得不承认,"领导永远没有错"这句话,真的是有道理的。

2003 年,互联网才刚刚流行起来,大量的计算机培训学校开始如雨后春笋般成立。小李也就是在这个时候,选择进入了某计算机培训学校,职务是网页设计教师。

该计算机培训学校的领导,也就是校长,是一个十分随和的人。为了广开言路，排除学校发展的各种问题和障碍，他做出了一个决定，允许学校的每一位员工，哪怕只是一位普普通通的清洁工，都可以随时去办公室找他，向他提出自己的建议。只要是合理有效的建议，他都会虚心接纳。对于所有建议，他都会认真和员工讨论，无论采纳与否。

就这样，在这位领导的从谏如流之下，学校从财政状况到整体运营都渐入佳境。然而，就在全校教职工都在为学校的这种欣欣向荣欢欣鼓舞时，这位领导却在此时做出了一个让全体教职工都极为不解的决定：他决定加大投资，让学校升级成为一个中专院校。

在做出这个决定后，这位领导不顾全体教职工的反对，立马开始着手升级中专院校的事情。他先是指挥学校的人力资源部门进行了密集的招聘，吸纳了很多新的人才，然后又成立了一个新的机构，重点运作学校升级的事情。并且，为了达到可以升级的办学条件，他还拿出了大量的资金，开始购买地块，修建新的教学楼和图书馆，也正因此，学校的财政状况开始急转而下，最后，就连给学校的教职工发工资，都需要去贷款才能发得出来。

在这种情况下，学校的教职员工陆续开始辞职，小李看在眼里，心里也十分着急和矛盾。在经过一番痛苦的思想斗争之后，小李还是选择了再次走进领导的办公室。

他说："校长，我思考了很久，但是还是想不明白您为什么这么做。咱们学校本来办得红红火火的，大家都开心，您为什么一定非要折腾，花这么多钱就为了升级个中专院校呢？现在中专早就已经烂大街了，您投入这么多，实在是不值得啊。您看现在，咱们连自己员工的工资都保障不了，又拿什么让人家拼命，跟着您再折腾下去呢。我也是看在情分上，把学校当成自己的家，所以才敢实话实说，您的决定恐怕真的是错的，您还是急流勇退吧……"就这样，小李苦口婆心地说了一大串，但是这位领导呢，虽然没有直接反驳和生气，但也只是点点头而已，并没有就小李的劝说发表任何意见。只是，在小李离开办公室时，他才站起来将小李送出门，并真诚地说了一句："无论如何，还是感谢您的建议。"

自此,小李便认为领导是得了失心疯,学校已经无药可救了,自己也没必要在这里苦撑下去,于是也跟其他同事一起辞职离开了。

但小李没有想到是,不过短短两年之后,这个领导真的让这个学校升级成了中专院校,挂牌那天,消息还刊登在了当地报纸的头版头条。并且,又过了不到三年,这个学校又迅速升级为了当地一所知名的三本院校,其在校的学生人数已经达到了 3 000 余人。

听到这些消息之后,小李才恍然大悟。原来,错的并不是领导,而是自己没有理解他的远见。

身为员工,如果你认为领导事事都要听你的,自己争不过就要辞职走人。恕我直言,这不是耿直,而是没有认清自己的角色和任务,越权越界了。

诚然,领导不可能是完美的,每个人都有自己的看法和情绪。但是,毕竟员工和领导的地位和角色分工是不同的,站位和思考方式也是不完全一致的。你的任务是帮助领导,替领导提建议、拿方案,而至于方案是否应该被执行,如何执行,那就是领导应该考虑和负责的了。

你能够多想一步是不错,但要仅限于建议,不能去代替或者要求领导做什么样的决定。因为说白了,领导可以为这个方案的后果负责,但是你不能。方案错了,公司黄了,员工可以拍拍屁股走人,很快投入下一个公司继续赚钱,但这对于领导来说,可能就是创业失败、倾家荡产了。

所以,事实的真相并不是“领导永远没有错”,而是“领导会为错误买单”。职场人在无法理解领导的一些举措,甚至对于领导指派的很多工作产生抵触心理时,你不妨放下执念,在做好自己的本职工作的情况下,告诉自己:“领导永远没有错,如果错了,那一定是我想错了。想法是我的,但决策的后果是领导的。从某种程度而言,我只要问心无愧,对自己的工作尽职尽责就够了。”

除了这种天然的职场角色差异以外,职场上之所以要树立“领导永远没有错”的思想,还有如下三个方面的原因。

1. 求同存异,保持前进的凝聚力

只有当员工理解“领导永远没有错”,和领导之间建立起扎实的信任与合作关系时,员工和领导才能做到目标一致、同舟共济。

打个比方,在公司这艘大船上,船长指挥水手们向某个方向划船,而水手们却对船长的决策纷纷表示质疑,一个说不应该往东,应该往西,另一个说不是往西,而是往南,叽叽喳喳,争论不休时,船长的指挥就失去了意义,整艘大船也会因此失去前进的凝聚力。而如果船长和水手们互相信任,水手们相信船长的决策永远是对的,船长的指挥会十分顺畅,而水手也会齐心协力,整艘船也会动起来而不是原地踏步。

或许有人会问,那万一船长真的指挥错了怎么办?答案是,这个世界上没有放之四海皆准的决策,如果真的发现错了,中途及时掉头,为时未晚。成功没有一帆风顺的,偶尔迷失方向,偶尔需要急转弯,这些都是正常的,但如果无法达成统一目标,争执不下,行动不起来,船就永远也无法成功地到达彼岸。

2. 绝处求生,提高应变的战斗力

同样还是拿船来做比喻。想象一下,如果船遇上了暴风雨,马上就要沉船了,船长应该怎么做?是花时间征求一下大家对自己决策的意见再进行指挥呢?还是直接下令,指挥船脱离危险呢?

答案是毫无疑问的。可是,如果船长直接下令,但是水手们仍不分场合,继续先讨论对错的话,那即使船长的反应再快,决策再正确,可能也会因为消耗时间去达成共识而错失了最佳应变机会,最后船沉了,大家谁也没有活下来。

在这个瞬息万变的现代社会,变化就是唯一的不变,因此,要提高企业的竞争力,领导们就必须学会管理变化,提高企业的应变能力。而在这种情况下,尤其是在急速变化的环境中,面对慌乱和手足无措,“领导永远没有错”这种思想可以帮助领导更好地指挥企业和员工应对变化、绝处逢生。

3. 执行大于一切

电影《阿甘正传》中，男主人公阿甘做什么事情总会获得成功，无论是跑步、打乒乓球、捕虾，还是追求心上人。究其根源，就是在于阿甘的无条件接受和执行。这种百分之百的执行，正是企业执行力最需要的。

最后，总结一下：懂得"领导永远没有错"，做一个一流的追随者，让领导负责做对的事情，自己负责把事情做好，才能实现良好的企业运转，营造和谐的劳资关系。

第四章

明确自己的角色定位

如果没有帮忙，那么就是阻碍

每个公司根据业务领域和管理风格不同，会有不同的工作节奏。因为整体风格的统一要求，每个部门、每个工作组都会层层传递下去，形成独有的工作氛围。

这样的节奏，要求每一个职员都能融入其中，发挥出自身的作用。同时，这种统一可以方便公司更高效地进行管理，减少尸位素餐的情况。跟不上节奏的职场人，就很可能给自己的工作组拖后腿，影响工作组和部门的进度。

有句话说，当所有人都在跑，而你却在走路，那就是一种倒退。工作上也是如此，当所有人都在发挥作用，而你却没有什么存在感，那么已经成为一种阻碍。

职场人小奇遇到过的，就是这方面的问题。那时候，公司很多人对他都有所微词，他并不知道自己究竟做错了什么，因此找到了我，希望找到原因。

当时，小奇所在的部门为了能够有更好的发展，部门领导向上层申请了一个比较有挑战的任务，如果这个任务可以达成，整个部门都会增光添彩，部门内所有成员都能拿到不菲的分红，并在自己的履历上有提升。问题就在于，这个任务有一定的风险，且所有人对这个项目都不够熟悉。

大家不由得有些泄气，虽然对领导描述的前景非常心动，但要他们完成一个从来没做过的任务，心里还是十分打鼓的。在一番沟通与互相鼓舞之后，部门的各个工作组都决定要努力完成这个任务，不仅仅是为了分红，更为了集体荣誉。

当时小奇也是踌躇满志，认为自己的机会到来了。可他没有想到的是，领导安排给他的工作，并不是直接与任务相关的，而是要他去帮忙做一些后备的准备工作，以防不时之需。

如果不能直接接触任务本身，就意味着即便自己在名义上参与了该项目，但实际上对这个项目根本做不到了解，往后如果再有类似工作，他在这方面的经验也依然几乎没有，这就让他变得对工作有些消极起来。

就这样，当部门所有人都在为了新项目积极工作时，小奇却只能为了第二套方案做一些无关轻重的准备。当然，作为一个职场人，他知道自己的工作对项目是不可或缺的。但对于个人来说，这个工作似乎没有任何意义。他就像是剧场里的替角，不能没有，但极大可能努力不被人看见。

时间一天一天过去，项目在有条不紊地进行中，期间遇到的各种阻碍都被大家积极克服了。项目快接近尾声时，出现了一个比较大的问题。这时候，有人提出可以调用第二套方案里的一些准备。

小奇慌了，只有他自己知道，第二套方案是多么草率和不细致。正因为他一直认为自己在做无用功，所以没有尽心尽力去做准备。果然，他拿出方案时，领导只扫了几眼，便确定完全不能用。

没办法，部门的其他人只能加班赶工。这个过程里，不论小奇说什么，都没有人愿意听了。

职场上，各司其职是本分。小奇的不作为，就是团队的一种阻碍。领导在布置任务时，就知道有其意义。他没能做好自己分内的工作，那从领导的角度来看，他就是在拖整个部门的后腿。

我们常说，在职场上，没有任何一个位置是无效的，如果有，就说明该公司的管理上有着很大的问题。作为一个职场人，不论身处什么岗位，都要保持对工作的敬畏。要清楚明白，这份看似不起眼的安排对于一个项目，一个公司意味着什么。

1. 可以不出色，但绝不能拖后腿

职场上有一类人，他们的能力算不上高，但就是能在职场上立稳脚跟，并且

随着资历的增长稳步上升。这类人最大的特点就是稳，他们兢兢业业，稳扎稳打。公司需要创新型人才，也需要这样令人心安的人才。交给他们去做的事情，领导总是能够很放心。

没有哪个公司永远都在加速，最符合规律的发展是，加速一小段，再稳步运行很久，时机到来时再加速，接着再很快稳步下来。在稳步进行时期，公司最需要的并不是爆发力型职员，而恰恰是这些能力水平虽然一般，但能稳步前行的员工们。

2. 不是所有付出都需要被看到

在职场上，有显性的工作，也有隐性的工作。显性的工作能看到成果，看到效益，做这些工作的人总能在总结会上获得各种荣耀，获得公司和领导的嘉许；而隐性的工作，他们可能工作一辈子也看不到任何成果，仿佛公司的效益都与他们无关，总结会上往往也没有他们的身影，最多当工作年头到达一定程度，公司会根据其资历而给予一定的成就奖赏。但他们的工作又是必须存在的，如果没有他们，那些显性的工作也无法顺利进行了。

这些做着隐性工作的人，尽管他们的工作似乎总是得不到重视，但只要他们有所怠工，公司就会受到影响。因此，在这些岗位上的人，首先需要考虑的，并不是自己的付出会被多少人看到；而是应该考虑，如果不去付出，会被多少人诟病。

3. 摆正位置、摆正心态

职场上，每个人都有属于自己的位置。有些位置自带光环，可有些位置连光照都很少。这个时候，更要摆正心态，学会自处。

同一家公司，在同一个项目里，薪水和分红也可能有高有低，待遇有厚有薄，曝光度也有多有少，但造成这一差异的，并不是个人，而是根据每个岗位的不同作用决定的。身在岗位中的人，也应当了解自身的重要性，同时接受与公司其他岗位的差异。只有摆正了心态，才能在职场上充分发挥正向作用。

日计划的重要性

职场人的基本任务，是高效完成领导的工作布置。在这个过程中，最关键的能力在于工作拆解。领导布置的任务，有时是时效较长的阶段性任务，有时候是时效很短的即时性任务，不论是哪一种，在具体实施过程中都可能出现各种问题。

时效长的任务，在实施中，可能会遇到各种干扰，影响任务的进度，也可能在进行过程中，领导忽然更改需求，必须重新调整；而时效短的任务，有可能刚好在自己较为忙碌时领导布置下来，如果领导比较急就不好推脱，结果就是整个节奏可能都被打乱。

也正因为如此，我们时常会在职场上看到一些职员在私下抱怨领导的不通人情，在不该布置任务时布置一些完不成的任务，或者总是让员工不合理地加班，或者临时更改需求等。

其实作为员工，虽然总是接受任务的一方，但也不该完全被动。在很多事情上，如果能够主动做好规划，那么有可能事半功倍，不需要手忙脚乱，更不需要动辄加班至深夜。

我认识一位在世界500强企业工作的高管，她虽然年纪不大，但工作业绩一直很出色，在同龄人中可谓是佼佼者。

她叫小伊。她加入工作不久，就因为工作能力突出而迅速得到领导的赏识，并且，由于其在工作中始终没有忽视持续学习，所以，她在保持职场上稳步上升的同时，还拿到了知名院校工商管理的硕士学位。

她恰是在其他人都抱怨公司加班多，抱怨领导要求苛刻的时候，完成了这一切。在一次聊天中，我偶然得知了她工作如此高效的秘诀，那就是做好日计划。

由于公司内部高手如云，她要想在其中杀出一条血路，就必须让自己的工作完成得比其他人更好。事实上,她刚入公司时,工作能力并不算突出,因此她就要去积极学习更多的行业知识。对其他人来说,每天要完成当日的工作量已经不易,还要在其中抽出更多时间学习,那几乎是不可能,但小伊就完成了这个不可能的任务。

那时候,领导会定期给小伊发派一些阶段性的任务,也时常会忽然把她叫去安排一些临时任务。在这期间,如果做不好规划,就有可能手忙脚乱,好在小伊很快就摸清了公司的工作节奏,并在最短的时间内做好了工作规划。

首先,她将阶段性任务细分成小段,在交付任务之前稍稍留出几天余地,再将每个小段分放在每一天的第一项任务内。这样即便是当天出现其他临时性任务,也不会影响阶段任务的进程;其次,她将年内需要学习的内容做了一个整体的规划,并细分给每一个季度,并在层层细分后,给每天都分配了一段必须完成的学习内容,这项任务她放在了每天下班后,因为这时她完全可以心无旁骛地学习;接着,她将每天都需要做的琐碎工作分摊给了工作上的不同时间段,这些事情并不困难,但是烦琐,会消耗精力,所以要放在工作量并不大的时间段,在状态较为轻松的情况下去完成。

在做好这些规划之后,她每天里尚能留出一段的空白时间,如果当天有比较繁重的临时任务,她就可以用这些空白时间去完成;如果当天比较幸运,没有这类临时任务,她就用这些时间学习或者休闲。

就这样,在其他人忙得焦头烂额之际,她不但总能按时完成上面派发的任务,甚至有还可以去看场电影。

她这样游刃有余的工作状态很快被领导看到,领导最欣赏的是她的工作能力,也很欣赏她能在看似轻松的状态下将工作做好。这即便是在知名企业里,也是难得的能力,因为这意味着当进入高压的工作环境时,她比其他人的生存能力要更强。就这样,她被一路提拔,年纪轻轻就成为企业高管。

小伊的经历给我最大的触动是,比起工作能力,规划能力可能更重要,尤其是在工作任务繁重的环境下,规划能力就成为领导最看重的东西。

在小伊的经历中我留意到,虽然她整体规划做得很出色,但其中起到关键

作用的，还是每日的计划。她不论如何规划，最终都是会落在每日的计划中，甚至所有的整体规划，都是为了做好一份出色的日计划。

根据小伊的经历，我做出一份总结，这份总结我曾经推荐给许多职场新人，为的是帮助他们能迅速适应职场环境。

1. 以长远规划为指导，细化至每日计划

长远规划并非用来执行的，比起日计划，长期规划更像是一份指导方针，用来防止日计划不会出错和走偏。所以长远规划要做，但最好只做一次，并且需要深思熟虑做一次，今后不会再另行更改。只有这样，才能使得今后的日计划更有意义。

2. 在合适的时间段做出合理的计划

一些人并不喜欢将每日计划细分到时间段内，因为每天都可能发生任何突发状况，如果在相应的时间段内放入计划，那么因为突发事件而无法完成的计划就会令人感到沮丧，这种沮丧情绪将会直接影响对整个计划的执行。

这种考虑固然有道理，但正因为出于这种考虑，所以才要在合适的时间段内填补上合理的计划内容，而这个时间段必然是选在发生突发状况可能性最低的时间。将这部分时间充分利用起来，这样即便在其他时间段发生了突发状况，也不会影响计划的执行。

3. 当日的计划必须在当日完成

如果不能按时完成当日计划，那么就会给第二天带来沮丧情绪，情绪一旦积攒，整个计划就都会泡汤。

只是，要想顺利完成当日计划，除了要有一定的执行能力外，合理划分也十分重要。比如，在比较稳定的时间段内规划好足够的内容，就能有效避免计划被打乱。

此外，留出足够的空白也十分重要。有些人最容易犯的错误就是喜欢在计划中将一整天都排满，这样在执行起来会出现很多问题，比如出现一点突发状况就会影响整个计划;而即便没有任何突发状况,要将这些全部计划完成,也会造成身体和大脑上的疲惫。这样最多坚持一周,也很难再坚持下去了。

4. 保持身体健康和思维弹性

身体健康可以通过锻炼来保持,倘若因为种种原因而无法保持锻炼身体,至少也要做到作息规律和饮食正常。此外,适度工作也很重要,这同样需要做出合理的每日计划,让工作强度保持在合理范围内。

保持思维弹性的方法之一,就是保证足够的休息,还有养成良好的生活习惯。比如读书、冥想等习惯,都能够帮助实现这方面的效果。

我们应该都有整理一团乱线的经历,比如耳机线、数据线等。理好线团的关键,就是找到头绪,每日计划便是那个头绪。有了头绪,工作才能展开得更加顺利。

让领导更轻松

我们时常会听到一些领导形容某个员工时,使用的词语是“好用”。“好用”一词,看似简单,其实含义颇深。

“好用”,顾名思义,是作为员工,能够让领导在使用自己时感到轻松,感到事半功倍。同时,作为一个“好用”的员工,自然也是领导最希望能一直用下去,最不希望舍弃的那一个。

想让领导觉得自己“好用”,这其中有许多的技巧。我们都使用过螺丝刀,如果用一个螺丝刀去拧不同型号的螺丝,那一定不灵。只有用可以随时更换刀头的螺丝刀时,才能真正做到得心应手。

有时候对于领导,员工就是这样一把螺丝刀,只有当员工将自己变成可以随时更换刀头，绝大部分螺丝都能够拧得动的那种螺丝刀时，才能让领导发出“这个员工很好用”的心里感叹；而一旦作为员工能够得此殊荣，那么领导对该员工的依赖便形成了。这时候，就不再是员工被领导选择，而是即便员工本身要离开，领导也会提出各种条件留住该员工，其中不乏各种升职加薪。

小W就是这样一个对领导来说很“好用”的员工。最初他刚刚进入职场时，只是个很普通的职员，工作能力上不够突出，个人特点也不够给人留下深刻印象，但好在他勤学好问，很快就迅速适应了公司的节奏，并掌握了基本的工作要领。

最初负责带他的师父是工作狂的类型，他为了能够学到更多本领，便以完全跟上师父的工作节奏为标准。师父起多早，他就起多早；师父在公司待多久，他就待多久。那时候他完全是随叫随到的状态，很快地，师父从一开始把他当成累赘，到后来变成了根本离不开他。

后来公司把小W调到其他岗位作为主负责人，到了新的岗位，小W继续保持自己勤学好问的习惯，只要是工作上涉及的问题，他无一不会下苦功夫去学。有时候他还会去请教公司内的一些老手，因他态度诚恳，其他人也愿意教他。不过，他请教最多的，还是自己的直属领导，因为他很清楚，对待同样的问题，每个人看待的角度都有所不同，而自己直属领导的角度则是他最需要去攻克的，因为今后工作的开展往往都是以领导看问题的角度为方向。

将该掌握的本领尽数掌握之后，小W便会从整体的眼光去分析问题，除了做好自己分内的工作，他还会根据自身的分析，反过来向领导提出一些建议。在这个过程里，小W也吃过一些苦头。因为并不是每个领导都喜欢听从来自员工的建议，尤其一些刚愎自用的领导，会认为小W的行为是在指责自己工作的不足。

尽管小W吃了些苦头，但在他的整个职业生涯里，仍保持着稳步上升的趋势，而后他还因出色的工作能力和可靠的工作态度，得到了公司老总的认可。

我接触他时，他正在攻读工商管理专业。他目标非常明确，说学习工商管理是他职业发展的必经之路。

我分析了一下小 W 的特点。首先他是个十分好学的人,但并不是那种单纯为了学习而学习的人,他的学习永远都是有目的性的,就是为了适应自己的工作。因此,只要领导需要,就会发现他都会,久而久之,就会被领导当做“万金油”来使用。其次他会将格局放得很大,不会局限在眼前的工作上,对任何一个工作任务,他都会去思考其背后的深意,会去分析领导的决策,因此当领导需要反馈时,他就能够提出有效的建议。此外还有一点,这也是他身上最可贵的东西,就是尽管他能做到高瞻远瞩,但同时也能做到恪守本分,当他向领导提出建议时,永远是以一个员工的身份去协助领导,而不是越级去否定领导。

尽管每一个职场人对工作本身都有不同的需求,但如果想成为小 W 这种领导眼里不可缺少的人,可以从以下几点提升自己。

1. 对所有需要掌握的知识都能积极去学习

每一个职场人都知道,一旦进入工作,很多东西都是学校里不曾学到的,都需要重新学习。那么此时,对职场上的新事物报以怎样的学习态度,就成为职场胜负的关键。

储备知识是一个漫长辛苦的过程,但努力都会获得极大的回报。同时因为精力有限,职场人对知识学习也要有所筛选,围绕公司战略和领导工作目标去做选择,性价比最高。

职场人直接选择对当前最有用的知识去学习,显然最为明智。比如,当领导决定去争取某个项目时,聪明的员工都会提前去学习这个项目的相关资料,那么一旦争取到项目,熟悉这方面内容的员工就能够得到重用。而今后,只要是这方面的工作,领导都会率先考虑这位员工。

此外,在职场上很多知识都是书本上找不到的,这时候就要学着去向这方面的前辈请教,不要害怕吃闭门羹,学不到并不会有任何损失,但一旦学到就是提升。

2. 一切仅仅为了工作

作为员工,不论如何努力去配合领导的需求,都需明确一点,即自己的本职工作便是做好员工一职，不是为了阿谀奉承，更不是为了越俎代庖。即便是有方向地迎合领导的工作，也仅仅为了整体工作能够更好地展开，为了后面的工作可以更加轻松和高效。如果将重点放在讨领导的喜欢，那便是功利心过重，反而会招致反感。

3. 有时候需要帮助领导考虑更多问题

作为领导，由于其处于整体统筹的位置，考虑问题时多站在全局的角度，正因如此，有些细节上的问题便很容易忽略。聪明的员工总能将这些领导看不到的死角考虑进去。此外，即便是领导，也有可能有考虑不周之处，这时候，如果员工能够及时提醒领导，那么必然能够获得领导的赏识。不过，要做到这一点，前提便是员工自己具备可以看到这些问题的眼光，这种眼光需要日积月累的学习和勤奋的思考。

事实上，聪明的员工在平常就会找各种机会与领导交流，这样一方面可以了解领导的思维方式，另一方面也能向领导学习全局的思考方式。作为领导，在这方面通常都是不吝赐教的，因为教会一个聪明的员工，便是给自己增加了得力的助手。一旦员工习惯了用领导的思维方式去思考问题，那么当领导有所疏漏时，员工自然也能帮助其填补思维上的漏洞。

效率是永远的核心

同样的工作内容，同样的工作成果，有人花一周就可以完成，有人却需要花一个月。哪一个对公司更有价值？这不言而喻。我们做任何事情都是有一定时间限制的，一旦超过时间边界，不论做得多好，都失去了效用。因此，我们在职场上，不光要强调工作能力和工作的完成度，更要强调工作的高效。

有时候在竞争市场上,同样的产品,往往是生产最快的那一家公司可以夺得先机,而这份先机,需要公司内每一个成员的效率保障。

事实上,为了提升公司的整体效率,公司内部会采取一系列方案,如奖惩制度等,来保证工作进度的正常进行。因此绝大多数时候,基层员工并不需要思考整体效率的问题。但是,每个人的工作节奏都有不同,为了部门效率提升,领导都会更青睐那些能主动提升效率的员工。一个无须公司约束,便能够达到高效的职员,往往更有机会向上晋升。

苏珊算是一位效率达人,她给我印象最深刻的一件事,就是在一次几乎不可能挽回的败局里,成功挽回了局面。

作为一名设计师,苏珊最大的竞争资本就是她独特的设计理念,不过,对于公司而言,设计的独特往往不是最需要考虑的,公司对任何一件新产品,率先考虑的都是成本和市场预期。一个独特的产品,很可能叫好不叫座,不能被市场普遍接受;即便能够被市场接受,也可能因成本过高等原因而无法给公司带来效益。

因此,虽然苏珊的设计本身很优秀,但被公司选中的机会却并不大。直到某次,公司决定推出下一季的新品,让各个工作组提交计划书。苏珊对这次新品的兴趣非常浓厚,她志在必得,将自己的许多设计理念都融入进去。但一如既往地,公司认为苏珊提供的设计华而不实,不能满足公司对效益的要求,决定使用另外一个工作组的产品计划,那个计划虽然本身并不出彩,但是能够满足市场和压低成本。

这一次,苏珊并没有妥协,她向上层领导提出,能够将自己设计产品的成本压到跟另一个工作组同样的水平。上层领导则表示不能接受她口头的许诺,要求她在产品正式投入计划之前,给出一份详细的成本计算,如果达不到要求,则对她的计划不作考虑。而当时距离计划正式启动仅剩五天的时间。

要计算产品成本并不是纸上谈兵的事情,如对一些较新的材料使用,甚至需要直接去材料工厂进行协商。苏珊的设计较新颖,有一些部分是无法估算的,同时有的部分在她原本的设计中成本过高,她需要考虑使用其他代替材料,这方面他同样需要去实际调查。要完成这一系列的问题，在五天内将整个成本计算完成，这几乎是不可能的事。

但这件事关乎苏珊的整个职业生涯的发展，她还是咬咬牙应下上层的要求。接下来的几天内，她跑工厂、试材料，发动了一切她可以发动的人际关系，在上下班的地铁上都在进行成本计算。

终于，功夫不负有心人，在截止日到来的那天之前，她成功将成本压到了跟另一个工作组持平的水平，并且也不会影响产品的效果。同时，在这个过程中，她还发现了一种替代材料，这能让公司不仅仅在这次节省成本，在今后的同类型生产上都能节省一笔成本。

很快她将计划书上交，由于设计很出色，上层领导很快就通过了她的方案。不久后，由她设计出的产品在市场上获得了大量好评，她也一战成名，在同行间掀起不小的波澜。

在这件事上，苏珊成功的最大因素就在于她抓住了时机，并赶在一定的时间期限内，完成了她的计划方案。只要她在这件事上慢上一点，晚上几天，那她就绝对得不到这次机会。

对于苏珊而言，这只是一次小小的冲刺，但是对于职场上的绝大多数人而言，这种冲刺几乎每天都在发生。每一天，大家都在为提高效率而做各种尝试，最后永远是效率更高的那些人能够拔得头筹。

经常有人认为工作效率的高低取决于个人智商水平，并认为自身智商不如高效工作的人，也不认为自己有提升的空间，其实这是种错误的认知。在职场上，的确存在一定的智商差异，但这种差异往往是体现在工作成果上，并且，由于现代职场的特点，因个人智商而反映在工作成果上的差异其实并不大，有时也可以忽略。

只要是决心提高自身效率，并且采取正确的方法，几乎每一个职场人都有机会成为高效的工作者。

1. 将任务细分到每一日

要想提高效率，仅仅靠一时的热情是不够的，尽管提高效率的关键就是提高工作速度,但这种速度并不是一时的加速,而是长久稳步的提速。这种提速过程是发生在一段持续的时间内,这样的持续过程是无法靠最初热情来维持的。因此,比起热情,有效的计划才更加实用。

一个工作任务,可能需要几天,也可能需要几十天,持续的时间越久,越容易消磨人的积极性。所以,必须强制性将任务分配至每一天。

首先,对任务完成的时间,自己本身要有一个确定,要根据普遍的印象,自己确定一个更高效的期限。这个期限首先要比其他人效率更高,但同时,也要合理,要保证不会给自己带来超负荷的工作。不论多高效的工作,也要在合法的工作时间段内完成。

当设定好整体期限后,就要根据这个期限,细分到每一日的工作中。事实上,一个高效的职业人,他往往并不是工作最努力的那一个,但他一定是能够将每一天的分配任务都完成的那个。

2. 做好精力管理

根据研究表明,每一个人每天的精力是一个定值。对职场人来说,想要实现高效的工作,就要将大部分精力投入在工作中。

首先,对于一些量较大,内容较复杂的工作,要提早完成,因为这种工作需要使用大量的精力。其次,当遇到其他与工作无关的棘手事件时,要学会节省自身的精力,不可因其他事情而占用工作的精力,影响工作效率的提升。

3. 定期做工作总结

一些人不喜欢做工作总结,认为这过于形式。其实工作总结是一个非常重要的流程,只有通过总结,才能找出自身的不足,才能知道在接下来的工作中,如何避免之前犯下的错误。

4. 做好情绪管理

如前面所说,每个人在每天可以使用的精力是定值,而情绪是最能消耗精力的因子。甚至,不仅是情绪本身会消耗精力,情绪的产生还可能导致精力流失的速度加快，对于职场人来说，情绪过剩可谓百害而无一利。

对职场人而言，情绪管理永远是一项重要的课题，有些公司甚至还会开设情绪管理相关的课程以及训练，但即便公司本身没有这方面的训练，作为一个成熟的职场人，仍需要在这方面多下功夫，不要让情绪成为工作的绊脚石。

5. 保持健康的饮食和作息

在提高工作效率的问题上，很多人仅仅将重点放在工作本身，而忽略了自身的因素。其实工作是需要人去完成的，而人的健康水平则会直接影响工作的状态。一些人为了提高工作效率而选择熬夜等方式，这样或许可以在短时间内比他人工作更高效，但久而久之，身体机能出现问题，结果就是工作效率反而会越来越慢，甚至可能因身体原因直接病倒在工作台上。

作为一个职场人，不论选择怎样的方式去提高自身效率，用伤害身体的方式都只是在饮鸩止渴。

冲突是不可避免的

职场人很害怕的一件事就是跟领导发生冲突。冲突的发生的原因有很多种，可能是因自身的口不择言，或情绪不稳，也可能是因工作内容跟领导产生分歧。不论如何，这种冲突一旦发生，就会给作为员工的一方带来严重的心理负担。若是心态不够成熟的员工，那之后的很长一段时间里，都可能处在担惊受怕的情绪之中。

但不论是多么规矩懂事的职员，都不可能完全杜绝与领导之间发生冲突，即便他们最大限度控制自身情绪，并懂得协调关系，仍有可能因工作进度等客观因素引发与领导的不可避免的冲突。这种时候，如果只是一味懊恼和自责，便会陷入恶性循环中，后面的工作都会受到影响。

不难发现，在职场上，有一种并“不老实”的职员，他们经常与领导插科打诨，甚至会偶有口角，可那似乎对他们的工作从未产生影响；相反，领导反而还很信任他们，会把重要的工作交给他们做。那些相对乖巧的职员们不论如何也不能理解这种另类的职员，即便让他们学，也学不会。

其实不去学习这类职员的另类作风是正确的，因为他们能受到器重，根本原因并不是他们的独特风格，而是在于他们的工作成果。他们之所以经常与领导发生口角，并不是为了强调个性，而是性格使然，因此不会被领导过多诟病。

大多数职场人都会敬畏权威，但有时也不妨适当借鉴这样的心态，不至于战战兢兢，总是生怕自己做错事说错话。

一位叫艾琳的咨询者曾经向我求助，她因为一些工作上的问题，与领导之间发生过一次并不愉快的交锋，在那之后，她就发觉领导总是在找她的不痛快，问我这种情况是否需要跳槽。

在我看来，职场跳槽无可厚非，但也要看跳槽的原因，如果仅仅因为在原公司做不下去就要跳槽，这显然并非明智之举。并且，根据我对艾琳的进一步询问，发现事情可能并非如她想象。

艾琳与领导发生的冲突始于一次工作任务，当时，艾琳明确记得领导要求她使用A方案去完成任务，她花了几天时间按照A方案将任务完成，但在交付时，领导一看到她交上来的内容就立刻发了火，问她为什么要用A方案，A方案早就已经被废弃了，她明明告诉艾琳要使用B方案。

艾琳一听也有了火气，她立刻反驳，说自己很清楚当时领导说的就是A方案，使用A方案分明就是领导的要求，周围的人明明都听见了，为什么领导要忽然变卦，反过来指责她？领导听了更生气，问艾琳是不是觉得自己冤枉了她，艾琳也不甘示弱，表示愿意让当时的其他同事来当场对峙。

领导显然没有理会她的要求，而是直接将她赶了出去，并让她按照B方案，再将工作内容重新做一份。从那之后，艾琳就发觉领导开始处处针对她，如经常给她繁重的工作，开会时有意不点她的名字等。

其实人经常会有“疑人偷斧”的心理，一旦自己心中产生了偏见，便很可能将原本正常的事看得不再正常。领导对艾琳的针对未必是事实，更有可能只是她想偏了。比如故意给她繁重的工作，这可能只是她的心理作用，毕竟在职场上接到一些复杂的工作是很平常的事，不能当成职场针对的证据；至于开会不点她的名更是正常，开会的时间就那么多，不可能每一个人都被点到。

即便真的是领导对她有所针对，她也不需要为此过于在意，甚至萌发出跳槽的想法。因为作为一个职场人，艾琳只需要考虑自己的本职工作是否完成，即便在短时间内领导因其他原因对她有所不满，随着工作的继续向前进行，这一切不满都能够被她用工作业绩抹去。反过来，如果她因之前的冲突而耿耿于怀，耽误工作，那么领导只会加深对她的坏印象。

换一个角度，对领导来说，其实并没有权力以自己的好恶去处置员工，即便一个员工让他十分厌恶，只要这名员工工作上没有任何问题，领导便没有任何理由去打压，这便是职场上的相互制衡。

所以，艾琳既不需要因为发生过的冲突而担忧今后的工作，也不需要时刻忧虑领导会不会故意为难自己，她只要按照公司的规章和要求完成自己的分内工作，其他事情都可直接交给公司领导来评判。

职场冲突的原因有很多，可能是员工的问题，也有可能是领导的问题，可能双方都有问题，也可能并非人的问题而是事情本身的问题，虽然具体问题还需要具体分析，但当发生冲突时，作为员工，最优的应对方式往往万变不离其宗。

1. 摆正自己的心态

在职场上，不论遇到任何事，首先要将心态摆正，明确自己的职责和本分。要知道，不论领导还是员工，对于整个公司体系来说，都不过是工作系统中的不同位置，虽然职责各有不同，但在地位上，每个人都是平等的。员工面对领导不需要战战兢兢，领导对员工也不必颐指气使。

2. 重回工作正轨

不管跟领导还是其他同事之间发生过什么争执，这些都不应该过于在意，更不要耽误工作的进程。

只要人与人发生接触，冲突便在所难免，如果每个人都将这些冲突无限放大，那么整个公司就都要停摆了。人类之所以可以建立文明社会，正是因为在集体生活中，人可以用理性的思维控制原始的冲动，如果抛掉理性思维，人类社会只会与野外丛林无异。因此不论是哪方对错，任何冲突到最后都应当回归理智，重新回到工作正轨上，而不是纠缠不清。

3. 适当的坚持是加分项

有些职场人因为担心惹上不必要的麻烦，一旦发生冲突，便会选择主动妥协。这样做表面上看似乎是避免了自己被针对，但在对方看来，往往会认为这个人没有主见。

在原则上发生冲突时，如果领导的问题，那么作为员工能够适当说服领导，对整个团队来说反而是好事；如果是员工的问题，作为领导也很愿意去说服员工，因为员工的坚持反而反映出他对工作的认真态度，领导没有理由横加责难。如果还未得出结论，就盲目认输，领导也只会觉得拳头打在了棉花上，既不利于团队的协作，也不会给领导留下好印象。

4. 能稳住情绪的永远是赢家

冲突可大可小，可以是良性的也可以是恶性的，全看冲突双方的态度。如前面所说，适当的争执有利于团队的协作，但这前提是双方始终处于理性的争执之中，若是一方忽然失控，使情绪占了上风，那么整个冲突的性质就不同了。

此外，尽管职场上人人平等，但由于岗位职权的不同，领导与员工面对的职业风险程度也是不同的。当领导与员工之间发生冲突时，领导尚有可以情绪失控的空间，但员工却是没有的。

摆正自己的位置

不能摆正自身位置是很多职场人的通病，尤其是一些有野心的职场人，经常会在工作中做出越界行为，这时候，虽然他们自己尚未察觉，但在周围人尤其是领导看来，已经是惹人反感了。此外，即便并不是这种处心积虑上位的人，普通职场人在一些工作中，也有可能因对自身的职权认识不清，而做出越矩的行为。

有一种现象，叫作“旁观者清”。工作中，当其他人做出了不合适的行为，我们往往能立刻看出不对劲，并对此颇有评判；但当自己行事时，即便也做出了类似的行为，却有可能浑然不觉。之所以会如此，也同样是因为尽管我们能正确判断其他人在职场上的位置，当对自己时却做不到有一个清晰的判断和认知。

也有一些成熟的职场人，他们能够清楚认识到自身的职权范围，有一个十分明确的认知，当与这样的职场人打交道时，任何人都会觉得很轻松。当评价这类人时，人们往往用“情商高”来形容。只是，情商是一个很大的范畴，尽管这方面也可以纳入情商的范畴，但根本原因，还是在于对自身位置的认知。

小 E 就曾经因为对自身的认识不足，而曾经在职场上犯下大忌。

作为一名勤快懂事的新人，小 E 其实颇受领导的赏识，在加入公司不久，就经常被领导带到身边。因为他嘴甜人又机灵，领导经常带他出入一些会见客户的场合，有些领导不适合说的话就让他来说。因为他的加入，给领导的工作带来了许多便利。

可是正所谓祸从口出，小 E 的能说会道虽然使他获得了职场重用，但同时，也给他带来了不小的麻烦。

某次项目，联系小 E 领导的有两家供应商，这两家供应商各有各的优势，领导始终在这两家之间犹豫，为了能最后做出一个不会后悔的选择，领导带着小 E 多次与两家供应商的相关人员进行加深了解。因为谈判的次数多了，小 E 也对两家供应商有了十分深入的了解。

到了决定供应商时，领导也是带着小E去开会的，那时候领导的心中已经做出考量，基本上有了结论，但面对上层决策者，领导还是要将双方都进行充分的分析，最后由决策者拍板，这件事才算是完成。

在说明产品的过程中，因小E对两家供应商都有了充分的接触，因此领导选择让小E出面进行产品说明。小E也没有怯场，直接当着每个决策者的面分析了双方的利弊，因他心中已经得出了结论，因此在描述的过程中，用词与语气都有所偏颇。

到最后，小E更是直截当着所有决策者下了最后结论，表示A方供应商更能够满足公司今后的发展，甚至今后也可以与A方供应商形成长期合作的关系，这对公司十分有利。

小E的分析固然没错，但他的话一出，会上所有人的神情都开始变得微妙，小E的直属领导更是变得严肃起来，直接接过小E手中的文件，阻止小E继续说下去，并随便找了个理由让小E中途离开会议室，由自己接手继续阐述对供应商的分析。

小E很快意识到自己可能是说错了话，因此在会议结束后，立刻找到领导跟他道了歉，领导也表示没什么。但从那之后，领导便很少直接带小E出去谈工作了，即便带小E，往往也会同时带上其他人。

小E向我询问为什么会遭到这般冷遇，其中症结究竟在哪里。我分析过后，认为症结就出在他不该直接替公司上层决策者做出决策。

从小E的角度出发，他并没有做错什么，他的分析有理有据，功课也做得很足，一切考量都是出于公司的利益。但从决策者的角度来看，小E就犯了脱离本职的错误。

不论小E的见解多么独到，认识如何正确，他都始终只是一个做数据的副手。在谈判桌上，他不能直接参与核心谈判；在公司会议上，他可以将自己所见所闻尽数告知，但他并没有资格直接得出结论，因为做结论的权力只属于决策层。

虽然从这件事上看来，小 E 似乎没有错，但如果今后小 E 仍然保持这种一意孤行的工作态度，则难保不会做出更加越矩的行为，比如私下跟供应商达成某种交易等。为了将这种危险从根本上杜绝，领导的做法就是直接减少对小 E 的任用，这样一来可以让小 E 认清自己的位置，二来也可以让小 E 冷静一段时间。

在职场上，我们强调不可越位，一些人会认为这是在打压人才，认为真正的人才就要给予他们足够的发挥空间。但是一家公司自有其管理机制，如果总是随便给某个人放权，那么整个管理就会出现问题。事实上，正是因为一些公司在管理上不够严谨，才会变成一盘散沙。人才固然重要，但是维持公司的制度更加重要。

至于该如何摆正位置，如何确定哪些行为算越位，哪些行为算正当，这就需要在认知上多下功夫。

1. 认清自己的职权范围

岗位职责都是写在公司规章内的，没有写入的内容只要稍加观察，也可以得出大致的判断和结论。所以，要认清自身职权范围本身并不难，难的是要控制住自己不去越权，插手其他人负责的范畴。

有些职场人即便心中清楚，有时候当问题摆在面前时，仍可能不由自主地插嘴表态，这就是因一时冲动而做出的越位行为，也许只是轻飘飘的一句话，却犯下了职场大忌。因此只要在工作中，一定要养成只对自身职权范围内问题开口的习惯，其他时候一律保持缄默。

2. 有所为有所不为

属于上层职权的事情便绝对不可参与，即便自己在这方面真的很擅长。属于下层的事情也不能参与，否则只会干扰下层的工作节奏。此外，一些自己虽然可以帮上一把，但其实并不属于自身部门的事情，更不能一时心热上前帮手，除非获得直属领导的批准。

这种限制看似冷血，其实是为了让公司的秩序得以维持。没有规矩不成方圆,每一个人都应当在自身的岗位上投以最大的热情,同时要防止这种热情不要烧到其他位置上去。

3. 不回答不属于自己的问题

要摆正自身位置,除了需要整理自身的认知和心态,同时还要防止来自外界的陷阱。有时候,一个人对自身认识足够,也不会主动去参与与己无关的事情,但这并不意味着不会有好事者来询问。有些新人因经验不足,当有人问道,总会将自己所知和盘托出,殊不知这会陷入对方圈套,给自身所在的部门带来麻烦。

也有时候问询者并非来自其他部门,而是公司内更高层的领导,这时候则更应该警惕,为了维持职业道德而拒绝回答永远不会出错,但因胆怯或其他原因而做出逾矩之事,则很有可能是引火烧身。

4. 明确自身的活动边界

一个较为有效的方法,就是给自己划分一个明确的边界,明确涉及哪些程度的问题属于自己的职权,哪些问题在边界之外。

这样做的一个好处是,除了可以在工作时不会做出越界的行为,同时也可以保证在自己的职权范围内尽最大可能地发挥,让自身的工作变得更加高效。此外,一旦有个明确的划分,当其他问题找上来时也可以直接拒绝,不会被其他人影响自身的工作节奏。

如何谈论升职加薪

每到年底,很多公司除了计算年终奖外,还会忙着做人才盘点,看看哪些员工可以晋升，哪些可以淘汰，哪些可以加薪等。这些都是一年一次的公司整体升职、加薪行为。

这时，职场人该如何向领导谈升职加薪呢？在回答这个问题之前，我们先举几个反例。

（1）对比式。一些职场人想加薪，又不好意思直接向自己的领导沟通，而是不断采取暗示的方式告知，想让领导主动加薪。主要表现是：

“领导，我大学宿舍同学能力还没有我强，但薪酬比我高多了……”

“领导，某某对手公司，业绩都不如我们，但听说他们的薪酬比我们的薪酬高多了……”

“领导，咱们公司的小李，业绩一般，但人家可有钱了，比我们生活得潇洒……”

这种“不好意思”沟通方式，即使领导听懂了，可能一样表示没有听懂，最后你的需求也会沉入大海。

（2）卖惨式。卖惨式加薪行为是职场人的一种普遍行为，主要是想通过卖惨来引起领导的同情，最后达到目的。主要表现为：

“领导，房东又涨房租了，我的工资都不够交房租了，您看看能否向公司申请，给我加点薪……”

“领导，现在家里面老人生病、孩子上学，收入太低了，您看看是不是向公司申请，给我加点薪……”

“领导，我都三十多了，还没有买房子，你看看能否向公司申请，给我加点薪，让我攒点钱，好买房……”

像这种可怜巴巴的加薪行为，十有八九被领导拒绝。因为，领导看到你表现太软弱的样子一定很心塞，人人都希望看到强者，不喜欢弱者。

（3）命令加威胁式。一般情商低的人，都喜欢采取威胁的方式向领导提出加薪，主要表现：

“领导，我现在薪酬比较低，您向公司申请给我加薪，不然，我就跳槽了……”

“领导，我的薪酬太低了，都不够养家糊口的，你给我向公司申请加薪，不然，我跳槽到××公司（其实，就是竞争对手公司）……”

“领导，我的薪酬真的太低了，你给我向公司申请加薪，不然，我下周（项目进展到一半）就离职……”

这样的加薪沟通方式真不少。别忘记了，你这样和直接领导沟通，就算本来有准备给你加薪的打算，也会直接否决，甚至把你清理出公司。

以上三种加薪方式和行为都不可取，最后不但不能加薪，很可能会失去在领导心中的地位，还没准备跳槽就直接被离职了。

真正的加薪姿势是什么？到底该如何向领导谈加薪呢？根据我十多年的猎头经验和职场观察经验，职场上想顺利加薪，你要做到以下几点。

1. 业绩是加薪的前提

没有业绩，谈加薪等于没有说。所谓的业绩，就是你要能超额完成自己的KPI，为公司创造价值。我接触过一位咨询者，他当年的 KPI 完成不好，还没有达到 70％，但他想让领导给他加薪，咨询应该如何操作。我听完，建议他先不要加薪，要先明白为什么没有完成自己的 KPI，是公司问题，还是个人问题。如果是公司问题，请跳槽；如果是个人问题，就要有针对性地提升能力。

2. 确定加薪标准

有了业绩，职场人就有获得加薪的可能。但加薪到底能加多少，每个人的期望值不一样。任何公司的加薪行为都很难超过 20％，一般都在 10％以内。只有跳槽，才能起到加薪超过 30％的可能性。

既然知道领导的加薪底线，再和领导谈加薪，就心里有底气了。这里也要提醒职场人，千万不要加薪不动脑子，狮子大开口，吓跑你的领导。

有一次，我和一位公司的 HR 聊天。他说，他们公司的一位技术人员向公司提出加薪，说加薪必须要超过 50％，不然就离职。由于技术人员手中有项目没有结束，他们领导一咬牙，就答应其加薪的要求。但两个月项目结束后，公司以该技术人员连续上班迟到 10 次为由，给予辞退。

3. 先非正式和领导沟通，之后再正式交流

所谓非正式交流，就是不在公司里面沟通，比如吃饭、出差、外出的时候，抽空试探领导的反应。这个时候，一般领导都不会这么生硬的拒绝，但也不会直接告诉你同意加薪。不过，你要学会察言观色。

非正式试探后，你回到公司，不要急于找你的领导加薪，而是等项目结束后，大家都在庆祝项目时，在领导高兴的时候去找你的领导谈加薪，避免前面说的三种加薪方式，这时加薪成功率非常高。

加薪是有方法论的，但加薪一定要注意：

(1)要明白领导为什么给你加薪。因为领导看到了你过去创造的价值，也希望你未来会创造更多价值。

(2)任何领导都不会给不值得加薪的人加薪。所谓不值得加薪的人是指不会创造价值、负能量和抱怨声太多、情商低等。

(3)既然领导给你加薪了，你要给领导更大的想象空间。别忘记了，领导会给你“画饼”，你要学会给领导“画更大的饼”。在画饼的时候，一定要注意，不能夸大事实，要用数据来告诉领导。如果总是脱离数据，领导会认为你是做事不牢靠。

谈加薪最忌讳的一点，就是站在自己的角度来提要求。正确的做法，是要站在领导的角度思考。

做到领导眼中的“靠谱”

为一位职场朋友做职业咨询的时候，对方的一句话引起了我的思考。他说：“我们公司的一位同事，非常不靠谱，但他在我们领导心中却是一块宝。”这是个很有趣的问题，领导眼中的“靠谱员工”和同事眼中的“靠谱同事”是否一样？领导眼中“靠谱的好员工”到底具备哪些特质？

任何人在涉及自己利益的时候,都难免带有主观偏见,倾向于自己的立场。人在职场,不要太在意同事对你的评价。因为同事无非是说说你的风凉话或私下讨好你,对你的职业发展起不到一丁点作用,哪怕是背景调查,也没有太大的话语权。

真正对职业发展起到重要作用的,是你的直接领导,你直接领导的领导,公司 HR 负责人和公司真正的大领导。

在职场中,不管对同事还是对领导,最好让他们觉得你做人做事靠谱,这一点才是关键。那么,领导眼中的靠谱,到底什么样子的呢?

1. 说话有理有据

所谓有理有据就是有来源有出处,最好有数据,且绩效比较好的员工。为什么在领导眼中会有这么多不靠谱员工呢?根本原因是说话没有做到有理有据。

小张在向领导汇报工作时,说预计下个月公司业绩可能会增长 30%。领导问小张,依据是什么?小张支支吾吾说不出话来。领导要求小张动动脑子不要这么不靠谱了。

小李在向领导汇报工作时,说预计下个月公司业绩可能会增长 35%,理由是:根据目前已经签约客户 12 家和销售人员对客户的回访,还会继续给签约订单,订单数量应该是××;另外,公司××团队新开发客户,目前已经开始走流程,计划月初签单,签单后就下订单;最后就是小李自己目前跟踪的几家客户,谈判比较顺利,如果不出意外的话,下个月也能签约 3 家等。因此,初步判断下个月公司的业绩会增长 35%。汇报完毕!

如果换作你是领导,你会不会满意小李的工作汇报?于是当即要求小张调到小李的团队,多向小李学习。

在领导心中,所谓靠谱的员工,一个是业绩要好,另一个是说话要有理有据,有出处和来源,绝不会是信口开河、胡编乱造。

2. 能真正解决问题,又能向上管理,还能不断向领导展示自己业绩和能力

真正会解决问题,是你行走职场的基本能力;能向上管理和不断向领导展示你的业绩和能力，才能让你在领导心中树立靠谱的典范。

很多职场人都害怕向领导汇报工作，更不敢主动与领导沟通，总感觉领导会炒自己、责骂自己。为什么不敢主动汇报工作和主动沟通呢？是因为不会向上管理，更不会也不敢向领导展示你的能力。

作为职场人，不管在同事或领导面前，你必须能说到做到，从不抱怨，否则领导根本不会听你汇报工作。

到底该如何和领导沟通，能有好效果呢？

举个汇报工作的案例。假设已经加班到夜里12:00，估计领导都睡觉了，但这个事情又很急，明天一大早又必须要用，该怎么办呢？这时可以把做好的方案发给领导，“领导，这么晚了，也不好意思电话打扰您。我现在把两个方案发给您过目。根据目前两个方案，我倾向于第一个方案，理由是……如果您看完没有什么意见的话，我明天一大早，就安排执行第一种方案。谢谢领导，打扰您了早点休息！晚安！”

这样的工作汇报，你的领导不回复你才怪。人在职场，要多思考，多动脑子，多站在用户角度思考问题，但前提是你必须把领导当作用户来对待。

3. 领导交代的事情做好，同时还能把领导没有交代但关心的问题思考清楚，并提出解决方案

职场上，任何领导最不能接受的是，他们要天天催着你要结果要答案。如果这样，你极有可能被替换掉。如何才能避免呢？就是我们做事情一定要想到领导的前面，还要做到让领导很意外，而不仅是满意。因为让领导满意只是基础，让领导感到意外才可能被重用。

4. 不否定自己，更明白关系再好，也要有分寸

职场上，最让人无法理解的就是自我否定和自我设限。小涛入职一家公司两年多了，每次领导安排给他新任务时，他都认为自己完不成，导致领导不再给他安排新任务，让他按部就班地做好现在的工作。职场上，在领导面前最要不了的就是自我否定和自我设限，一旦自我否定或自我设限，领导就认为你不适合做管理者。

还有一种情况，就是不会处理职场关系，看不明白，分不清楚，关系再好，也要有分寸。李青和张蓝是同宿舍的哥们，同时入职一家互联网公司。由于李青脑瓜灵活，很快就提拔为部门经理。但张蓝每次和李青沟通，都不称呼“李经理”而是直接叫李青。就是因为这个事情，李青慢慢疏远张蓝。

不知道内幕的人，会认为李青很装。但这一切是因为张蓝没有摆正自己的位置，更不明白“关系再好，也要有分寸”的道理。

5. 嘴严，才是职场生存的底线

很多人喜欢八卦领导的事情，或讨论脑补领导的小秘密。这类人就是嘴把不住风，根本无法成事，也永远得不到领导的信任。

职场上，管住自己的嘴也是一种修养，更是职场生存的重点。

靠谱，是个人职业品牌最好的写照和标签，也是职业发展的前提。但靠谱绝不是写在脸上，而是体现在做事的细节上。换句话说，靠谱就是麻烦自己，方便别人，在细节中不断放大自己的个人职业品牌。

第五章

最佳拍档

区分轻重缓急

轻重缓急是一门大学问，它指导着我们安排工作的次序和逻辑，可以对结果产生质的影响，它同样也是向上管理中很重要的一部分。

在职场上，那些不懂得为工作排序的人常常容易吃闷亏。

咨询者李小姐当初总是习惯先完成那些简单的工作，每完成一项就可以尽快地在工作清单上划掉一项，这会让她觉得减缓了不少心理压力，并会产生一种完成工作的成就感。完成的项目越多，这种成就感就越强。

可虽然她在心理上得到了短暂的满足和释放，但是领导却对她的工作并不满意。

因为她一直都是以工作的难易程度为排序标准，从最简单最快的工作开始做。有时候下班了，领导交代的重要任务她才刚刚开始动手，或者还没有完成。而她率先完成的部分，恰恰是领导不太会关注的。当这样的情况发生频率较高时，便给领导留下了工作不上心的印象。

她付出了80%的时间和精力，只完成了重要程度只占20%的工作。二八原则，在这里显示了负面的效应。

后来，为了扭转工作状态，改变领导的糟糕印象，李小姐对自己的工作计划进行调整。她根据“四象限”时间管理法将工作按照重要和紧急两个不同程度进行了划分，并进行排序。

“四象限”时间管理法是美国的管理学家科维提出的一个时间管理的理论。分为既紧急又重要，重要但不紧急，紧急但不重要，既不紧急也不重要四个部分，是很多职场人倡导的一种时间管理方法。它可以帮助职场人对事件的轻重缓急进行划分，更高效地使用时间和精力。

可经过调整后，李小姐仍旧在工作起色不大。她搞不懂，为什么职场人都信服的“四象限”管理法，会在自己的身上“神奇”地失效了？

其实，想知道这个问题的答案，首先需要思考一个问题。你对“四象限”时间管理法理解得足够透彻吗？对工作任务的定位真的正确吗？

“四象限”时间管理方法，并不会因为一些个例而失去作用，而是因为很多人用错了方法。对事情的计划和排序，本质上是对时间和精力的管理，很多职场人都把工作的排序当成一种自我管理，这也从根源上导致了错误的结果。

员工视角与领导视角对待同一事件的评判会存在一定差异。所以，在同样一件事的重要和紧急程度的认定上，就可能会出现很大偏差。“四象限”时间管理法之所以没能在李小姐身上奏效，是因为她在工作的重要紧急程度判断上发生了错误。其实，很多职场人都会犯这种错误。

因此，员工需要通过与领导的沟通和管理，了解工作任务真正的紧急重要程度。

那么，职场人该如何通过向上管理，科学地运用“四象限”法则？我建议首先要从四个象限的理解入手。因为正确地使用方法，需要建立在对其深入理解的前提之上。

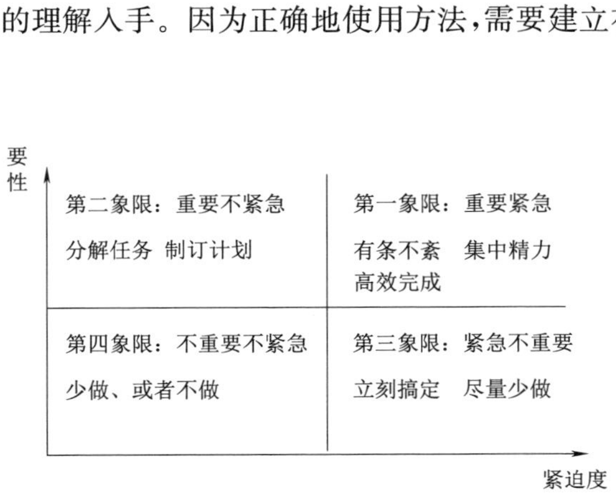

“四象限”时间管理方法

1. 第一象限:重要又紧急的工作

重要,意味着事情影响或直接产生的价值。紧急,意味着在一定时间内,越早完成越有益于结果。

领导常常从全局角度以及协同角度,衡量每一个任务的价值,通过价值衡量重要程度。而许多职场人仍旧徘徊在误区之中。在很多人眼中,领导强调的、催促过的,便是最重要紧急的首要任务。但向上管理并非要看领导的脸色做事,而是真正能够从领导者的角度看问题,解决问题。

在任务的紧急程度上,领导期待的完成时间,常常要早于给出的截止时间线,尤其是一些重要任务更是如此,他们更期待员工能保质保量并尽早完成工作。也有一些职场人,只关注到了尽早完成,为了尽快完成任务抢时间,甚至不惜压缩质量,但往往都会酿成更糟的后果。

其实,越是重要紧急的事情,越要稳妥。切忌因为任务紧急,而变得慌乱,手足无措。因为效率决胜千里,结果衡量一切。否则很容易为了赶时间而出现纰漏,最后满盘皆输。

2. 第二象限:重要但不紧急的工作

此类任务的价值一般不会立竿见影,因此也并不紧急。它往往需要长期投入,才能充分地显现出价值。

例如制订计划和目标、参与培训、发现问题等储备型工作。这类工作,往往是领导很重视,偶有强调,但并不会常常催促的。此类工作关系着公司长期的发展,也关系着员工的个人价值成长。

尽管它重要,但是因为它们不够紧急,常常被员工忽视。很多人也常常会为了赶工作,而占用了此类工作的时间。也有人会因为思考问题时没有足够的战略高度,低估了它的重要程度。

我曾遇到很多这样的咨询者,他们有的是基层员工,有的是部门管理者,他们总是会处于一种十分忙碌的状态,忙着那些重要而着急的大事,并为此牺牲掉一切并不紧急的事情。

起初,他们的工作还可以掌控,但是时间越长,他们的工作压力变得越来越大。重要紧急的事情越来越多。而为了完成它们则要占用更多并不紧急的工作时间，最终陷入了疲惫而忙碌的恶性循环。

象限之间的内容，从来都不是固定的，而是流动的关系，一旦对重要不紧急的工作重视不足，会使第一象限工作的内容不断扩大。

因此，要制订合理的计划，合理地分配时间和精力，去完成第二象限的工作。让时间和精力产出更好的价值，以使第一象限的“急”事无限变少，也不必再瞎忙。

3. 第三象限：紧急但不重要的工作

此类工作包括电话、会议，突然到来的访客等。很多职场人容易被此类事件迷惑，因为在很多人的认知中紧急与重要画上了等号。可事实上，它可能对于别人很有价值，但对自己却并不重要。很多职场人，却在其中花费了大量的时间和精力，去满足他人的期望。

任何一件事情从不同人的角度出发，都会看到不同的价值。那么该如何快速区别一件事情是否重要？

答案就是要站在领导的角度去评判它的价值，当你和领导站在同一个角度，才能更清楚地看到公司期望的价值，也不会轻易地把紧急的事情都划分为重要的事，才能更合理地使用自己的时间和精力。

4. 第四象限：不紧急也不重要的工作

此类事件多是琐碎的杂事，没有时间的紧迫性，也不是很重要。它在工作中几乎是毫无必要的，比如发呆、与同事闲聊、刷手机等。可偏偏它占据了很多人的时间，成为大多数人的生活方式。在职场上，各种各样的小事都能够把时间切碎，降低我们工作的专注力。

为什么人们会将大把的时间消耗在这些无用又不紧急的事情中？为什么领导总会考虑着成本，想着项目，常常不自觉地会想着工作内容？因为出发点不同，言行也自然会不相同，具有发展眼光、与领导思想同频的人，更能够抵御这第四象限中的诱惑。

总之,第四象限的内容,在价值排序中应放到末位,并无限地压缩此类事件使用的时间和精力,尽可能地不做。

除了对“四象限”管理法的认知和理解上会产生错误,很多人还会在使用方法上犯错,只是把它当成一种工作排序方法,并按序执行。但“四象限”管理法解决的不仅仅是工作的价值排序问题,是如何能将让时间和精力实现最大的效益。本质上,是为效率服务。

此外,还需要强调的是,仅仅把“四象限”管理方法应用于自我管理,并不能使其充分奏效,与向上管理相结合后,才能最大程度上让其发挥作用。以下几种方法可以让“四象限”发挥更大的作用。

(1)明确目标和领导的期望值。

时间管理的目的是更高效率地实现目标,而最终目标也直接体现着任务的价值,核心价值最高的任务也是最重要任务。尽可能地将目标量化、细化可以最大程度地避免以自我为中心的价值判断,从而保证各象限任务排序的准确性。

将领导的期待值量化、细化,也同样是一个必不可少的环节。与此同时,将领导的期望值和任务目标相结合,能够让任务目标更加客观准确,最大程度地减少错误和偏差。

(2)向上沟通,协力通关。

职场人可以在执行工作前,将任务的情况、工作思路、工作方法、预期结果等与领导简洁充分地沟通。这样的做法,能够最大程度减少工作思路或工作方法不当带来的效率低下,最大程度地实现效率倍增。反之,通过向上沟通,也可以精简不重要的工作内容,获得更多时间和精力,去投入重要的工作。

(3)制订合理的计划。

缺乏计划的人,会让象限之间发生变化。让一些原本处于第二象限“重要不紧急”的工作,升级为“重要又紧急”的工作。而那些重要紧急的任务,也会因为缺乏合理的计划而拉低了质量,或无法完成。

制订合理的计划是让工作有条不紊,高效完成的重要指标。职场人可通过可行性、实操性、时效性、投入成本、风险性、结果预判等多个维度,考量计划的合理性。

(4)像领导一样，使用自己的时间和精力。

工作和生活中，二八原则无处不在。大多数领导都会用80％的时间来做20％重要的事情。他们在工作的时候，会将时间和精力高度集中，尽可能地将紧急而不重要的琐事集中处理，不必要的琐事选择放弃，留出大块的时间和精力投入到重要的工作中。这样，20％最重要的事情，才能实现80％的高价值。

没有人可以单枪匹马

职场人都懂得团结的力量，可大部分人都注重团结同事，却忽视了团队中最重要的一员，你的领导。很多人惯性地把领导放在了对立面。

但是，想要实现顺畅的向上管理，就一定要打破这种惯性的立场预设。

无论多么优秀的人，都无法在职场单枪匹马地生存。我曾接触过的一位咨询者李先生是一名优秀的产品策划，他经常会有一些很有创意的想法，也曾做出过不错的产品策划案，在市场上大卖。而这个曾做出爆款的人才，最终却被领导边缘化。

并非领导妒才，或者“卸磨杀驴”，而是过去的成功让李先生越来越偏执，一意孤行，更谈不上团队协助。左手是一意孤行的人才，右手是目标一致的团队。领导的抉择，不言而喻。

另一种极端的表现，是过于谦卑，不敢和领导沟通。这样的案例并不少见，他们总是会对领导怀有一种畏惧感。不敢表达自己的想法，不敢展露自己的成绩，怕被同事认为是邀功。并且固执地认为，是金子总会发光，领导总会看到自己的能力。殊不知，一旦你在领导心中没有突出价值，没能获得认可和信任，也很容易失去发光的机会。

职场是现实的,领导对待员工也是有差别的,这些差别会让职场人获得不同程度的信任,以及发展机会。而产生这一些差别的因素并不是随机的,很大一部分来自员工的思维方式和行为方式。

葛伦等人在 1976 年首先提出了领导—成员交换理论(Leader-member exchange,简称 LMX 理论),经研究得到了这样一个结论。

领导者对待员工的方式是有差别的,组织成员关系的集合中包含了一小部分高质量的交换关系,他们将员工视为“圈内人员”,成为“圈内人员”的员工会获得更多的信任和机会。还会和大部分人形成低质量的交换关系,在这种关系中,领导会将员工视为“圈外成员”。这些“圈外人员”占用领导的时间较少,而获得满意的奖励机会也很少。

如何团结领导,成为“圈内人员”。通过 LMX 理论让我们有迹可循。

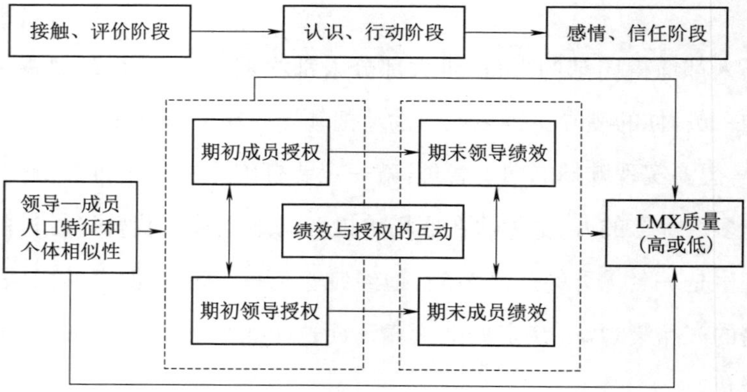

现代 LMX 理论的模式

从图中可见,领导与某些员工在进行初期的作用时,就会将员工划分为“圈内”或者“圈外”,而且这种关系的划分是相对稳定的。简单来讲,就是标签印象。一旦你在领导心中烙下了可信或者不可信的标签,将会很难改变。无疑,成为“圈内”人员是团结领导的最佳方式。

LMX 理论模分为的三个阶段,由浅入深,层层递进。根据这三个阶段的特征,员工可以有的放矢地靠近或进入领导的圈内范围。

（1）第一阶段：接触、评价阶段。

在这个阶段，领导与员工之间相互了解较少。因而，彼此的背景、性格、爱好、成长环境等个性特征会在初期阶段产生较大影响。

在此阶段，员工可以更充分地了解领导，在一些无法更改的客观因素之外，深入挖掘彼此的相似之处。例如共同的爱好、共同的观点等个性中相似的部分，并适当地展现出来，让这些共性充分发挥作用。在初期接触和评级阶段，拉近彼此之间的距离。

（2）第二阶段：认识、行动阶段。

在此阶段，绩效水平较高、能力较强的员工更容易获得信任。此阶段强调的是员工的业务能力。

因此，员工在第一阶段建立良好的初期印象关系后，应充分展现自己的业务水平和个人综合能力。在此阶段，有些初入职场或者新入职人员，可能无法在此阶段展示出强大的业务能力。但是，这并不代表他们没有了获得领导信任，被划分为“圈内人员”的机会。除了绩效水平，领导看重的能力还包括了学习力、沟通力、执行力等多个维度的指标。作为员工需要充分地展示自己各方面的能力，才能得到领导的认可和信任。

（3）第三阶段：感情、信任阶段。

在不断地交换中，能够获得领导认可和信任的成员，会被领导划分在圈内，进而建立高质量的交换关系，反之则会建立低质量的交换关系。

在此阶段，获得高质量关系的员工需在不断提升业务能力的基础上，向领导展示出你的责任心、对工作的热情、忠诚等情感力，不断巩固这种高质量交换关系。虽然在理论上，这种关系是相对牢固的，但是如果疏于经营，它很可能会因为某些事情而破裂。千里之堤毁于蚁穴，任何疏忽，都可能让你努力建立的信任毁于一旦。

LMX 理论本质上阐述的是一种交换关系。作为成员，如何与领导站在同一战线，保持这种稳定的高质量交换关系？可以从 LMX 理论的贡献、忠诚、情感三个构面入手。

1. 贡献

没有实际价值绑定的关系是脆弱的,这其中的价值就是双方的贡献。它指的是在双方关系中,个体所感知到的彼此投注于工作有关的活动中的量、质和方向。

从员工的角度来看,这些贡献代表着工作成果,而这些成果则是与领导建立高质量关系的基础。

现代职场,一切靠实力说话,一个无法产出工作价值的员工,永远也无法得到领导的青睐。职场价值,主要体现在以下两个方面。

解决麻烦:工作能力其实就是解决问题的能力。在工作中,往往会出现许多困难或者是不确定因素,解决困难消除障碍,才能达到目标。职场人遇到任何工作,都不要怕麻烦,怕困难。你并不是孤立无援的,可以和团队、和领导协力通关,贡献自己的力量。所有的麻烦最终会转化出高价值。

达成目标:职场的竞技中,事实胜于努力,结果才是衡量贡献的标准。首先,无论成败,让每一件工作都有结果,是职场人不可逃避的责任。其次,尽可能地掌握执行过程中的变量,让结果可控、可达成。最后,达成并不是唯一目标,职场人应该尽可能地超预期完成目标,最大程度地挖掘自己的潜力,让领导看到你的能力。

2. 忠诚

"忠诚"是一个抽象的概念,但它就暗藏在职场中的每一件小事中。如何让领导感知到你的忠诚,可以从以下几个方面入手。

首先,要服从领导的安排,多站在领导的角度考虑问题。而能够体恤领导的人,也代表他认同了公司的利益和价值,忠诚之心,不言而喻。

其次,扎根本职工作,不要随意跳槽,因为一个频繁跳槽的人很难让领导信任。当你能沉下心来,将更多的精力投入到工作中,领导能够清楚地识别你的忠诚。

最后,要懂得把握大局,放下个人利益,服从公司的安排,做出合理的牺牲。这里指的合理牺牲就包括了加班、调整任务、应对难缠的客户等。而你的牺牲,都会被领导看在眼里，形成忠诚的标签。

3. 情感

这里的情感要素是基于人际吸引，有个人魅力的员工更容易得到领导的青睐。而如何提升自己在职场中的个人魅力呢？

打造职场形象：现代职场，并不需要所有职业人都要西装革履，但一定要符合自己的职业身份。一个清爽、简洁符合职业特征的形象会为你增加许多印象分。

把握职场社交分寸：职场是竞技场，也是一个社交场，关系再好，也要保持适当的社交距离。尤其是在与领导的交际中，很多人因为失了分寸，折损了领导心中的信任。

保持积极的状态与谦和的态度：因为正能量总是会更吸引人。

总之，职场就是一个小社会，人与人始终存在着盘根错节的关系。单枪匹马地驰骋职场，注定铩羽而归。懂得融入团队，团结领导，才能获得更强大的力量，在职场上行稳致远。

建立和谐的工作方式

在向上管理中，与领导建立和谐的工作方式，被职场精英视为重要内容。

职场如江湖，人与人之间总是交错着复杂的关系。无论从事任何职业，都离不开与外界层层交错的联系；有联系必然有协作，其中一种非常重要的就是与领导之间的协作关系。

为了保持与领导的和谐关系，很多职场人开始有意识地注意到与领导的沟通态度和技巧，却没能进一步落实到工作方式上。

咨询者于先生曾和其领导相处得并不愉快,他是从分公司基层一步步打拼,因为工作能力突出,被提拔到集团担任营销主管的。他的领导有6年的外企管理经验,2年前被集团高薪聘来,很受CEO重视。

一个是从基层升上来的本土干将,一个是有过外企管理经验的管理精英。两个人本身性格上有很大差异,在工作上的行事作风更是大不相同,工作一直不合拍。于先生认为他的领导有很多决策都很不合理,觉得他不懂市场,也不懂消费者,喜欢搞形式主义,是个没什么真本事的花架子。

事实真的如此吗? 当然不是,否则这位领导怎么会稳稳地在公司做了两年,并且受到高层重视? 于先生无法理解领导的决策,不能够与之建立和谐的工作方式的根本原因,是他们始终没在一个频道上。

经过多次地深入沟通,我同于先生分析了他当下的情况,并给他详细地讲解了外企的工作理念。让他试着从领导的角度,用领导的思维方式去看待一些决策问题。

因此,我建议于先生能找一个合适的机会与领导单独谈谈,彼此之间坦诚、直接地沟通。彼此之间多一分了解,多一分理解,也自然会少一分偏见。

杰·亨利法则认为,坚信相互理解能够提高知觉的精确性并促进沟通的效果。它从揭示和反馈两方面划分了影响人际沟通的个体倾向,并根据这两个纬度划分出了开放区、盲目区、隐藏区和未知区四个“窗口”。

杰·亨利法则的四个窗口

“开放”窗口	指的是彼此都了解的信息
“盲目”窗口	指的包括了那些别人很清楚而你自己却不知道的事情,这种情况的产生是由于自己没有被告知,或者自己过去的认知拒绝接受这些信息所造成的
“隐藏”窗口	指的是自己知道而别人不知道的信息
“未知”窗口	指的是沟通双方都不知道的情感、经验和信息

基于四个窗口的维度,杰·亨利法则建议通过开放、坦诚、直接的沟通,增

加开放区的信息量，寻找共同话题点，并以此切入，提升自己的感知，减少盲目窗口的信息。

大概半年后，于先生给我发微信时说，他现在改变了很多，和领导相处得还不错，感觉自己得到了成长。

其实，这并不是圆滑和妥协，而是当他试着理解领导的思维，并学着从领导的思维角度考虑问题后，拓宽了认知，也提升了格局。这个理解领导的过程，本质上就是一个学习和超越自我的过程。可以说，与领导建立和谐的工作方式，最终受益者都是自己。

究竟什么样的工作方式才是领导最期待的？这需要具体分解到不同的工作情景中。

(1)请示工作——提方案。

很多人在请示工作时，会习惯性地抛出问题，“领导这个项目要不要做?”“领导，下一步工作，您有什么安排?”

这样请示工作的方式，无论请示者看上去有多么勤恳和积极，其实都掩盖不了一种惰怠的思维。因为他们并没有进一步地深层次思考，把自己当成执行的工具。所以，这看上去是请示工作，实际上是将思考的任务抛给了领导。

请示工作，最好的方式是提出最优方案和备选方案，让领导成为决策者，而非解答者。“关于这个项目，优势是……劣势是……从投入产出比来看，我建议做，您认为是否合理?”“关于下一阶段的营销方案，我有这两个思路，您看是否可行?”

调查表明，在请示工作时，为领导提出参考或者选择方案的人拥有更强的思维能力，他们的进步速度也更快。员工在请示工作时，能够提出解决思路或者解决方案，效率会更高。

(2)汇报工作——报结果。

汇报工作是一门职场大学问，但万剑归宗，领导最想听到的汇报内容是项目的进度和结果。无论是“阶段性汇报”还是“最终汇报”，皆是如此。

当下很多人汇报工作的逻辑，仍是一种讲故事的逻辑。起因、经过、结果一一叙述，并且会在叙述中，有意无意地展示自己的努力，或者规避自己的错误。

但职场不是剧场，没有结果的努力并不感人，一切都需要靠结果说话。职场的竞技中，结果是衡量一切的标准。达成目标，超出预期，才是领导最期望的结果。强调自己的努力，或者强调困难和阻碍的汇报都属于低质量的汇报。

汇报工作，一定要先向领导汇报结果以及工作重点。如果领导想要了解过程，那么，你可以简洁地描述项目经过、参与人员、有重要贡献的人、消耗成本等。汇报内容尽可能地数据化，保持客观，避免主观情绪的渲染。

(3)总结工作——找对点。

在总结工作时，除了需要逻辑清晰地描述流程，更重要的是在流程中找出关键点、失误点、反思点。

指出关键点，能够让领导最直接地看到任务的核心。

找到失误点，一方面可以让自己避免同类错误，另一方面也为领导提供管理反馈，让领导弥补管理和决策漏洞。

挖掘反思点，反思属于复盘，无论正负反思，都可以让人在任务中获得更多的价值。一方面，要分析正向的优势，并如何将其抓牢，在未来的工作中继续发挥优势的。另一方面要分析反向的劣势，如何弥补这些不足，加长这些短板，在未来的工作中规避劣势。

如何与领导建立和谐的工作方式？职场人可以从以下几个方面入手。

1. 与领导同频，才能产生共鸣

无论在何处，同频的人才能产生共鸣。但同频不是让我们去成为另一个人，而是放下狭隘的自我认知，与人真诚沟通，去理解他人，吸收另种思维模式。当你能够用领导的思维去看问题，才能在工作中与他更合拍。

威尔德定理认为，有效的沟通始于倾听，人际沟通始于聆听，终于回答。不仅仅要听到，更是要对领导所表达的观点进行深入地理解，并最终形成反馈，完成沟通闭环。

倾听的注意事项。

(1)等讲话者讲完后，再对刚刚提到的内容进行反馈。

(2)避免打断别人的谈话。

(3)始终保持热情去倾听，并作出相应的肢体回应。

(4)保持微笑，以放松的姿态去倾听，要有适当的眼神交流，可以在关键处点头(点头并不意味着认同，更多的是表示倾听)。

2. 接受领导的提议，并帮助其完善方案

领导在分配任务或者发布项目时，都会提出自己的思路或者执行方案。但每个人都有着自己的做事逻辑，如果你没有一个具有说服力的有效方案，那么便可以接受领导的提议，并尽可能地帮领导细化完善方案，让其更具有执行性。切忌固执己见，很容易走偏。

和谐的工作方式，完全可以成就一个人。一点就通、高效完工的员工，放在任何一个企业都会受到重视。

3. 细致周到，有备无患，做领导的“神助攻”

领导的工作任务是管理和推动团队执行，达成目标。所以，职场上大多数的情境是，领导提出工作方向或方案，由员工执行达成目标。

但领导不是全能的，把工作的所有内容都考虑周全。这个时候就需要员工成为领导的“神助攻”，在项目进程中，把握好每一个细节，完善每一处可能存在的漏洞，并对项目进程中可能出现的不确定做出一定预判，准备好解决方案，以备突发状况。如此能够有效地减少工作中的障碍，增进对紧急事件的应变能力，稳妥地实现目标，达成预期结果。

任何一个重要的项目和任务都是由各种各样的小事组成的，做好小事才能成大事。如果你不是业务骨干，尚未能担当大任，那么就要学着处理好每一件小事，也是对领导最大的帮助。成为一个办事周全的得力助手，会让领导更踏实，获得更多的信任。

4. 做好最后一步

凡事有始有终,是一个职场人最基本的素养,也是领导最在乎的事。但现实的情况是,常常有始无终。所以,如果你渴望与领导建立和谐的合作关系,任何工作都一定要做好最后一步。

失败了,想着弥补和反思;事成了,学会总结和复盘。

任何一个任务都可能会面临失败的结果。但失败并不可怕,每个人在职场中都会面临或大或小的糟糕结果。当它真正来临时,一定要第一时间想办法补救,不要试图逃避责任,或是让领导收拾烂摊子。勇敢面对错误,补救错误,是一个成熟的职场人该有的素质。

任何事,无论成功或失败,都可以通过复盘从中获取智慧。而从不复盘的人,会让工作的价值大打折扣,久而久之,也会与人产生巨大差异。有条理地分析出事情的利弊优劣,能够在工作中得到更多经验,也更能够在未来的工作中提升与领导工作的配合度。于人于己,都有益处。

确保信息流动通畅

职场就是一个巨大的信息流聚合地,信息流的畅通程度直接影响着工作质量。因此,保持信息流的畅通,一直都被职场精英们列为向上管理中的重要内容。

工作任务的起点源于与领导的沟通,但在各种因素的影响下,信息流在传递过程中,很容易出现偏差。有时候,在任务的开始就站错了跑道,结果也就很难达到预期目标,职场发展也会步步受阻。

莫小姐的案例,相信很多人会对此深有感触。她去年年初从小公司跳槽到了自己很向往的大公司。但是在这工作将近一年的时间里，却并不顺利。莫小姐之前一直都在小公司，职务层级并不明显，基本都是和领导扁平沟通，公司氛围比较轻松，沟通起来比较顺畅。

但是在大公司中，工作氛围相对正式，这让她感到紧张，领导工作风格严肃、讲求效率，一不小心就会挨批评。莫小姐进入职场时间短，再加上性格有些胆怯，所以对新环境、新领导有很强烈的畏惧感。

每次领导分配任务，她都不敢多问，生怕耽误了领导时间，或者是问出什么蠢问题受到批评。她有时候会自己揣测领导的思路，或者是和参会的同事探讨："刚才领导说的意思是不是……"而往往，她得到的答案也都是"好像是吧！""我也不太知道。"

并非同事冷漠疏离，因为谨言慎行是职场人的规则，毕竟，他们不是领导，一旦把自己的理解告知了莫小姐，出现错误也是害了她。

在与领导的沟通中，莫小姐成了信息的接收者，但是因为她没能完全地消化理解信息，又没有对未消化的部分与领导进行沟通反馈，大大降低了信息传递的效率，导致领导对她的工作越来越不满意。

明明很努力，明明很有能力，最后的结果却差强人意，莫小姐成为领导眼中工作能力不强的平庸型员工。

莫小姐冤枉吗？其实不冤，因为问题出在她身上，也必定由她自己来承担这样的结果。

没有做好向上管理的职场，注定了坎坷重重。她最需要的，就是消除信息的障碍，实现与领导的顺畅沟通。

职场人想要和领导沟通中保证信息流的顺畅，首先需要明确，信息流的传递是如何产生偏差的。一般包含以下几个原因。

(1)信息接收——回声壁效应，自我强化。

人们在信息接收中，会形成信息茧房，产生回声壁效应。这是一个传播学概念，大意是指人们在信息领域会习惯性地被自己的兴趣所引导，就会像茧蛹一般，将自己置于在"茧房"，同时，这种认知又会不断地吸收此类信息，强化加固到“茧房”中。

简而言之,每个人都会因为自身的原因和一些特定情境,而产生认知偏差,无法实现信息的精准传播。

回声壁效应,不是主观刻意。任何一个职场人都希望能在和领导的沟通中,完成信息流的精准传递。但是自我认知在帮助我们完成工作提供的经验的基础上,又会锁住了人的思维。但这并不意味着,人们会对这种偏差束手无策,它可以通过学习、思维锻炼、反馈沟通等方法进行修正。

(2)信息传递——核心信息不明朗。

核心信息如果模棱两可,更容易强化认知偏差。信息正确传输本身就会困难重重。任何事情都具有多面性,如果核心内容表达不明确,人们只会依照自己的思维习惯和认知层次,选择性地看到自己想看到,或者能看到的部分。

例如,在职场中,领导授意员工去做一个方案,如果没有进一步明确沟通,领导可能想要的是一个策划全案,但员工可能会理解为一个执行方案,因为员工习惯了执行者的角色,会理所当然地把领导交代的方案理解为执行方案。而做一个什么样的项目,与如何做这个项目,完全不在同一个层面上。

人的大脑也会有一种天然的机制去纠正客观事实和主观认知的不协调,一旦出现不一致时,会习惯性地用各种方法去纠正,以达到一种让自己舒服的状态。

(3)信息转述:放大局部,或没有重点。

原始的信息,经过人的解读很容易会放在局部,并在传输中“添油加醋”导致偏离事实,或背离事实。我们最常见的一些事例就是,有些自媒体都会在当下热门话题、热门新闻中,去抓局部某个点,无限放大解读,吸引流量,但其真实性已经大打折扣。

其实,在职场中,也会发生同样的情况。往往一件事情发生,员工在向领导传递信息时,很可能会放大局部内容,并添加自己的理解。

另外还有一种转述误差是,员工在汇报中面面俱到,却没有提炼重点或者关键点。这样会使领导无法高效地进行工作的指导和决策。

(4)信息反馈——恐惧心理,阻碍反馈。

职场已经是一个社会舞台,但时至今日,仍然是有很多职场人,像学生怕老师一样畏惧领导。这种莫名的恐惧心理,与害怕挨批的心态,会在无形中成为很多人职场发展的巨大阻碍。

前面提到的莫小姐的案例,就属于恐惧领导的典型。信息沟通是双向的,职场人不仅要接受领导的指令,同时也需要向上汇报,传递信息。如果这个信息是一个坏消息,并且由自己造成,当事者常常会有意无意地对信息进行"加工"。一部分人,会选择不报或者瞒报,此类阻断信息的做法,很可能会酿出更大的祸患。

也有一些人,会选择弱化对自己不利的信息,强调对自己有利的信息。而这样的做法,反馈在领导的眼中,汇报者是在为自己逃避责任而找托词,是一个没有责任感的人。

如何消除信息偏差,提高信息流的传播效率和精准度,是职场人的必修课,也是向上管理中不可忽视的部分。以下五个实战方法,可以为职场人提供借鉴。

1. 明确沟通目的,确定沟通重点

在沟通中,明确目的才不会走弯路,或者走偏。确定沟通重点,才能提高沟通效率,使重要信息得到精准传播。职场人可以依照以下模块,建立沟通逻辑。

沟通逻辑的 4 个模块

明确沟通目的	本次沟通为了什么目标?这个(这些)目标涉及哪几个部分的工作内容
价值排序	将上述确定的工作内容按照重要程度进行价值排序
确定目标	上述工作内容的预期目标是什么
找到沟通重点	根据二八原则,挑出最重要的那件事,并与领导进行深入探讨,最大程度保证沟通的准确性

2. 先说结果,精简过程,1 分钟能说完的,绝不说 1 分半

精准、精炼的沟通更能保证信息的精确,领导也会更欣赏这样言简意赅的沟通。通过以下几个方法,可以让信息变得简洁、精炼。

信息精简法

信息梳理	将信息按照清晰的逻辑进行分类整理
价值排序	按照信息的重要程度,依次排序,并重点推敲重要信息的准确度
精简内容	精简无效信息、修饰词,让信息尽可能简练
客观表达	传递信息可以表达想法,但要剔除个人情绪,避免向领导传递个人主观的解读

3. 尽量带着方案沟通

在前文中已经提到,在沟通中,让领导做选择题,做决策者。具体的做法如下。

(1)在已知沟通议题的情况下,对议题资料提前准备,深入研究。在沟通时向领导提供两份方案,一份最优方案,一份备选方案。

(2)在未知议题或详细内容的沟通中,根据领导发布的任务,提供合理的解决思路。

4. 坏消息千万不能压着

在信息的传递中,主观地阻碍信息的向上传递,无法让人免去责任,反而会酿成大祸。一旦发生危机,就算责任在于自己,也要正确地处理。

(1)第一时间掌握准确信息,向领导客观地汇报情况,说明预估损失。

(2)准备好解决方案,并及时上报,尽可能地弥补或者减少损失。

(3)积极处理问题,并实时客观地向上汇报进展情况。

(4)事后总结复盘,向领导坦诚地检讨自己。

5. 复述领导的意见并确认

很多领导在指派任务的时候,并不完全明确、详尽。“小杨,你这两天把新品海报做一下,时间比较紧,你往前赶一赶。”“小李,你把公司下一阶段的宣传方案做一下,下周咱们开会探讨。”这样的工作安排常在职场中发生。

如果领导安排任务的信息不够明确、详尽,一定要通过几个简洁的问题迅速抓准领导的想法。例如,设计类的工作,要明确设计风格是什么,设计主题是什么,时间节点是什么,是否有特殊要求。如果是方案类的任务,要明确领导的营销思路是什么,预算是多少,方案重点是什么。

以此类推,任何一项工作,都可以通过几个问题精准地抓住诉求。每个职场人,都可以将自己的常规工作,根据上述的思路,提炼成几个精简的问题。用于日常与领导沟通,明确工作要求。

此外,领导在交代完任务后,员工可以以自己的思路逻辑,精炼地整理领导的思路,并简洁地复述,交由领导判定。这样可以最大程度地减少认知层次不同造成的理解偏差,保障信息流的准确性。

职场是信息的聚合地,职场人的工作便是传递信息与处理信息。信息本身是无序的,但是职场人可以通过上述方法,梳理信息,使其变得有秩序。它将会成为向上管理的有力保障,让你读懂领导,并成功地管理领导。

管理“糟糕”的领导

成功的向上管理不仅需要职场人掌握管理的思维和方法,同样也离不开领导的配合。

每个职场人都渴望一个好领导,但是在现实中,不完美才是人生的常态,好的领导可遇不可求,遇到了看起来很“糟糕”的领导,又该如何进行向上管理?

“一个什么都不懂的人却对我指手画脚。”

“就知道要业绩，要成果，换成他做，还不一定赶上我。”

“他根本没什么能力，无非就是跟着领导年头多了，才被提拔上来……”

类似这样的抱怨，其实经常会在职场中发生。

咨询者谭小姐就曾因自己有一位糟糕的领导，来向我咨询过是否应该辞职的问题。她的领导是平调过来的，不懂业务，也没什么实战经验，脾气又很差。谭小姐因为大事小情挨了不少批评，工作也很泄气。遇见这样的领导，很多人都会感到抓狂，萌生一走了之的想法，谭小姐也同样如此。但现实就是现实，不容许那么多一走了之的任性。

谭小姐的工资待遇不错，公司发展稳定，前景可观。而且公司的位置离孩子学校很近，她接送孩子也很方便。如果为了一个糟糕的领导而离开，多少觉得有些可惜。谭小姐在天平的两端左右为难，始终拿不定主意。

遇见糟糕的领导，一定要辞职跳槽吗？据网络调查显示，有70％～90％的人离职的主要原因来自他的直接领导。

其实面对糟糕的领导，辞职并不是唯一选择。做好向上管理，可以让你有一种全然不同的职场状态。

从客观角度来看，一个好领导并不需要花费太多心思进行向上管理。职场人需要管理的，恰恰是这些不完美的领导或者是有一些看起来糟糕的领导。通过管理方法，扭转这种职场劣势，并将其转化为发展资源。

如何对糟糕的领导进行管理，职场人可以从以下几点进行考虑。

1. 重新理解领导的意义

很多职场人都曾因领导的业务能力不足，而对其产生过质疑和抱怨。这是因为职场人士搞不清楚一个问题，领导的能力就一定要比员工强吗？

在很多职场人心中，只有领导的能力强于自己，他们才能够更心甘情愿地臣服于领导的管理。但从客观意义上来讲，领导的核心就是引领与疏导。

领导者管理一个团队、一个部门或者是一个公司，他所需要具备的能力其实与员工是有所区别的。领导者的职责是要善于带大家走对路，并团结、整合团队资源，最大程度地发挥团队的能量，达成目标。

业务高手并不一定是领导高手，个人能力再强的人，如果无法调动团队的能量，激活他们的战斗力，也无法成为一个合格的领导者。

所以作为一个职场人，一定要学着摆正自己的心态，放下与领导进行工作技能、个人成绩的粗暴比较，从全局思维去解读领导的决策，会让你对领导更多一份理解，也会为自己增加一份豁达。

2. 正确地评估你的领导

对领导进行向上管理的前提，是要充分地了解你的领导，并对领导进行正确的评估。

我们在对一个人进行一项综合评判时，习惯性地会给人贴上了一些印象标签。无论这些标签是好是坏，都会对一个人的认知产生强烈的影响。而一旦在这些标签形成的过程中，带入了个人主观的偏见，就会不由自主地进入一个认知的盲区。

一些在一时间内很难被员工接受的管理方法，并不一定是愚蠢的或者是无效的，反而可能更加促进团队的发展，对员工是有益的。

我的一位咨询者胡小姐起初很难接受她的新领导，因为新领导刚上任不久，就立下了不少新规矩，让她和团队成员都感觉很不适应，产生了不少抵触情绪，胡小姐也没少和身边的朋友吐槽这位新领导，甚至一度与领导闹得很僵。

经过一段时间，胡小姐尝试着去适应后发现，新领导的管理方法让团队的工作更加规范化，因为要求严格，也让工作质量大有提升，成员们的能力也都精进不少。无论他当初看起来多么让人难以接受，但实际上，这位胡小姐口中糟糕的领导，从某种程度上来说，对团队起到了积极的作用。

所以职场人在评判领导的过程中，应当尽力剔除自己的情感偏见。通过对领导的性格分析、能力分析、优点和缺点分析等，多个指标对领导进行全面客观地评估。职场人可以参考下表对领导进行多维度的客观评估，并以此为依据进行有针对性的管理。

领导者评估维度

领导风格	豪斯在“路径—目标”理论中将领导风格分为指导型领导、支持型领导、参与型领导、成就取向型领导。职场人可以对照这几种领导风格，对领导进行划分，进而对领导形成基础的认知轮廓
决策类型	从心理特征上分析，领导的决策类型可分为果断型、顽强型和多虑型。了解领导的决策类型，可以让职场人在提案时更有针对性，根据领导决策类型，采用最恰当的提案方式
技能分析	盘点领导者的业务技能和素质能力。业务技能主要指业务能力；素质能力指的是沟通力、执行力等
优势分析	挖掘领导的能力优势，那是职场应该吸收并在工作中应用的经验
劣势分析	找到领导的短板，明确领导的能力不足之处。在这方面，职场人可以与领导进行能力互补，弥补领导的短板，帮助领导解决这些短板带来的麻烦
禁忌底线	明确领导的底线，就是掌握领导的边界。底线一方面会体现在领导布置工作的要求中，另一方面也体现在领导对工作的评估中。 职场人通过记录、积累和思考，明确领导的底线，可以避免职场踩雷，减少不必要的障碍，让工作更加顺利

3. 在受到委屈时，管理好情绪

职场是现实的，所有的公平都是相对的，任何事情都不可能完全的透明和平等。每个职场人，都会在自己的职业生涯中或多或少遭到领导误解或者遇见背锅的情况。

当委屈和难过在心里发酵，很多职场人都恨不得将辞职信放在领导的桌子上，潇洒走人。当然，有少数者的确做出了这样不理智的选择。

我曾接触过一位职场人，他曾在某公司担任助理，因为很看不惯领导的一些做法，所以在一次领导对其批评后提出了离职。结果第二天他就后悔了，向领导道歉，希望能够继续留在公司。领导接受了他的道歉，但是却同意了他的辞职。领导告诉他，职场不是儿戏，冲动需要负责，希望他能够记住这次教训。

面对同样的情况还有一些人会心生抱怨，将自己心中的委屈向身边的同事诉说，并对领导批判指责，以此来宣泄心中的情绪。也许当时会得到同事的安慰和劝解，但转眼间一些同事就有可能把事情添油加醋，传得沸沸扬扬，甚至无法收场，而最终自己必将会为结果买单。

能够管理好自己情绪的人，才能够管理好职场。当你遭到领导的误解，或受到委屈时，一定要冷静处理，千万不要让情绪左右了你的言行。当你处于情绪的风口时，总是很难跳出自己的思维惯性，无法将问题看得透彻。

此时，可以试着找前辈或者是好友来聊一聊，听听他人的看法，或许会让你对这件事情产生全新的认识，也会在这样的倾吐和沟通之中让情绪得到释放和缓解。

4. 弥补领导的短板

职场上不存在绝对完美的领导，但领导处于那个位置，就必然有着一定的合理性，也断然不会因为我们的喜欢或者是不喜欢有所变动。

首先你要明确，无论你的领导是否优秀，你都必须要尽职尽责地完成自己的工作，即使领导在某些方面不及他的员工，也是非常正常的现象。与其抱怨领导无能，不如把精力放在工作上，精进自己的能力，充分发挥自己的优势，与领导合作，去弥补领导的短板。

换个角度来讲，领导的短板，也正是你的机会。如果你能够帮领导分担压力，帮领导把事情做好，这更能充分体现你的价值和能力。在你的帮助之下，领导做出了成绩，那么你同样也会获得领导的信任和认可。在分配机会和资源时，也会更倾向于自己信任的人。

5. 主动向上沟通

在工作中，很多认知偏见之所以产生和发酵，是由于缺乏有效的沟通。例如，有时候领导安排工作，并没有给出明确的目标，以及详细的工作要求。如果这个时候，你没有进一步深度地沟通，最后完成的结果很容易偏离目标。你一边会迎来领导的责骂，另一边也会对领导心生不满。

但其实这种情况完全可以避免，尽管领导给予的信息有限，你也同样可以在这些有限的条件之下，重新梳理方案，将目标和执行方案细化，再呈报给你的领导，进行决策，确定下一步工作。

在这个主动沟通的过程中，其实也是在无形中展示了自己的才华，让自己得到了更多的锻炼机会。

不完美的职场，不完美的领导，才是最真实的人生。它一方面可能会让你无奈，让你沮丧，让你抓狂。但换一个角度，它会成为你的机会，促使你成长。

读懂领导思维

在职场中，领导与员工之间，在诸多方面都存在着明显差异。

领导创业，员工就业；领导要承担大部分责任，员工几乎不需要承担责任；领导是用钱来购买员工的时间，员工则是出售时间被支配着做事。

这些角色差异，决定着思维差异，并最终体现为行为差异。

差异固然是客观存在的，但是他们的目标是一致的。领导通过支配员工做事，实现目标，赚取价值，员工通过为领导实现目标而赚取报酬。

为了达成一致的目标，两种职场上的不同角色，都需要读懂彼此。虽然职场人处于员工的角色，但并不意味着要依靠打工思维去工作。因为打工思维的本质就是一个人付出时间、劳力，与公司之间的交易。而如果你仅仅把工作当成一种交易，那么很难在工作中获得成就感，也很难把这份工作做到极致。打工思维会认定一份工作所获得的所有收益，都是源于领导对自己的价值认可，包括金钱和给领导留下的印象。

员工和领导的角色虽然不能互换，但是当员工把工作当作自己的事业来看待，那么每一天的工作就不仅仅是为了得到一份薪水和报酬，而是能够为更好的未来打拼。一旦建立了这样的领导思维，也就不会为一时的吃亏而愤怒，更不会遇到事情就退缩。

在职场中，领导常常运用的思维有以下几种。

1. 成本收益思维：对投入产出比的评估

这是一个讲求价值和效率的时代。在职场，高效率代表着高价值。它意味着，你能够以最少的成本，创造最大的价值。这里的成本，包括了你的时间、精力，以及你所调用的资源。这里的价值，指的是工作的成果、获取的经验，以及为公司带来的效益。

所以，在做任何一个决策时，作为领导都会筹划自己支出的成本，并尽可能地获取最大的价值。

成本收益思维不仅仅体现在项目的投资收益上，更是被领导们应用在每件事情上。他们在做每一件事情之前都会思考所需支付的成本，并通过投入的时间、资源、资金等多个维度去评估收益。并使自己投入的一切资源最大化，获得更多的单位时间产出。

对于职场人来说，最重要的成本就是时间和精力。在工作时，职场人通过出售时间获得报酬。每个人当下的状态，以及在职场中获得的成就都是由过去所投入的时间和精力，产出的结果。

在投入产出比的判断上，有一个需要职场人注意的重要因素。很多人常常会把产出的价值聚焦于短期的回报上，事实上这部分价值还应包括长远价值。

如何让自己的时间能产出更高的价值？如何在未来获得更好的发展？这就需要职场人在做每一件事的时候合理地投入自己的成本。

职场人该如何去提高自己的投入产出比？可以通过以下几个问题，去快速地理清思路。

(1)投入这些时间和精力去做这样一件事情，最终能获得什么样的成果？

(2)这个最终能达成的成果，和自己所投入的时间精力相比，是否值得？

(3)这些收获，会让自己在短期内得到什么样的结果，长期内产生什么样的影响？

(4)如果两件事在时间上发生冲突，那么哪一件事情在未来影响更大，能获得更高的价值？

通过上述几个问题,可以判定一件事情是否有价值去做。这样在做任何事情的时候都不会变得盲目。

2. 杠杆思维:借助资源来放大价值

杠杆思维是领导们经常运用的一种思维方式,它能够通过科学地借助外力,以最少的投入获得最高的价值。领导们通过购买员工的时间,借助员工的力量,实现自己的目标获得利润,这本身就是一种杠杆思维。

杠杆思维的核心体现在借力上,本质上杠杆发挥作用的逻辑就是借助外力找到支点,然后撬动重点。

若想要杠杆思维真正发挥作用放大价值,发力点、支点、重点这三个点缺一不可。

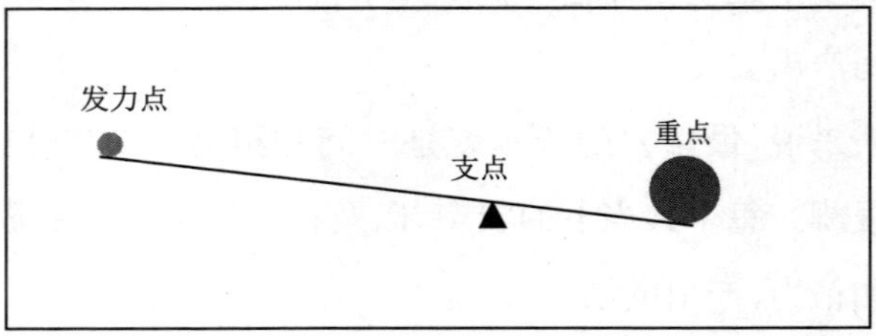

杠杆原理

发力点指的就是自己的核心价值,首先你需要有价值,才能通过借助外力,与他人交换自己所需要的价值。

支点指的就是你需要借助的外力。例如当下很火的直播行业,很多人本身多才多艺,他们通过平台,运用直播的手段,将自己的才华展示出去,获得更多的粉丝。通过粉丝变现,来让自己的才艺发挥最大的价值。那么,这样一来,直播就是这些直播者的支点。

重点是什么呢?仍是以直播为例,并不是所有人都能成功地通过直播吸引粉丝,获得自己的期望价值。直播人员需要持续输出优质垂直的内容,才能获得粉丝的关注,那么这个优质垂直的内容就是重点。

发力点、支点、重点三者协同作用,最终才能获取最大的价值。

如何使用杠杆思维一般也可以通过以下几个问题，帮我们梳理思路。

我需要达成什么样的最终目标？

实现这样的目标都需要哪些资源？

我自己有什么样的杠杆去撬动它？

如何在职场的实践中运用杠杆思维？

举一个简单的例子，当领导安排了一项重要的工作任务。可能很多人，想到的是如何高效快速地完成，达成领导期待的目标，获得认可。

达成目标一般会有两个路径，一是可以自己加班加点地独立完成，二是与他人一起合作共同完成。两种方法的最终结果都可以完成工作。但是从时效性来讲，与他人合作，能够更快速地完成工作，与此同时，工作的成果也要与人共同分享。但本质上，这并不会给你带来损失，反而会赢得领导的认可：一方面，你能够快速高效地完成工作，另一方面，你能与团队合作。

在整个过程中，自己具备的能力是发力点；能够配合你一起完成工作的同事，则成为借力的支点；而那个任务目标，就是需要撬动的重点。

简单来讲，在职场上运用杠杆思维，就是借势借人借资源。每个人的能力和经历都有上限，学会借力，才能更高效的达成目标，创造价值。

3. 抗风险思维：时刻处于居安思危的状态

很多人都明白居安思危的重要性，但是真正居安的人们，却往往觉得危险不会到来。常常会在不知不觉中陷入一种思维带宽。思维带宽是指："一个人能关注的事情是有容量的，就像电脑内存。如果你脑海里都是对现状的关注，把内存装得太满，就没有余力去处理将来的打算。"所以，当一个人把他的注意力全都放在眼前的满足上时，就没有给思维留下足够的带宽。

但在职场中，领导们常常会有意无意地保持一种危机感。

在当下这个快节奏发展的时代，一不小心可能就会被时代淘汰。不思变、故步自封，只能错失发展的机会。只满足于眼前，不顾及长远，也注定难以赢得未来的发展。

人们究竟如何才能提高自己的抗风险能力？

我曾经做过一些网络调研,面对这个问题,不少人都笃定地回答说"跳出舒适圈"。在他们的眼中,跳出舒适圈,才能看到风险,抵抗风险。

"舒适圈"在近几年被提出之后,就被人们反复咀嚼。许多职场人纷纷扬起旗帜,仿佛为工作中的负能量找到了一个宣泄的出口。纷纷举起了逃离舒适圈的大旗。但是跳出这个圈子,就真的可以重新拥有工作的激情和生活的乐趣吗?并不一定。

所有逃离舒适圈的过程都是在构建一个新的舒适圈。我认为对于大多数人更好的选择是扩大自己的舒适圈,基于原本的能力和资源,将舒适圈扩大。

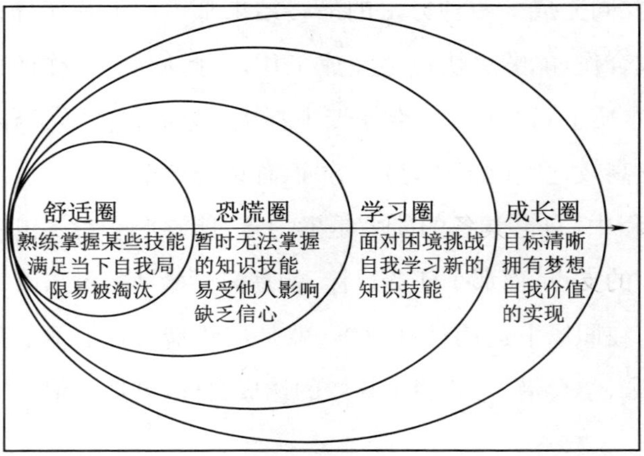

舒适圈扩展图

跳出舒适圈是为了逃离;而扩大舒适圈则是为了深耕。

向外拓展舒适区时,会使人增加焦虑,从而产生一些应急反应。但是,它能够提升人们对工作的专注度,在新的目标牵动之下,人们会努力构建新的舒适圈。在此过程中,工作表现会得到改善,工作能力也会增加。

此外,没有目标的人更容易安于现状。所以如果想要扩大自己的舒适圈,一定要为自己找到原动力。你需要找到自己内心所热爱的,并可以为之奋斗终生的那件事。当你有了终极目标,你才能够愿意不断地去改变去接近目标。

领导们会聚焦企业的发展,不断关注外界的变化,并不断吸收新东西,来扩大自己的舒适圈。让风险处于舒适圈内,便是增加了自己的抗风险能力,一旦发生危机，也能够从容处理。

职场人应该聚焦的是塑造自己的核心竞争力，实现自己的职业发展。为了这一目标，不断在技能、资源、人际关系等多个方面提升学习，来扩大自己的舒适圈。那么在这个过程中也是提升自己的抗风险能力，无论遇到怎样的危机情况，都能够有能力去处理。

最佳拍档的必备修养

在职场上什么样的人进步最快？除去一些个人综合能力因素，有一个重要部分就是能够与领导成为最佳拍档。

再强的业务能力需要有发挥的机会和舞台，才能真正实现价值。

而想要与领导成为最佳拍档，那职场人必须具备以下五个素养。

1. 细枝末节处见责任

著名的"蝴蝶效应"充分地诠释了细节的重要性。1979 年 12 月，洛伦兹在华盛顿的美国科学促进会的再一次讲演中提出：一只蝴蝶在巴西扇动翅膀，有可能会在美国的得克萨斯引起一场龙卷风。在这次演讲和结论给人们留下了极其深刻的印象。此后"蝴蝶效应"在各个领域得到了认同，一直被沿用至今。

很多事件最终的结果，无论是好的坏的，它起初的动因都可能是一个微小的细节。正确的引导，可以促成好的结果。反之，不加以控制最终会带来难以估量的损失。

我曾接触过很多在职场发展平平的人，他们几乎都会有一个共同的问题，就是忽视细节。细节会让你败光在领导眼中的印象分，将你塑造成一个没有责任心的人。尤其，很多重大错误其实都是源于某个小错误、小的疏忽。

重视细节最大的难点就在于坚持，并将其固化成为习惯。

对于某件事，多检查一次，再认真一点，也许并不难。但是谨慎地对待每一件事，却成为一个难题。在职场的马拉松上，很多人不是输在能力，而是输在耐力。

2. 失误犯错时见人品

尊重结果是每个职场人必备的素养，只是很多人为了开脱责任，经常纠缠于责任的划分。殊不知，任何借口都会拉低你在领导心中的印象分。

咨询者小马就曾犯过这样的错误，由他对接的一款包装最终印刷出现了错误，导致了这批价值 2 万元的包装无法使用，产品出货周期被拉长。公司并没有让小马承担 2 万元的损失，小马却三番五次找领导解释事情的原委。他表示是设计人员导出的文件的版本出现了错误，而自己没有可以打开设计文件的软件，所以无故背锅。

虽然这件事情的主要原因在于设计人员的文件错误，但小马作为对接人，有责任去检查工作。出现问题便为自己开脱，却永远改变不了错误的事实，也给领导留下了没有担当的印象标签。

职场人任何时候都该勇于面对结果，承担责任，才能在领导心中树立踏实靠谱、可信赖的形象。

一个糟糕的情况或者一个失败的结果，都是由多个因素组成的。而每当领导找员工了解情况，想要解决问题时，总会有人不自觉地把自己从责任中解脱出来。“这真不是我的问题。”“领导，我一直都是这么做的，这事真的和我没关系。”各种各样的解释都是为了将自己从麻烦中解脱出来。

可就算是你能快速地把自己从责任中摘出来，却会在不知不觉中陷入更大的麻烦——失去领导的信任。

在这种情况下，即使事情本身真的不是你的责任，也不要急着为自己解释。你需要建立一种解决问题的思维，从自己的角度和能力可触及的范围，为解决问题献言献策，才是上上之选。

3. 追随领导建立大局观

跟随领导建立大局观并不意味着做到琢磨领导的心思，而是要明白、理解领导的战略思维和大局思维。

所谓大局观，就是放下个人利益，从全局的角度去考虑问题。

(1)对结果负责，把达成目标当成自己的职责。

很多人有这样一种思维，他们认为自己对手头的工作尽了全力，就足够了，无须为结果负责。最糟糕的结果不过是失去升职加薪的机会，他们根本无须为公司投入的巨大成本而买单。这种思维，其实是极其狭隘的。如果能像领导一样，站在全局的角度考虑问题，便会把公司的目标当作自己的目标，并会为达成这个目标，不断解决过程中出现的问题。所有无能为力的难题，只要在足够的心理驱动力之下，都可以另辟蹊径。

(2)重视未来发展，看淡眼前得失

在职场中，任何小胜小负都难以决定未来，局限于眼前的人很难看到发展。所以，当公司的决策，对你的个人利益造成一定冲击的时候，一定让思维爬到一定高度，聚焦自己的职业发展。真正衡量一件事的价值的标尺，并不在眼前的得失，而是它对于你的未来会产生怎样的影响。

4. 关键时刻同进退

任何时候，立场决定态度，态度决定行为。

很多人会习惯把领导身份当作一种权利。与领导的关系就是一种领导与被领导的关系。这样的人，在困境中往往是那个只关注自我的人，也很难获得更好的发展。

进入了一家企业就如同选择了一条船，和领导同舟共济不仅仅是意味着和领导分享成功的喜悦，更需要在面临困难时，替领导分忧。那些优秀的职场人，往往把领导和同事当作自己同舟共济的伙伴，在关键时刻同进退，彼此协同努力。一个人的发展都掌握在自己的手中。不管任何时候与领导合作，成为最佳拍档，最终的受益人，也是你自己。

5. 主动成长，成为领导的得力助手

在职场中很多人都有着一种被动的思维，把工作任务当成是一种负担和压力。他们会习惯性地应付工作，被动又无奈地完成领导安排的任务。因为在他们的心里，多干的一份，就是被压榨，少干一份则是侥幸。

一般这样的员工很难与领导高度协同去完成目标，成为最佳拍档。而那些富有学习力的人，能够快速地在工作中汲取积极的经验，然后对经验进行自己的思考并从中找到规律，最后将这些规律应用于自己的工作中，这样在实践中又可以得到更丰富的经验。在这种良性的循环模式下，职场人可以获得快速成长。

这样的思维其实是一种管理者的思维，就是教育家库伯所推崇的经验学习圈。

吴小姐刚入职场的时候只是一个不起眼的小助理，做着最简单的报销票据以及一些上传下达的工作。就是在这些不起眼的工作中，她学会了很多东西。她会把所有报销的发票清晰归类，整理出清单，记录好票据上的时间、金额、业务内容、相关人员等。从这些票据中，她摸索出了公司的一些商务活动的规律，了解了公司的一些应酬聚会举办频率、费用。知道了公司在做商务推广和公关活动时，会选择什么档次。她也会将发票上活动承办商从多个维度进行对比，最后总结出，哪家活动性价比更高。通过一些上传下达的工作，她了解了公司每个部门人员的工作分工，主要负责的板块儿。后来有一次公司准备筹划活动，她能够很快地给领导报出预算区间，并推荐一些合适的地点，以及一些靠谱的承办商。领导安排任务时，她能够很快地找到最佳人选，并找出联系方式。

吴小姐的高效使她成为领导的得力助手，也让领导对她青眼有加，后来就给她派了更多的任务，她也从更多的任务中获得了更多的经验，成长也非常快。

有人会认为吴小姐是碰到了一位伯乐，但是吴小姐自己心里清楚，在被伯乐发现之前，她需要主动成长，才能把自己锻炼成为一匹千里马。

第六章

向着共同的目标

坚持是所有问题的答案

什么时候才能升职加薪？这个项目我能不能行？究竟怎么样才能让领导满意？这个方案能不能达到预期效果……

在职场中，人们总会有各种各样的疑问，也无比渴望知道其中的答案。这些问题其实更像是一个个竖立在职场人心中的目标，但这些目标充满着很多不确定性。

谁都无法解答未来，但只要坚持下去总会得到我们想要的答案。

关于坚持的问题，飞轮效应中明确指出，为了使静止的飞轮转动起来，一开始你必须使很大的力气，一圈一圈反复地推，每转一圈都很费力，但是每一圈的努力都不会白费，飞轮会转动得越来越快。

飞轮效应除了让我们可以看到坚持的价值之外，还道出了坚持的难点。当我们在选择做一件事，或者进入一个陌生的领域时，如果想要让飞轮快速转动，就需要足够的坚持，但在起步期，你需要花费较大力气转动飞轮，这代表着付出。

在这个处处崇尚快的时代里，坚持似乎变得更难。做事要快，回报要快，成功要快。这种“快”使人焦虑，也更让人迷茫。“欲速则不达”的道理，每天都会在不同的人生中上演。求快的人往往很难在另一个领域坚持付出努力。他们在开始时总想要干一番大事业，或者想象一种美好的前景，却常常因为收效缓慢而半途而废，在失败时会固执地认为自己的发展受困于某件事、某个人，或者时运不济等。

大部分人的失败，往往源于自己的坚持不足，还不够努力，根本还没能够达到与他人拼机遇的层次，便盲目地从众，质疑时代，质疑行业，却不曾认真地审视自己。

咨询者吕先生这几年的发展很坎坷，他做过文案，做过销售，开过淘宝，做过自媒体，始终都没搞出什么名堂，最近折腾累了想安分守己找份工作。回过头复盘这几年的经历时，他对自己有些失望，甚至怀疑自己的能力。

吕先生的个人发展问题并不是因为能力，而是源于思维。他尝试了文案、销售、淘宝、自媒体等不同类型的职业，这些职业都需要经过累积，才能获得长线回报。

吕先生每次都是在尝试了一年半载，没有达到预期的效果时就放弃了，转战其他的热门职业，最后才落得个惨淡收场。

个人成长和发展都需要持续地积累和投入，才能获得丰厚的长线回报。短期投入就想快速攫取高收益的投机者，大多惨败。

真正的上升通道，没有投机的选项，坚持才是必经之路，我们的人生可以在坚持中实现复利效应，在到达拐点后，实现质的上升。

爱因斯坦曾经说过，“复利是人类发现的第八大奇迹，它的威力远大于原子弹。”

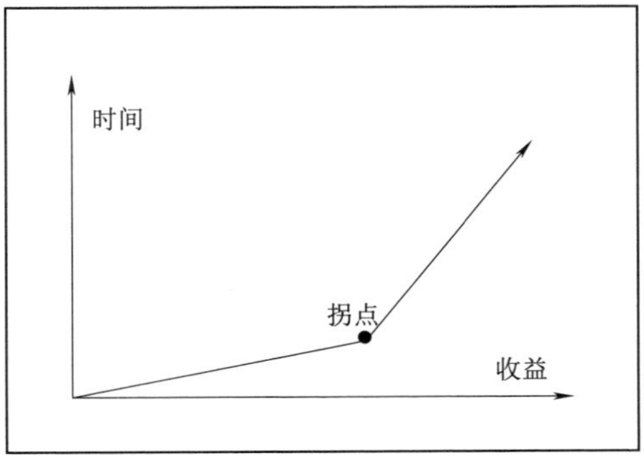

复利效应示意图

确切地来说，复利效应是一个金融领域概念，就是一种滚雪球效应。简单地来讲,就是一个很小的雪球从雪山上滚下来,在这个过程中雪球的表面会越滚越大,体积也会越来越大,如果一直坚持下去,最后很有可能会引发雪崩。

其实很多不可思议的成功背后并没有什么惊天的秘密,而是重复做简单的事,一直保持着微小而稳定的增长。往往很多人并不是没有这个能力,而是缺乏了耐心。

一个懂得坚持的人,更能够在某个领域得到很好的发展。一个懂得坚持的人,更容易得到领导的青睐。以下是影响人生发展的四个重要的复利内容。

(1)人际复利。

很多人会把人际关系比作为情感银行,当你和朋友能够协作共赢时,就相当于在情感银行里存钱。但是,当你做出了一些事情损害了朋友的利益,就相当于在这个情感银行里取钱。你的银行里存款越多也就意味着你可使用的人际关系资源越丰富,能够在关键时刻得到更多的帮助。

人际关系的复利需要日复一日地积累,例如你每天上班时都会主动和同事去打招呼,或者在其他人有需要帮助的时候伸出援手。也许一两天,别人不会在意,但时间久了,可能就会给人留下很有礼貌、很热情、人很好的积极标签。那么,你所收到的回报就是同事与你相处得更加融洽,对你的工作也会更加包容。在你需要帮助的时候,同事也更愿意为你伸出援手。

(2)个人品牌复利。

个人品牌是指个人拥有的外在形象和内在涵养,所传递出的独特鲜明且易被感知的信息集合体。在当下这个竞争激烈的时代,无论处于什么样的环境中,想要别人认识你、接纳你、认可你,首先是你要表现出自己的能力。而通过个人品牌,就可以让别人快速获取你的价值标签。这个价值标签就需要你在某个领域内深耕,并坚持输出与自己个人品牌一致的优质内容。

例如,我作为职业猎头,从事职业咨询多年,这些年一直在这个领域里深耕,并通过自媒体平台输出职场相关的内容,塑造强化自己的标签,扩大影响力。很多人认识我之后，就能够快速识别我的标签，在需要职业咨询的时候，会自然地想到我。任何一个职业，都可以通过各种方法来建立自己的个人职业品牌。

建立个人品牌，在职业发展中获得复利，是职场精英的必经之路。只有在职场的某个领域深耕，才能快速进入职场的上升通道。

(3)知识复利。

很多人都在倡导读书，却又会说，“我读了很多书，但是很快就忘了”，便会因此怀疑读书的意义。其实持有这种观点的人，是没能够在某个领域坚持吸收知识。

一本书的知识体系，其实是相对散乱的、零碎的，但当你在某个领域内，阅读了上百本书吸收了足够的知识，这些散乱的知识，就会相互链接碰撞，在你的头脑中形成新的知识体系。当你在思考问题的时候，这张网就会为你提供丰富的想法和见解。

总之，知识的复利效应，是在你思考问题时，能给你提供更多的思路，让你的思考更有逻辑，拥有自己的观点。这样的知识复利效应也同样会显现在职场中。

(4)健康复利。

每个人都明白身体是革命的本钱，懂得健康的重要性，但是仍是难以克制欲望：去吃无益于身体健康的食物，肆无忌惮地熬夜。无论正负方向，复利效应时时刻刻都在应验。人们在不知不觉中进入亚健康状态，身体会出现各种各样的小毛病，直到疼痛难忍时才想起要注重，保护身体。

其实保持健康的体魄并不难，只要三餐规律，不熬夜，每天保持半小时的锻炼。把这几件事日复一日的坚持，就会获得健康的身体。

如何做才能让坚持不再成为口号？如何做才能真正地实践坚持？

1. 像领导一样正视工作，在工作中挖掘坚持的原动力

在职场中，有些员工往往是想着什么时候能放假，什么时候能休息，但领导总是在想着项目的进展，怎么样才能节约成本，怎么样才能实现目标。

不同的心态,必然会导致不同的状态。一个总想着放假休息的员工,必然很难对工作投入热情和充足的动力。而这样的结果,领导也不会给予他更好的机会和福利,最后陷入一种无休止的下行循环,很难获得职场发展。

如果你希望在职场能有所建树,那么就要学着像领导一样思考自己的工作。你需要明白你虽然看上去是在为领导工作,但是本质上却是在为自己工作。把领导的事业当成自己的目标,当成自己成长的阶梯。在强有力的源动力支持下,才能在职场中坚持奋斗下去。

2. 从小事着手,确定有效目标,制订合理计划

很多人都在做计划,但很少人能够完成计划。

如何保证计划达成,一方面需要你付出毅力和耐力,另一方面也需要运用一些目标管理设置有效性的目标和合理的计划。

有效的目标管理可以参考 SMART 原则,它最早由管理大师彼得·德鲁克在《管理实践》一书中提出。SMART 原则中指出,一般有效的目标需要具备以下几个特征。

SMART 原则

S 代表具体(specific)	指绩效考核要切中特定的工作指标,不能笼统
M 代表可度量(measurable)	指绩效指标是数量化或者行为化的,验证这些绩效指标的数据或者信息是可以获得的
A 代表可实现(attainable)	指绩效指标在付出努力的情况下可以实现,避免设立过高或过低的目标
R 代表相关性(relevant)	指绩效指标是与工作的其他目标相关联的;绩效指标是与本职工作相关联的
T 代表有时限(time-bound)	注重完成绩效指标的特定期限

目标管理以制定目标为起点,以目标完成情况的考核为终结。明确的目标,有效的计划,才能促成强力高效的执行。

3. 正确解读沉没成本，坚决不为放弃找借口

人们总是会在自己做决策的时候，为自己提供合适的理由，来满足决策的合理性。在这个时候，人们会常常提到沉没成本。

沉没成本属于一种经济学概念，它是指人们在决定是否去做一件事情的时候，不仅是看这件事情对自己有没有好处，也要考虑自己过去是否已经在这件事情上有过投入。我们把这些已经发生的不可回收的支出，如时间、金钱、精力等称为沉没成本。

从本质上来讲，如果最初的目标是正确的，计划是有效的，那么沉没成本不过是一种半途而废的托词。人们常常容易在复利效应之前放弃，因为在发生拐点之前，所有的价值回报都是微小而缓慢的，那么在此阶段沉没成本往往大于价值回报。

总之，坚持并不容易，但坚持能够解答你的职场困惑。怎样才能获得机会？怎样才能升职加薪？怎么才能赢得领导的信任？答案早已经写在坚持的时光里。

发生意外时，立刻行动

在职场中，危机总是如影随形，稍有不慎就陷入其中。因此应对危机成为职场人必备的素质。

不过在当今的职场中，很多人对危机的认识不足，认为那是领导要解决的事，或者是相关责任人的事。但事实上每个人的职场发展都与企业息息相关。一荣俱荣，一损俱损。没有人可以高高挂起。当危机来临时能够与领导积极配合，解决危机的人，也更容易受到领导的信任，获得更多发展机会。

当初某化妆品公司的马先生,在公司发生危机情况的第一时间,也曾向我咨询,是否应该管这件事情。某个客户在使用了公司的某款面膜后,不仅没有达到预期效果,还产生了过敏反应,便向公司要求巨额索赔。经调查是由客户产品使用不当,在敷面膜时混入了其他非本公司的精华产品,成分之间发生了反应,而引起了过敏。

被公司拒绝后,她联合了某个自媒体大号,对公司产品进行爆料,隐瞒了部分事实,强调产品引起过敏的直接关系。马先生在看到那篇文章时,浏览量已经过10万,并且分发在了多个平台,已经产生了几百条的留言讨论。

马先生是负责公司的采购工作,并不需要负责售后服务工作和公关工作。

马先生先详细地了解了事情的原委,并找到了那位顾客的联系方式。通过朋友找到了媒体账号的负责人。在掌握了基本情况后,马先生迅速将这些情况,告知给相关同事以及领导。并提出了一些解决方案,为领导提供决策依据,并实时汇报事件进展。

与此同时,马先生联系工厂,拿到了质检报告和相关检验合格报告,并整理出一套文件,证明产品和合格合规。在领导作出决策后,马先生第一时间整合自己的资源,提交给公司。公司通过自媒体和部分权威媒体澄清了事件。

因为在此次事件中的快速反应,以此危机随之化解,马先生也因为这次突出的表现,受到了嘉奖。

公司的荣辱与己相关,就算自己不是第一责任人,也可以从自己的角度为解决危机贡献一部分力量。换个角度思考,为公司解决危机,本质上就是为自己谋发展,所有危机里都藏着机遇。

作为员工,在危机公关中,应当遵循怎样原则?如何做出反应?

1. 第一时间响应原则:及时向上汇报,把握“黄金时间”

人们常常把危机发生后的24小时,当作危机公关的黄金时间,但是这个时间的限定是基于传统媒体之上的。在当下,自媒体蓬勃发展,信息传播的速度已经和传统媒体时代不可同日而语，因此，危机公关的黄金时间变得更短。

这就需要决策层的快速响应，但有效的快速响应，需要建立在对事件的充分掌握基础之上。因此，一旦发生危机，无论事件是否与己相关，作为员工都要第一时间向上汇报，哪怕自己是主要责任人，也不要因为害怕承担责任而隐瞒危机，否则延误了危机响应的黄金时间，会造成更加不可估量的严重后果。

2. 精准原则：掌握准确信息，实时向上汇报，为领导提供决策依据

对危机正确的响应和判断是需要建立在准确的数据基础之上，员工在向上汇报危急情况的时候，一定要尽可能准确地掌握信息的全貌，如实客观向上汇报。一定要避免个人的主观揣测。

职场人可以通过 SPIN 销售提问法的思维掌握核心信息。SPIN 销售提问法，是著名的顾问式销售技巧，但同时也可以应用到危机公关的问题梳理中。

SPIN 销售提问法有实情探询、问题诊断、启发引导和需求认同四个思维角度。

S(Situation Question) 情况问题状况询问：解决问题的第一步，清楚当前的状况，如果不知道他处于什么状况，就要涉及现状问题	P(Problem Question) 困难问题询问。这里的困难问题是指，询问对方现在的困难和不满的情况
I(Implication Question)内含问题暗示询问，也就是找出牵连问题	N(Need-pay off Question)需要回报的问题需求确认询问，明确对方的诉求

SPIN 销售提问法

此外，随着事态的发展，信息也会发生不断变化，员工应该对事件发展进行实时的、全面的监控，并向上汇报事件进展，为领导的决策提供有效数据。

3. 谨慎原则:对外,不妄下定论;对内,不传播小道消息

作为员工,一定要明确自己的角色。你可以成为领导的助手,成为领导的拍档,你的主要任务就是为领导提供充足的、准确的信息,提供充足的决策依据,而不是代替领导行事决策的职能。对事件妄加揣测,妄下定论,这样的结果只能加剧事态的恶化。

在危机事件中,除了要对外严谨,对内也更应该谨慎,万万不能在公司内部传播小道消息,动摇军心。

很多职场人对公司的一些事件存在着一种八卦的心态,尤其是当危机事件发生时,总会想尽各种方法打听消息。并对事件进行评议,以满足自己的好奇心。这种毫无根据的,充满感情色彩的评议,一方面会对公司产生负面影响;另一方面,如果这些毫无根据的小道消息,从公司内部人员中传出,很有可能会被无限放大,造成难以估量的后果。因此在危机事件发生时,不对内传播小道消息,也是每一个员工应尽的义务。

4. 换位思考原则:站在群众角度,为领导提供对策;站在领导角度,为领导解决麻烦

看问题的角度会直接影响我们决策的思路,而掌握的角度越全面,越能够对事件有正确的把控。

单一的视角常常容易对事件的理解产生偏差,所以在领导决策的时候,员工可以通过逆向思维,从受众的角度阐述对事件的思路,为领导的决策提供多元的角度,以保障决策的有效性和准确性。

优秀的员工都需要具备多元化的思维,在危机事件中,员工也可以站在领导的角度,去分析事件的利弊,寻求最优的解决方法,帮助领导解决麻烦,同时也锻炼了自己的思维能力。

5. 协同原则:与同事高度配合,协同作战,高效率应对危机

人们常说"危机,是危中有机",其中含义是告诉我们,要勇敢地迎战危机,

而不是逃避。

职场人应当注意的是在危机事件中，万万不可把危机当成自己的舞台，一定要摒除个人英雄主义，因为你的目标是解决危机，而不是展示自己。

还有一种现象是，有些人会把危机当成是皮球，避之不及，用尽各种方法将其踢来踢去，以保全自己。一旦危机没有得到很好的处理，没有人可以幸免。

解决危机需要团队协作，因此每一个人都需要高度配合。无论你在团队中处于怎样的位置，都应该服从安排，解决共同的麻烦。

6. 善后原则：危机公关过后，及时总结问题，为重新建设形象提供对策

做好善后，是危机公关的最后一步，也是极其重要的一步，一般包括两个方面。在危机过后，及时的总结问题、剖析危机发生的原因，才能让企业形成抗体，避免让同样的危机在未来重演，减少企业不必要的消耗和损失。在总结问题时，一定要从多角度入手，不能够流于表面。

确保完成工作

肯尼迪说过，最大的危险是无所行动。

曾有一位职业咨询者向我咨询，"王老师，我是一位很有上进心的人。每次接到任务时，总想把任务做好，让同事对我刮目相看，但任务一开始，我就开始拖延、不能专注于事情本身。等到项目规定时间快到了，我异常焦虑，担心被领导辞退，结果，我还是连续被公司辞退了 3 次。我该怎么办？"

为什么这位咨询者会出现连续 3 次被公司辞退的现象呢？从问题的描述

来看,是他缺少行动力,遇到事情不是立马行动,而是拖延、假装很努力的样子。这也许是很多职场人都遇到过的问题。

职场最重要的事情,就是工作必须落实。只要能够将工作高效完成,领导并不会过度在意其他事情。但是,职场人其实很容易分散注意力,不论是工作多寡的安排,还是岗位的调配,都能够牵动他们的神经。

为什么会出现这种现象呢?

(1)内心浮躁。很多职场人没有耐心,沉不住气,总是眼高手低。整天都想着如何快速拿到高薪,如何快速实现财富自由,却没有想过该如何立即行动才能实现目标。曾经有一位职场人在后台留言:如何快速实现财富自由?

仅这个问题,可就以说明这个人太浮躁,他不是静心思考和学习,或做好自己的本职工作,而是每日异想天开。这种思维方式就很难实现财富自由,因为每个财富自由的人都是在行动中摸索的。正如一位人力资源副总裁说的那样,过程我们要全力以赴,至于结果就"听天由命"!

(2)行动力差。针对行动力的问题,我做了一个调查,发现职场人缺少行动力的一个原因就是自己曾经努力过,但不知道自己努力的结果,或从来没有因为努力被领导点赞,收到的全部是批评或斥责。正是这些缺少正面和正向的反馈才导致他们根本不想快速拿到结果,而是不断拖延,最后形成了恶性循环。

职场上,当做事情有了结果时,一定要给自己一个反馈或一个奖励,这样,你才会更加有兴趣和信心去完成其他的事情。

(3)崇尚捷径。很多人内心在寻找捷径,却没有思考所有的捷径都是最坏的路。成功没有捷径,抵达光明必须穿越一段灰暗的里程。

(4)深陷问题本身,不能跳出问题看问题。有没有发现一个问题:当你无法跳出问题本身的时候,会非常焦虑和迷茫。当别人指点后,你会突然发现原来问题这么简单。这不是问题简单,而是因为你根本没有跳出问题看问题,只是站在主观角度来过高评估自己导致的。

系统性思维才能跳出问题本身，才能客观评估现实。不过，很多人都无法客观评估，关于这点，可以去找专业的老师交流，他们或许能给出系统的解决方案。

(5)完美主义，总想做得最好。工作就是要在过程中寻找解决问题的方案，而不是等到想法完美后才开始行动。在做职业咨询的过程中，我遇到很多人都是过于追求完美，总认为自己的方案不完美或不够与众不同，就没法向领导汇报，或领导不认可。这种想法是好的，但没有开始一切为零。所有的完美都是从有缺陷想法中开始的，而后在过程中不断修正。

那么，知道了问题的根源，要如何培养行动力呢？

1. 忘记捷径，切断退路，跳出问题看问题，你或许会做得更好

所有缺少行动力的人都为自己留有退路。但是当退路多了，你就不可能全力以赴，就难以获得成功。其实，前进的路途中不妨暂时切断退路，忘记捷径，只有感到有压力的时候，你才能立即行动，全力以赴做好今天的事情。

2. 避免“不确定性”诱惑的最好方法，就是不要相信天上会掉馅饼

没有方法论做支撑的努力，是注定失败的。所有天上掉馅饼的想法，都是自己给自己画的大饼。

一些人用“大饼”让你心跳加速，充满幻想。不好意思，这不是机会，很可能是骗子。很多人就是喜欢这种感觉，最后成了别人的“韭菜”。

3. 学会聚焦，关注目标本身，对目标进行分析，然后逐一攻克

职场人一定要记住：目标越小，越容易实现。职业发展的核心就是要聚焦长板，并实现持续的影响力。职业发展上，如果你不聚焦长板，跟着感觉走的职业行为，最后一定越走越窄，越来越迷茫。

聚焦长板的同时，关注目标，用眼睛盯紧目标，你会有行动力。所有缺少行动力的人，要么是你缺少目标，要么目标根本无法实现。盯紧目标，还要对目标进行分解，把大目标分析若干小目标，这样才有动力去实现这些目标，才会有更强的行动力。

面向同一个方向，并迈向同一个方向

职场上，想要与领导站在统一战线，只需要与领导面向同一个方向，并跟随领导的脚步。简单来讲，就是与领导锁定一致的目标，并坚定地执行。

这里指的不仅仅是任务目标，还有战略目标，也就是公司的发展方向。

如何把握领导心中的战略方向？只需要你在日常工作中多思考一个层次。很多人在接到领导给出的任务时，经常问的问题有三个：这是什么任务？怎样完成？什么时间完成？但很少有人去思考为什么要做这项工作。做这项任务最终想要实现什么样的目标。如果你能经常地在工作中思考这两个问题，可以更容易理解公司的发展方向和领导的目标，便会有了更加清晰的努力方向。

明确了方向之后，剩下的便是朝着这个方向，坚定地执行。

几乎每个人都明白，执行力强的人在职场上会有更好的发展，工作生活都会更加从容。但是，从知道到做到，常常隔着遥远的距离。

"这本来不是我的活，干得慢点也没关系。"

"一周的任务，今天才周一，时间充足不着急。"

"这就是个小活，领导也不看，差不多就可以。"

这样的心态，无论在工作还是生活中，都处处可见。很多人都羡慕那些发展好的人，也都曾渴望自己成为这样优秀的人。但是落到每一件小事的时候，就立刻回归了自己熟悉的思考逻辑。“无所谓”“不着急”“没关系”……无数个懒惰、拖延的借口都可以轻而易举地击溃执行力。

如果不对执行力进行管理和提升，它会成为我们个性中的一部分，伴随一生，给工作和生活带来严重的影响。

一位咨询者，就曾因为执行力的问题，遇到了困难。他人很聪明，学什么、做什么都很快，也正是因如此他做什么都不着急，总是能在最后时刻完成任务。起初职场过得也还算顺利。时间久了，公司里陆陆续续来了不少新员工，做得快又做得好的人也越来越多，而他还是按照自己平时的节奏工作，领导对他越来越不满意。短时间赶出来的工作成果，也很容易出现瑕疵。

公司业务越来越成熟，工作质量要求也越来越高。并且在新员工的加入后，他的劣势会越发明显。很显然，因为执行力不足，他没能跟上公司发展的节奏。

其实，他原本有能力在同样的时间内，做得更多、做得更好。但却一直奉行着“只要在规定的时间内把工作做完就可以”的原则去做事，阻碍了自己的发展。他也知道执行力重要，想改掉拖延的习惯。可每当真正去做的时候，却感觉格外艰难。

很多人都知道执行力差的原因是懒惰、做事拖沓，却常常忽略了一个很重要的根源性问题——缺乏强烈而清晰的执行动机。

前面提到的咨询者除了做事爱拖延之外，很大程度上就是因为执行动机出现问题。在他的心中，自己做工作的目的，只是为了完成领导分配的任务，却忽视了工作背后自我成长和发展的问题。因为缺乏正确的目的性，也就很难产生较强的执行力。

做任何事之前，一定要强化执行动机。除了浅表所见的完成任务本身，更应该从自我成长和提升的角度，审视每一件事情的作用。当你看到了事情的重要性，明确了目的，才能产生强大的驱动力，向着目标前行。这样你才会心甘情愿地去做事，而不是被他人驱使。

有目标，才会有方向。明确当日任务目标，是工作计划的第一步。但目标不是欲望的口号，一定要踏实靠谱。所以在确定工作目标时一定要注意考量目标的合理性。因为一旦目标制定不合理，就会导致计划和执行偏离方向。

一般有效的目标包括了这样几个特征，与领导制定的目标一致；符合SMART原则，可达成、可衡量；能够清晰地分解到每个人；具有一定的挑战性。

在管理学中，有一种路径—目标理论，它的核心思想是，领导的基本任务是发挥员工的能力，帮员工设计目标，把握目标的价值，并帮助员工实现目标。这一理论由多伦多大学的组织行为学教授罗伯特·豪斯（Robert House）最先提出，后来华盛顿大学的管理学教授特伦斯·米切尔（Terence R. Mitchell）也参与了这一理论的完善和补充。

很显然，团队的目标是一致的。而将领导排除团队之外，或站在领导的对立面，对于达成目标，只有负面价值。

思维决定出路，不懂向上沟通，就会失去很多机会，也更难抓住资源。无论你是初入职场，还是已经在职场上驰骋多年，都要建立向上沟通的思维。敢于和领导沟通，高效地汇报工作，提出自己的见解，用心聆听领导的思路。当你懂得了领导的思维，才能让工作做得更加稳妥出色，达到或超出领导的预期。

路径—目标理论认为，领导者的工作是利用结构、支持和报酬，建立有助于员工实现组织目标的工作路径。

路径—目标的领导过程是领导者明确员工的需要，并为员工提供合适的目标，通过明确期望与目标的关系，将实现目标与报酬联系起来。此外，领导需要及时地给予员工指导，并消除工作中的障碍。

从领导过程来看，员工是领导过程中的执行主体，而领导者更是引导者和辅助者。所以，作为员工，应该将个人的需求、目标、期望值，以及工作中的障碍等多重要素，与之进行有效沟通，才能和领导行走在相同的路径中。

按照豪斯的概括，领导者的职能，具体表现为六个方面。而作为员工，同样可以通过逆向思维，通过这六个方面，高度配合领导的职能，实现协作。

1. 唤起员工对成果的需要和期望

目标设置是取得成功绩效的标的，是检测个体和群体绩效成果的标准。有效的目标设置，需要领导和员工共同沟通反馈才能达成。没有充分沟通的目标，或者被迫接受的指标，都很难获得双方的价值认同，自然会将领导与员工分为彼此博弈的两个阵营，又何谈团结共赢。

对成果的需要和期望，并不一定需要领导去唤醒，职场的光也可以自己点亮。作为员工，要学会向领导展示自己的目标。渴望成功，也更能激起领导者对你的信心。从现实的角度讲，这样的员工也更容易获得尝试的机会。

2. 对完成工作目标的员工增加报酬，兑现承诺

为员工增进报酬，意味着公司可以实现更大的目标。领导愿意有诺必践，可员工未必能达到目标。没有领导愿意让自己的承诺成为空头支票，哪怕这个前提不是自己食言。

所以，作为员工，完成任务，不断地达成目标，就是对领导最大的尊重和配合。没有什么比皆大欢喜的共赢，更能增强彼此的协作关系。

3. 通过教育、培训、指导，提高实现目标的能力

很多职场人会把公司的培训、领导的指导、教育当成是被动的工作，因为它无法在短期内实现立竿见影的结果和效益。而这种狭隘的思维，注定会败走职场。

学习，是靠近目标的手段。比你优秀的人，比你更努力。无数优秀的职场人，不仅能在职场上吸收经验，学习技能，更会在职场外提升自我。

4. 帮助员工寻找达成目标的路径

路径改善指的是优化实现目标的方案。领导者在决定实现目标的路径之前，还需要了解一些权变因素和可供选择的领导方案，特别是必须权衡确定对两类支持的需要。

第一类是任务支持。领导者需要帮助员工，组合实现任务的资源，提供相应的预算，并消除阻碍员工达成目标困境。

第二类是心理支持。领导者需要带动积极的心理氛围，激励员工的工作热情。

领导者需要统揽全局，却不一定能够面面俱到了解所有情况。现实的情况是，很多领导渴望快速达成目标，但是有些团队成员碍于与领导之间的心理界限，固执己见，不对领导提出需求，导致领导者无法为员工提供精准的支持，致使目标偏离。所以，领导者能对员工提供充分的支持，也同样需要员工在工作中提供充分的诉求。

5. 排除员工前进路径上的障碍

在任何实现目标的路径中，都可能会遇到或大或小的障碍。作为领导者有责任去排除员工前进路径上的障碍。而作为员工，同样也有责任去减少这些障碍。其实一些工作上的障碍和困难，本质上反映的是职场人能力的短板，因此在工作中，职场人需要做的不仅仅是完成工作，同时也需要在工作中不断吸取经验，提升和学习。一个人的学习力越强，综合能力越强，那么他在实现目标与个人成长的路径中，所受到的阻力就越小。换言之，提升自己，也是成就领导。

6. 增加员工获得个人满足感的机会

作为领导者有责任增加员工获得个人满足感的机会。但从员工的角度来讲，这种满足感本质上是源于自己的努力。因为，任何赞美和鼓励，都源于价值。如果你曾在工作中，因为他人受到奖励，而为自己感到不公。或是因为自己的付出，没有得到满意的回馈。那么职场人一定要清楚地复盘，自己究竟给公司带来了多少价值？

总而言之，向上管理并不高深，它成功与否的关键，就是要在立场上、心理上站对位置。向上管理的路径要与管理者的路径相统一才是正确的方向，当你和领导面向同一个方向，并朝着同一个方向努力时，会更容易受到认可和赏识。

成就领导，就不会怀才不遇

成就领导就等于成就自己，很多职场新人认为这是压榨者的旗帜，很多职场老人也对此非常不屑。为什么要成就自己的领导？为什么自己辛辛苦苦的努力要为他人作嫁衣？

很多职场人在职业选择中，认为自己选择的是企业、是平台，没有对自己顶头领导产生足够的重视。

领导作为工作任务的直接分配者，与你每日的职场息息相关，决定了你的职场小环境。

人们都明白水涨船高的道理，懂得这个道理的领导，也不会刻意压制员工。但是在职场上，领导也同样会担心员工绕过自己将自己取代。现实中这样的例子的确常有发生。踩着领导上位的人，虽然得到了现实利益，却会被身边的人嗤之以鼻。

但其实，想要获得职场发展，不仅仅只有取代领导这一种方法，如果你的领导是一位真正有才干、值得追随的人，那么你便可以选择成就你的领导来实现共赢。

化妆品公司的韩小姐，就是其中的受益者。进入公司 4 年，如今已经做到了公司的副总监，工资涨了两次翻了三倍。她之所以能够快速晋升，除了工作认真努力之外，还有一个很重要的原因是，她处处维护领导，也懂得成就领导。

她从来都不会在部门外讨论部门内部的工作,也不会参与议论和八卦。在取得成绩时会把成绩归结于团队的努力和领导的功劳。在面对棘手的难以处理的问题时,她会主动承担不好安排的工作,帮助领导解决难题。最终部门成绩很突出,领导升职,韩小姐也顺理成章地到了提拔。

成就领导所收获的价值,就只有升职加薪吗?并不仅仅是如此,还有一些隐性的更有价值的回报,如下图所示。

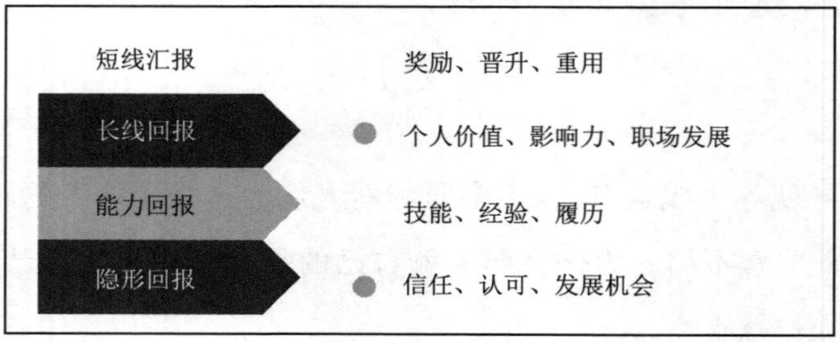

员工回报分析

(1)短线回报——奖励、晋升、重用。

成就领导的短线回报是显而易见的,它包括了升职加薪、奖励以及领导的重用。一个智慧的领导,不会亏待一个为他解决问题创造价值的员工,他也更会愿意重用这样的员工。因而,一个一心想要成就领导的人,相当于亲手为自己搭建了一个更大的舞台,可以尽情地展示自己的能力。

(2)长线回报——个人价值、影响力、职场发展。

成就领导的长线回报属于隐性回报,因此常常很难被人发觉。它包含了个人价值和影响力的提升,以及职场的发展。在成就领导的过程中,你需要付出加倍的努力,解决各种各样的难题,才能达成目标。

在这个实现目标的过程中,你的各方面能力都会得到充分的锻炼和提升,即使最终你将成绩与团队和领导共享,但是你的个人能力增长,以及个人价值的提升,都将沉淀成你职场经历的一部分,让你成长为更优秀的职场人。在未来更多的机会中,才能够抓住机会,尽情地施展自己的能力,获得更好的职场发展。

(3)能力回报——技能、经验、履历。

成就领导意味着你需要付出加倍的努力,将领导的目标当作自己的目标,去承担更多的任务,解决更多的难题。

而在各种各样的任务锻炼中,你可以解锁更多职场技能,收获更加丰富的工作经验。你所做出的成绩,虽然是与领导共享,但那同样会成为你履历中光鲜的一笔,不可取代。

(4)隐形回报——信任、认可、发展机会。

成就领导的一部分回报,也同样来自领导。你为了成就领导而付出的努力,取得的成绩,都将兑换成为领导的信任和认可。领导因为你的付出得到了更好的发展,当有适当的机会出现时,他也会优先选择对自己付出最多、成就自己的那个人。

从上可见,成就领导便是成就自我发展,那么,究竟该如何在职场中成就你的领导?

1. 保护领导的知情权和决策权

任何工作一定都不要绕过你的领导。事关工作,就一定要和你的领导沟通之后再去处理。保护领导的知情权和决策权,就是对领导的最大尊重。

常有一些职场人,大大咧咧,没有边界感。如果恰巧遇到了,看上去很随和的领导,便很容易出现一些越位的行为。无论这种行为是否出于善意,都很可能给领导和自己带来糟糕的影响。

一般职场人容易在以下几种场景中出现越位的错误。

表态越位。对职场中的一些工作和事件,职场人应该谨慎,不要胡乱表态。例如公司提出了一些战略性的决策,作为员工应当先听从领导的表态,如果没有经过授权,便抢先表明自己的态度,非常容易喧宾夺主。一旦这种态度与领导的想法有差异,这会让你的领导变得很被动。

决策越位。任何一个岗位都有相应的职责,作为员工和员工的职责就是提案和执行,就算你对领导有足够的了解,对领导的某个决策了如指掌,都不能替领导做决策。

功劳越位。职场不是单枪匹马的赛场,无论你取得了多大的成绩,都应该心怀感恩。因为这份成绩不仅仅来源于你自己,同样也来源于公司的平台,来源于领导的指导。万万不能为了表现自己,而强调自己的功劳,忽视了领导的作用。

2. 维护领导的利益,并不一定要维护领导的观点

有些人会把成就领导当作是顺从和维护。这样的理解,就是流于表面,因为成就领导,并不等于唯上。把领导说什么都当成是对的,就是最大的错误。

成就领导的本质,是要我们摆正自己的角色,而不是埋藏自己的想法。在与领导的沟通中,不要遮掩自己对工作的看法,不要因为自己的看法与领导有差异,就隐藏了自己的想法。对工作中任何问题都要有自己独立的观点,这样的观点也能够为领导提供更好的决策依据。

在向上管理中,员工作为管理者,要知道他的领导也是普通人,肯定有其长处和短处,也会出现错误。如果能在领导的长处上下功夫,协助他做好工作,便能在帮助领导的同时也带动自己。要使领导发挥所长,不能靠唯命是从,应该从正确的事情上着手,在领导出现错误时以领导能够接受的方式向其提出建议,帮助领导把控方向。

3. 帮助领导解决难题

有些职场人遇见难题就躲,会想方设法找出各种理由搪塞。有些人认为领导要解决的难题,与自己无关。

这种避害思维似乎在约定俗成中,成为一种常见的职场现象。而那些主动能帮助领导解决困难的人,会被当成傻子。因为一旦这次他帮领导解决了难题,那么领导再遇到同样的麻烦问题时,还会想到这个人,这就无形之中给自己增加了工作量,找了不必要的麻烦。

其实在遇到这种情况的时候,更应该对领导伸出援手。如果你有能力帮领导解决这个难题,从另一个角度上来讲,也是向领导证明了自己的价值。就算你的能力不足，还没有办法去解决这个难题，同样可以为领导提供力所能及的帮助。一心为领导着想，把领导的困境当作自己的问题来处理，也必定会受到领导的信任。

4. 摆正自己的位置，保持合适的距离

一心成就领导的人，能够为领导创造更大价值的人，往往会得到更多的信任。但职场人一定要珍重这份信任。万万不能因为自己成就了领导，或者是与领导关系较好，就失去了分寸，把领导当成了无话不谈的朋友。

职场是现实的，只要彼此之间存在职场关系，就一定存在利益关联。一旦言行不当，便很容易伤害这种关系。所以在任何时候，职场人都需要与领导保持合适的距离。

刺猬法则指出，人际交往中要保持一定的心理距离，它除了可以运用到向下管理中，同时也可以被应用于向上管理中。既不必对领导恭维、奉承，又可以保持一种舒适的相处距离，不会让领导感到疏离，保持了对领导的尊重，让彼此在工作中不失去自己的原则。

那些进步神速的员工究竟做对了什么

在职场上，很多人在乎自己为成长付出的努力，却常常忽视了成长的效率。

职场上，我们常常会看到这样一种现象，同期踏入职场的人，在三五年之后，他们的发展有可能截然不同。很多时候，产生这些差异的原因并不是努力程度之差，而是成长效率不同。

咨询者于先生做的是文案工作，他很明白，要赚钱需要先让自己值钱的道理,所以一直都很注重个人价值的提升。除了工作很努力,业余时间也会参加一些文案训练班提升自己。

但努力的结果却让他陷入了迷茫,他无数次地告诫自己"欲速则不达",不能心急。可现实摆在眼前,让他一次又一次陷入深思。尽管这两年他一直在努力奋斗,但在工作上还是发展平平,远没有达到预期目标。与身边一些同事比起来,他的进步实在太慢了。

成长要稳,但也要讲求效率。经过深入沟通,我发现于先生之所以进步缓慢,主要是因为他成长效率不高。

一个人在职场上的成长效率,不仅仅取决于它的学习能力和工作能力。努力的方向和努力的方法也会让结果产生质的差距。

很多职场人都会和于先生一样,通过加倍努力地工作和业余学习来实现自我提升。但除此之外,职场人还需在职场中学会向上借力,通过向上管理让成长的效率倍增。

想要通过向上管理获得成长,要明白两个核心:学什么?怎么学?其实这两点的本质是,做正确的事和正确地做事。

1. 做正确的事,成长才更有价值

(1)领导关注的事。

一般来说,领导关注的事往往是公司发展的业务核心或是战略重点,更具发展价值。

三年前某公司准备开展新媒体短视频业务,通过发展线上新媒体提高市场占有率。在当时,短视频还未在各个领域呈现巨大价值,该公司作为一个传统企业想要拓展毫不熟悉的新板块也并不容易。很多人认为,公司的产品并不适合这种形式的营销。所以,这个费力不讨好的差事,没人愿意去尝试。陈先生找到了领导,对线上短视频发展策略进行了一番深入的探讨,最终陈先生接下了新市场的开拓任务。

大概两年时间,陈先生所负责的新版块突飞猛进,让公司的销售额实现了300%的增量,并且这个数据还在增长。陈先生也从一个小团队的领导,成为新媒体市场的销售总监。去年，他又在领导授意下开展了直播带货业务。

在职场中，你的发力方向决定了你的成长质量，做领导关注的事，能够让你获得领导的信任，把握更多发展机会，获得更大的价值提升。

(2)选择隐形价值高，有助于形成个人竞争力的事。

工作的价值不仅仅是为了获得劳动报酬，还有自我成长。这种成长具有更高的隐形价值，能在未来给我们带来增值。

当初黄小姐就选择了接受公司外派任务，到分公司做市场推广工作。下市场的工作很辛苦，也很有挑战性，而且前期回报并不高。两年的锻炼，黄小姐在市场中摸索出了更多的经验，进步神速。再次回到集团时，黄小姐受到了公司的重用，无论职位和薪资都实现了质的飞跃。

在职场中面临选择时，选择那些能够帮我们形成个人竞争力的事，才能少走弯路，减少不必要的消耗。尽管这些选择可能在当时价值回报不高，或具有一定挑战性，但在未来它们却可以发挥出不可估量的价值，获得快速的成长。

2. 正确地做事，成长才更有效率

在职场中想要实现高效率的成长，职场人可以参考 GROW 模型。它能够帮助职场人理清现状，减少不必要的干扰。

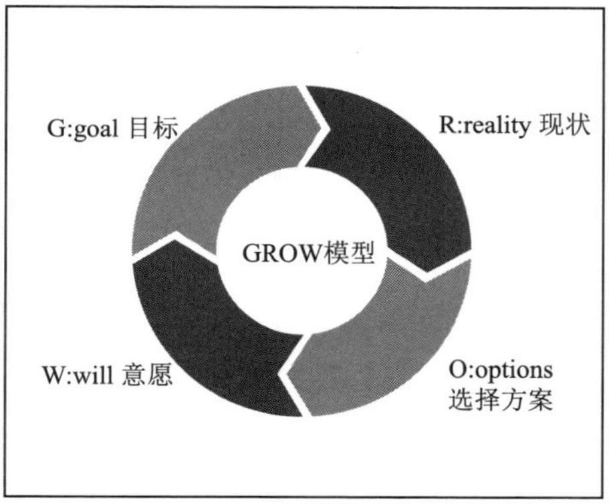

GROW 模型

G：goal 目标。制定合理的适合自己特点的目标，不盲目，不随意。可以树立标杆,以标杆导向,明确差距,步步靠拢。

R:reality 现状。明确现状定目标。

O:options 选择方案。找到差距寻问题,并解决这些问题,进入成长路径。内心、外在环境,从过往经历和对未来的思考去寻找解决问题的方法。

W:will 意愿。意愿支撑动力强,明确自己的意愿、目标,或者使命,才能具备强劲持久的动力。多用“what”来问问自己,是什么导致自己的困扰不前,能从哪方面入手逐步趋近目标。

如何在职场中应用 GROW 模型,获得高效率成长,具体方法如下。

(1)设置优秀坐标,将领导作为榜样。

一个人能够得到快速进步,变得越发优秀的前提是,他渴望自己成为一个优秀的人。

那些在职场中进步神速的员工一定是给自己设定了一个优秀的目标。在明确目标的前提下,职场人才能够清晰地选择自己成长的路径去提升自我,达到目标。

沈小姐在刚进入公司的时候,就把他的领导作为了自己的成长目标。在榜样的作用下,找差距,扬长避短调整自己的工作方法。和同期进入公司的另外两名同事相比,她的领悟能力似乎更强一些,进步要更快一些,也因此获得了更多的机会,进入了一种高效成长的良性循环。

在职场中将你的领导当作成长坐标,是一个有效的方法,在近距离优秀标杆的引导下,更容易激发自己的潜力,找到最优成长路径。

(2)明确现状,找到短板,客观认识自己。

实现成长目标的过程,就是由起点走向目标的过程,除了明确目标之外,明确当下自己的现状也尤为重要。

在对自己的现状进行描述时,很多人常常会给出一些模糊感性的,带有主观色彩的形容。

在我的职业咨询中,就曾听到过非常之多的咨询者这样描述自己“我现在发展不太好,很迷茫”“我认为自己到了瓶颈期”等。

为了清晰认清自己的现状，职场人可以通过以下几个问题对自己进行提问。

你的核心竞争力是什么？

你的优势劣势各是什么？

你现在与目标相差多大的距离？

什么阻止你实现目标？

如果想要实现目标，你最需要的是什么？包括资源、能力、方法等。是否有人达到了这个目标，你从中学到了什么？你目前在自己的职业领域中取得了哪些成绩？

通过这些问题，职场人能够对自己有更清晰的判断，而不是一种对模糊的主观认识。

(3)学习领导的工作方法，吸收领导的工作经验。

踩在巨人的肩膀上能更快地登上高峰，那么在工作中，如果你渴望得到快速成长，一定要懂得吸收优秀的工作方法和工作经验。

总经理助理莫小姐虽然入职只有半年，但是却得到了领导的赏识，因为她能够在一些上传下达的工作、会议记录、票据整理等简单的工作中，摸清领导的工作逻辑。所以，领导交给她的事情，总是做得很稳妥。

领导是职场人身边最优秀的样板，从领导的决策中以及会议精神中，可以分析出领导工作的思维和逻辑。将这种思维和逻辑转化为自己的方法，一定会让你的成长更有效率。

(4)敢于和领导沟通，更容易得到指点，收获成长。

在职场中，很多人会习惯性地选择闷头努力。他们并没有主动和领导沟通的意愿，或是畏惧与领导的沟通，或者把靠近领导当成一种谄媚的行为。

这虽然是一种群体意识，但并不意味着它是正确的。我曾接触过不少职场精英，他们认为在自己的成长期，都有一部分成长得益于领导的指点。因为领导所指点的一些工作思路和工作方法，已经经过了大量的经验验证；而一门心思只是闷头工作的人，往往要花费更大量的时间，才能在工作中总结出一些经验。

每一位职场人都应该树立向上沟通思维,与领导保持平等、通畅的沟通,可以获得更多的指点和经验,这些经验有助于职场人形成更高效的做事逻辑,并在应用中得到更大的进步。

这是一个处处讲求效率的时代,职场竞争激烈而残酷,成长也要讲求效率。除了扎根于工作,还要运用向上管理的思维向领导借力、学习,如此才能够在激烈的职场竞争中保持竞争优势。

第七章

从平庸到卓越

不要妄图"划水"

在职场上，想要实现向上成长，除了要付出努力找对方法，还需要克服一些消极因素。而最大的消极因素往往来源于我们自身。

惰性和欲望就潜藏在人性之中，一不小心就会让我们陷入职场的泥潭。我们常常会在某个开始，为自己设定愿望清单，列出很多计划。但是能真正达成的人却少之又少，于是虎头蛇尾的情况常常在我们的工作和生活中上演。

很多时候我们放弃或者终止计划，并不是因为它的难度，而是因为无法克服自己的惰性。

在我的职业咨询生涯中，曾有不少职场新人来找我做职业规划。我帮他们梳理出了职业目标，以及职业发展路径，但是，几年之后，只有一部分人能够按照当初制定的目标获得很好的发展。而很大一部分人，则是在不知不觉中陷入了职场的漩涡，或是被环境同化，习惯了安稳的生活，而放弃了成长变得懒惰，开始在职场上"划水"。

人们习惯性地认为一次两次的偷懒无所谓，因为它并不足以影响大局。但恰恰是这种侥幸心理会轻易地撕开你心底潜藏的懒惰。想要克服这样的懒惰和侥幸心理，首先你需要明白一些真相：在职场上，任何偷奸耍滑的小伎俩，都无法真正被掩盖。

(1)偷奸耍滑，却以为能瞒天过海。

职场上，做出偷奸耍滑行为的人，往往都以为自己能够瞒天过海。

去年某电商公司招聘了一位文案,他文笔很好,工作效率高,起初领导对他的印象很好,也有意培养她,便交给了他更多重要的工作。但几个月后,这位员工便被辞退了,因为他的领导在他所提交的文案中发现了一些问题,深入调查后发现,这位员工曾在工作中偷梁换柱,把原来公司的一些文案做了简单的修改之后,用在了现在公司的产品上。幸好领导及时发现,才没有造成太大的损失。但是这样一个偷奸耍滑的员工,公司也不敢再继续任用。

职场中,无论对待大事小事,都应该从根本上遏制投机耍滑的想法,因为没有任何偷奸耍滑的行为可以瞒天过海。一时的懒惰,最终将带来更糟糕的后果。

(2)论功劳时趋之若鹜,扛责任时溜之大吉。

有过一定人生阅历的人都明白,越是简单的道理,越是能让人拉开差距。有责任心的人更值得信赖,道理人人皆知,却未必人人都能做到。

很多人常常有这样一种惯性思维,在发生了一件糟糕的事情时,第一时间会昭告身边的人不是自己造成的,而并不会想着如何去解决问题。

每一位职场人,都应该将承担责任作为基本素养。只有当你把自己当成团队的一员,愿意担当起自己在团队中的责任,愿意在他人需要帮助时伸出援手,才会真正地融入团队,融入职场。

如果你想扛起未来,一定先要学会扛起责任。因为,成为领导眼中有责任心的人,就是成为领导可以信赖并委以重任的人。

(3)“捆绑”同事,吐槽领导。

在职场上,我们通过沟通传递信息,也同样会处理各种各样的信息。有些信息是工作,需要传达或执行,但也有一些信息,包裹着诱惑,考验着人性。

有人会说,人不是机器,不可能做到没有情感,没有情绪。更没有人可以做到在职场时刻保持冷静。的确,职场上我们不必活得战战兢兢,你可以尽情地表达观点和想法,与同事、领导交流,但是一定不要触碰底线。

职场如江湖,有规则,也有禁忌。

因为站在不同的高度,所以我们会看到不同的风景。领导看到是公司的发展,员工更多时候看到的是个人的得失。有些时候,领导的某些决策员工会大呼看不懂,甚至会在牵扯到自身利益得失的时候,大肆抱怨,消极怠工,宣泄情绪。一旦撕开了抱怨的口子,满是怨气的双眼,只会看到一个极为不堪的领导。

抱怨如同泥潭,只会让人越陷越深。倒不如停止抱怨,踏实工作,努力地向上攀爬。当你提升了能力,提升了格局,便会看到人生的另一重风景。

(4)以偷懒占便宜为傲,无法摆脱"被压榨"的思维。

人性中包含贪婪,在职场中总有一些人会为自己获取了一些小的利益、占据了公司的便宜,而感到沾沾自喜。他们会为了躲避一个难搞的任务,而感到庆幸;他们会在领导出差的时候,不用工作,肆无忌惮的刷手机,并因此而窃喜。

在他们心中,与领导之间、与公司之间都是一种对立的关系,而他们时时刻刻都被压榨。在这种思维的指引下,职场人很难获得进步,很容易在不知不觉中走向下坡路。

惰性属于人性中的一部分。想要成为卓越的职场人,克制惰性便是必经之路。职场中如何克服惰性?

1. 明确工作的价值:你不是谋生,而是为了发展

想要克服主观消极因素,首先需要明确自己的职场价值。工作不是为了谋生,而是为了发展。工作不仅仅是一个谋生糊口的生计,更是一个实现自我价值的舞台。虽然从形式上来说你是一个"打工者",但从本质上来讲你是在经营自己一生的事业。

有一些人,职业规划模糊,选择工作看待遇,对待工作当生计,过得去就行。他们朝九晚五,忙忙碌碌,日复一日,重复人生,几年后仍是一个小职员。看到别人升职加薪时同样会心生渴望,却很少思考自己的问题,不明白自己真正差在哪里。

也有一些人,职业规划清晰,知道自己的优势和劣势,知道自己渴望成为怎样的人，喜欢什么样的职业，并不断为之努力。他们无论是选择工作，或者是在工作中做的每一件事，都会聚焦自己的目标。

虽然表面上看起来，他们的生活也是日复一日地简单重复，但是这种重复的累积最终会产生质变。他们的人生呈现的是一种发展趋势，始终在提升和发展。这样的人，是优质的潜力股，当下表现不俗，未来潜力无限。领导给他们升职加薪并予以重用会感觉很值得。

在心理学上，角色效应指出，在现实生活中人们会以不同的社会角色参加活动，人们会因角色而不同引起的心理或行为的变化。这就意味着我们把自己定位成什么样的角色，就会发生着什么样的行为，成为一个什么样的人。

在工作中我们是员工的角色，但是纵观我们的人生发展，我们更应该是领导的角色。当我们在思维中以一种领导的角色，一种管理者的思维去面对工作时。便更能够为了达成自己的目标，实现事业的发展，而去克服懒惰以及其他的消极因素。

2. 自律：用愿景吸引自己，用计划管理自己

自律是任何领域的优秀者都必备的素养。

自制力定律中指出，一个人一旦失去自制力，就会误入歧途，遗憾一生。

任何概念都不是喊出口号即可达成，而是需要将其演化成具体的方法，融入执行中。

增强自己的克制力，让自己成为一个自律的人需要从两个方面入手。一方面需要用一个可达成的目标和愿景，来吸引自己。另一方面我们需要为了达成这个愿景设定具有可行性的、详细的计划，反过来规划自己的行为路径，并约束自己的行为。

影响自律的因素，除了内在因素，还有外部环境。人都会有从众心理，一个消极而没有秩序的环境，更容易让人滋生懒惰而失去自律。因此远离自制率较差的环境，才能够更好地维护自律。

3. 习惯效应:养成积极的工作习惯

习惯的力量不可小觑,他在正负两个方向都呈现着巨大的作用。在职场中,养成积极的工作习惯,便可以很好地克制消极、懒惰的心理。

在行为心理学中,人们把一个新的习惯和理念形成以及巩固的周期,认为至少需要 21 天的现象,称之为 21 天习惯效应。在工作中奉行及时、高效、准确的原则。

(1)明确工作计划,工作节奏。

一般而言,每个项目的执行都会有相应的计划。但除此之外,至少还应该养成每天列出当日计划的习惯。这让我们能清晰地知道自己每天都在忙什么,取得了哪些进展,等等。可以根据前文中提到的四象限时间管理法,了解自己当天有哪些不得不做的事情,并明确这些事情的目的和价值,让自己有明确的奋斗的动力,这会大大地提升自己的效率。

(2)减少时间的浪费。

时间的浪费,在职场上常常发生,这也是工作效率低下的一个重要原因。有些人会在开始一项任务之前,去做各种各样的心理准备、物质准备等。在明确了工作目标和任务内容之后,就应该马上抛开不必要的顾虑去投入工作。

除此之外过于苛求完美,也会让工作效率低下。在不必要的事件上苛求完美,并不会赢得领导的认可。一旦获得领导的消极评价,职场人很容易因此而感到不平衡,进入消极的工作状态。

(3)快速进入工作模式。

在现实的职场中,每天工作开始前 10～30 分钟,很多人其实都是在处理一些自己的琐事。打扮自己、泡咖啡、闲聊等。下班前也同样会收拾东西,思考或讨论下班后的去向等。这些很多职场人习以为常的坏习惯,会大大压缩你的有效工作时间。因此,职场人应该在上班前集中处理好自己的琐事,让自己能够快速地投入工作模式中,提高自己的专注力。

尊重每一个新的学习周期

只有菜鸟才需要学习吗？绝不是。越是优秀的职场人，越是有着强大的学习力。任何人的职业成长都不是一蹴而就的，都是具有周期性和阶段性的。越往高处就越需要更强大的学习力才能够保持进取的状态。

尊重每一个新的成长周期，将过去的积累和成绩当成新的起点，始终保持强劲的学习力，才能够在激烈的职场竞争中，保持竞争优势。

在这个快速迭代的时代，不进步就意味着退步；沉湎于过去的成绩中，也最终会被成绩淹没，永远无法进入新阶段的成长。

小嘉最开始进入传统电商行业的时候赶上了风口，他在一家服装公司做电商运营，最好的一年，销售额做到了 8 000 万，领导给了他一些分红，小嘉赚了不少。但是这几年，电商风口变了，淘宝平台越来越难做了。小嘉却不思变，始终在拿过去的经验和成绩说事，最后和领导一拍两散，自己创业开了个网店。一年时间，就把之前赚的钱赔光了。

很多人说，刚步入社会时就一路顺风顺水，并不一定是好事。其中深层次的意思是，成绩来得太快太容易，人们往往不懂珍惜，又容易在其中迷失，小嘉就是固执地把自己摆在了一个虚高的位置，迷失了自我。

为什么你的成就会成为负担？

(1)成绩究竟意味着什么？是荣耀也是枷锁。

(2)你跑得太慢，是因为捧着太多奖杯，空杯心态更有助于学习成长。

(3)高姿态永远赢不了真本事，未来比过去更有价值。

职场走到一个阶段，都需要有归零的心态。若想走得更远，一定要学会正视成绩和荣誉。要把每一个成绩当成阶梯，踩着它不断向上攀爬。

职场人该如何面对每一个新的成长周期？

1. 归零,正视当下,聚焦未来

在阶段性成长中,所谓归零是一种心态,而非从头再来。把过去的成绩当作起点,才是真正的归零。它是一次重新的自我审视。想要做到归零,需要审视,两个关键点,一是未来,二是当下。你需要通过聚焦未来的目标,明确当下所处的位置和成长阶段。通过寻找未来和当下的差距,寻找到自己可进步的空间。

职场人可以通过下图 SWOT 分析法,对当下的状态进行自我分析。

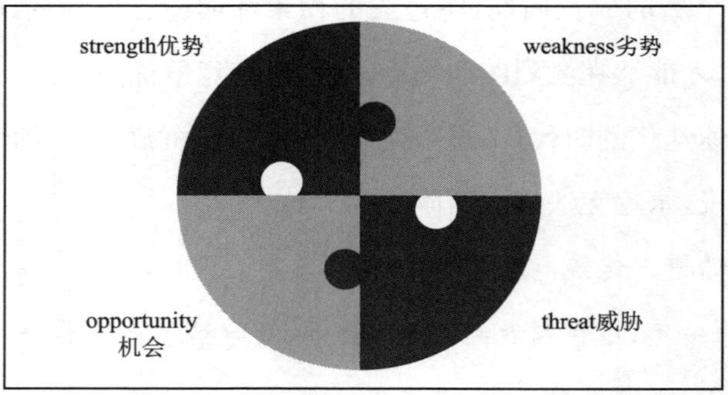

SWOT 分析法

“SWOT”是 strength、weakness、opportunity、threat 的缩写,这个模型主要是通过分析企业内部和外部存在的优势和劣势、机会和挑战来概括企业内外部研究结果的一种方法。同样 SWOT 分析法,也可以应用于自我分析之中,让我们了解自身真实的状态。通过 SWOT 分析法,可以检查个人的技能,明确自己的优点和弱点在哪里。

S——优势:这里的优势包含了诸多方面。通过对过去的总结,职场人可以从业务能力、沟通能力、性格特点、资源、人际关系、工作经验等多个维度分析自己的综合能力,相较于其他同一个层次的人有哪些竞争优势。

W——劣势:劣势分析在于找到自己的短板,同样也可以在上述多个维度进行分析,客观认识到自己的不足之处。

O——机会:不同的行业和职业都会面临不同的机会,而这些机会关系着自己未来的发展。职场人除了要把握自己公司发展的动态，了解自己的晋升空间之外，还要看清行业发展趋势。聚焦未来，根据这些发展趋势，不断地调整和学习。

T——挑战：机会和挑战相互依存，尤其在这个经济高速发展的时代里，任何行业的从业者，都会面临威胁和挑战。因此职场人要居安思危，尽可能地掌握了解那些可能在自己未来发展中，带来阻碍的因素，增强自己的抗风险能力。

2. 设置新的成长目标和要求

一个人在初入职场阶段和工作了三五年之后的自己相比，在工作经验、工作能力等各方面都会存在很大的差异。

在新的成长阶段，成长的目标发生了改变，那么就需要制定新的成长目标和工作标准，以保证新阶段的成长效率。新成长的目标，除了具有可行性，还需要具有一定的挑战性。它能够促使我们提升能力和成长的效率。

新的工作标准，是要对自己完成工作的质量、方法、效率提出更高的水平。举例来说，当我们在职场工作五年之后，便不能够以一个职场新人的工作水准来要求自己，而是需要更高的标准。这个标准可以根据自己的工作经验和成绩进行设定。寻找与自己经验能力相当的人，或者略高于自己的人，以此为参照进行设定。

3. 摆脱路径依赖，跳出思维定式

过去的成长和成绩，会成就我们的成功，但却很有可能在未来成为陷阱。一旦我们过于依赖过去的成长路径，也就很难跳出自己的思维定式。

路径依赖是指人们一旦选择了某个体制，由于规模经济、学习效应、协调效应、适应性预期以及既得利益约束等因素的存在，会导致该体制沿着既定的方向不断得以自我强化。

这样，一旦人们做了某种选择，就好比走上了一条不归之路，惯性的力量会使这一选择不断自我强化，并让你轻易走不出去。

在一定程度上,人们的一切选择都会受到路径依赖的影响。因而,职场人需要有意识地认识到自己的思维路径、行为路径。并在工作中,通过提升知识和技能,打破传统路径,同时增加自己的路径,使自己的思维多元化,不被过去的经验所限制。

4. 聚焦未来,摆正自己的位置

成绩和成就会让人喜悦,但也容易让人滋生自满。很多人因为自己工作经验久,或者是给公司带来了较大的贡献,获得领导赏识等,就不自觉地在心理上,将自己摆到了某个位置。

"摆架子""要资格"是职场人最大的幼稚,一切傲慢的姿态不过是自垒牢笼,困住前进的脚步。保持虔诚的进取心,脚下的路才能更宽,你才能走得更远。

真正的职场精英,从来都不会摆架子。他们更懂得职场竞争的丛林法则,会时刻保持谦卑,以一种学习者的姿态不断进取。因为他们清楚,一旦停留在过去而满足,就走上迷途,迷失了自我,在竞争中被取代。

想要实现向上管理,就一定要跟上领导的脚步。一山更比一山高,所以职场人不要为自己的职场发展设限,把所有成绩当作起点,在工作中尊重每一个新的学习周期,才能够获得领导的赏识,以及更多的发展机会。

学会自己解决问题

工作的能力本质上来讲就是解决问题的能力,所以如果你希望得到领导的赏识,就需要学着自己解决问题。

在职场中,有些人常常记挂着自己的利益得失,并不会关注去如何解决问题。对领导有着依赖心理，遇到困难、遇到难题就丢给领导。可是很多人并没有意识到，你丢给领导的并不仅仅是难题，还有你的发展机会。

职场新人白先生就曾向我诉说了他的烦恼，他是公司新人，但常常会被同事丢了一些棘手的难题，自己也不好反驳，只能努力地想办法解决。后来甚至连领导也经常会把一些其他人没能解决的问题，转交给他。在团队中大家似乎习惯了这样的模式，有难题都会习惯性地交给他。他为此抱怨，新人难做，干了许多难活累活。

我给白先生的建议是要坚持下去，因为所谓的工作能力就是解决问题的能力，白先生能够替领导解决棘手的难题，也同样是证明了他的价值。而且在这些难题中，他的能力也会得到快速提升。也许在这个过程中，他会付出加倍的辛苦，但是通过不断的积累，它将会显示出更大的价值。

后来公司领导让白先生负责了新的业务板块。因为此前大量的积累，白先生对很多业务都了解得很透彻，在新的板块中做得风生水起，为公司增加了不少的利润，白先生也因此得到了晋升。

很多人在职场上不能够独当一面，大致是以下两个原因。

(1)没有清晰的职业目标，并不清楚自己想要成为什么样的人，所以便习惯了听从领导的安排。领导说什么自己便做什么，并不会多思多想，去深入考虑如何解决问题，以及这些问题所包含的深层次的意义。

(2)缺乏责任感。他们将难题划在自己的责任之外，便理所应当地推给其他能力更强的同事或者领导。还有一种情况是，他们认为决策不是由自己做出，那么便不需要对结果负责。这两种想法和做法，都是为了保全自己而撇开责任。

有些人会认为，自己如果能够独当一面，那就意味着领导失去了作用，但事实上这是对独当一面最大的误解。它的本意并不是要我们去取代领导，而是要根据领导的指令，能够独自或者是带领团队独立地完成某项工作，并将一个最好的结果呈现给领导。

如何才能够成为一个独当一面的人?

1. 跳出自己的角色拥有大局思维

在职场中经常会出现这样一种状况，领导让你去调研一组行业数据，然后你便听从领导的指令，开始搜集各种各样的行业信息。忙活了一整天之后，把工作结果呈报给领导，但是领导却对结果非常不满，认为这些信息太过陈旧，对自己的决策毫无用处。

经过深入沟通后你才发现，领导想要的是行业发展前景的数据，而你所调研的大部分都是行业发展现状，那么这个数据无论有多么庞大，它最终都是毫无意义的。你付出的辛苦和努力，没有产生任何价值，反而会阻碍了领导的决策进度。

这种悲剧的源头就是，执行者没有站在全局的角度思考问题，没有深层次地去思考领导这样做的原因，以及期待的结果。

任何一件事物都存在着多面性，我们掌握的层次越多，也就能够对它有更深刻的认识。所以，职场人应该树立全局思维，通过多元化的角度，去透过现象，抓住事物的本质，避免一叶障目。

在工作中，职场人该如何把握住任务的核心？可以参考 MECE 原则。

MECE 是 mutually、exclusive、collectively、exhaustive 缩写，中文意思是“相互独立，完全穷尽”。通过这个方法，能够让一个重大的议题，做到不重叠、不遗漏的分类，而且能够借此有效把握问题的核心，并解决问题的方法。它是麦肯锡的第一个女咨询顾问巴巴拉·明托在金字塔原理中提出的一个很重要的原则。

所谓的不遗漏、不重叠指，在将某个整体划分为不同的部分时，必须保证划分后的各部分符合以下要求。

(1)相互独立(ME)：意味着问题的细分是在同一维度上并有明确区分、不可重叠的。

(2)完全穷尽(CE)：意味着全面、周密。

根据 MECE 原则，职场人可以通过提问的方式，明确任务的需求，建立大局思维。在工作中可以从以下几个方面进行考虑。

1)做这项任务的背景是什么?目的是什么?

2)领导所布置的任务与项目的最终目标,是一种怎样的关系?

3)领导考虑的问题是否全面,是否有遗漏之处?

4)达成这项任务的方向是什么?最优的方法是什么?

5)在这项任务中,有哪些问题需要其他人配合?

2. 消除障碍解决抗力

在达成一些目标时总会遇到一些难题,这些难题来源于一些人和事,有的时候会有一些事件的相关人配合度不高,也有一些时候是因为某个事件出了差错。那么搞定人和事,便是达成目标的关键。

(1)预设可能出现的问题,提前考虑好对策。

达成结果需要合理的路径,并消除路径中的障碍。因此,对工作可能发生的问题进行预判,是职场人不可忽视的能力和责任。它能有效地减少工作中的障碍,增进对紧急事件的应变能力,稳妥地实现目标,达成预期结果。

(2)放开思路,寻找答案。工作中,领导在交代任务时,不可能把每一项任务都进行详细地阐述。这个时候,就需要职场人充分发挥主观能动性,去寻找问题的答案。当正向思考无法获得解决方案时,可以考虑从结果倒推,寻求解决问题的新思路。或是完全抛下当前的选择,寻找新的角度解决问题。

(3)除了多角度寻找解决方案之外,职场人更应该懂得利用团队的力量。团队的力量会大于个人能力相加的总和,所以当你在项目执行中遇到难题时,可以试着发挥你的个人影响力,调动团队的力量。团队可以给你提供一些新的解决思路,或是提供一些切实有效的帮助。

3. 强化软实力

独当一面,除了过硬的业务能力,至少还需要具备一定的软实力。主人翁精神能够给人强大的驱动力,把每个任务当作自己的事情,扛起责任。与此同时,职场人还需要锻炼自己的逻辑能力和执行力。强大的逻辑力可以让你快速地分清形势和资源，并最大程度地调动这些资源，达成目标。

心理修复能力，同样是不可或缺的。因为每个人在面对工作时，都有可能遇到棘手问题，并从中遭受挫折，产生消极情绪。这个时候至少就需要具有强大的心理修复能力，重建自信。

4. 复盘和总结能力

在职场中，想要成为一个独当一面的人，就需要职场人锻造自己的业务水平。所有知识体系的建立，都是一个从点到线到面，最后构成一个体系的过程。无论你处于怎样的起点，都可以通过学习不断精进自己的业务能力。在工作中学会复盘和总结，是最好的学习方法。

职场人可以通过联想集团的复盘理论（如下图）指导，进行复盘。这里的复盘指的就是复盘自己，分析自己，不谈别人，用数据说话，不用描述性词，要使复盘结论有教育性，下次自己不再犯错，并且能够帮助到团队。

联想集团的复盘理论中有一个重要的原则就是“开放心态、坦诚表达、实事求是、反思自我、集思广益”。

一、回顾目标 1. 目的和目标 2. 目标＝量化＋可考核 3. 目的：追求清晰＋统一价值观＋对表	二、评估结果 4. 亮点和不足 5. 亮点＝过分谦虚是骄傲 6. 不足＝引入海量样本＋视野更广阔＋结论更客观
三、分析过程 7. 分析成功＝多列客观+精选真优 8. 分析失败＝挖掘自身＋挑不足＋补短板	四、总结规律 9. 提炼经验＝跳出画面、更远＋体会＋体验＋反思普适价值 10. 谨慎总结＋时空观＋行动计划

联想集团的复盘理论

(1)回顾目标。职场人需要周期性地对自己的工作预期目标进行回顾,这里指的目标包含了目的和目标两部分内容。目的是保证目标的方向,而通过阶段化的目标,可以达成最终的目的。一般而言,这个目标需要量化、可考核,才能在复盘时清楚地衡量差距,从而发现问题,保证复盘的有效性。

(2)评估结果。包括了亮点和不足两个方面。挖掘亮点是一种自我肯定,同时可以在这些工作亮点中总结优质经验。寻找不足是为了自我提升。通过对照目标寻找差距,并深入分析引起这些差距的外部原因和内部原因。根据这些分析,提炼出正向经验,以备在下次的工作中,弥补这些不足之处,使其达标。

在评估结果时可以多引入一些典型的事实样本,如此能够拓宽评估的视野,得到更加客观的结论,使评估结果更有价值。

(3)分析过程。在分析成功因素时,要多寻找客观因素,精选自身真正的优势,并在今后的工作中充分发挥这些优势,通过不断打磨,将其固化为核心竞争力。

分析失败经验时,要多进行自我检视,深挖自身原因,找到自己的短板。通过提升自己的短板,从根本上解决问题,避免在未来面临同样的失败。

(4)总结规律。职场人在总结规律提炼经验时,尽量避免就事论事。而是需要提升自己的思考视野,将自己抽离于事件本身,站在远处,从自身角度和旁观者的角度去体会反思。从中提炼对未来具有广泛指导意义的普世价值经验。

除了在过去的工作中提炼经验,职场人还要懂得建立自己的素材库。这里的素材库包括以下几种。

专业素材库:指在工作和生活中遇到一些与自己职业相关的知识、技巧,或者是一些灵感。将他们随时记录下来,丰富自己的专业知识库,以便在未来工作所需时可以随时调用。

话术素材库:一些职场中常用的沟通话术,一些可以反复利用的标准话术,汇报模板等,都可以积累到素材库中。

项目管理库:指的是职场人可以通过按客户归类的方式,将自己过往的工作项目分类存放。并对每一个项目客户进行分析。标注清楚客户的理念、偏好、要求、禁忌等,以便在后续服务中,可以快速地了解客户的偏好。

以下,还可以利用解决问题的工具:PDCA 工作法来解决问题。

PDCA 分别是英语单词 plan(计划)、do(执行)、check(检查)和 act(处理)的第一个字母,PDCA 循环就是按照这样的顺序进行质量管理,并且循环不止地进行下去的科学程序。

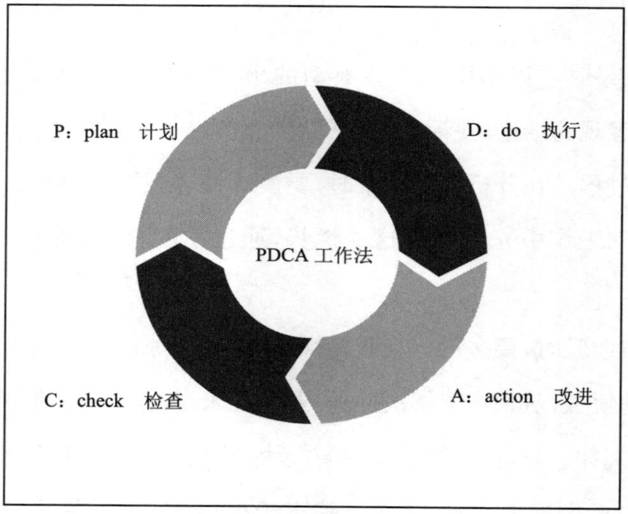

PDCA 工作法

(1)P(plan)计划。职场上的任何活动都需要进行合理的计划和安排。包括方针和目标的确定,以及活动规划的制定。比如说设定一个目标,本月要达到业绩目标为 50 万元,并将这个目标分解到具体的产品和客户上。

计划还包括一个重要的部分就是,要分析在达成目标的过程中可能遇到什么样的问题。比如自己讲话速度过快,比如自己的效率不高,每天只能拜访三个客户等。将自己的问题逐一列出,并在执行阶段有意识地提升问题指标,对其进行优化。

此外还有一个重要的小技巧，就是尽可能地让计划可视，可以存在自己的手机上，或者是放置在自己的办公桌旁，让目标强制进入自己的视野，能够提升自己的执行力。

(2)D(do)执行。根据已知的信息，设计具体的方法、方案和计划布局；再根据设计和布局，进行具体运作，实现计划中的内容。

值得注意的是，执行环节要尽可能将计划细化到具体任务。在每一个任务中，充分运用6W3H方法，让任务具体清晰。

6W3H 方法

6W	who(谁)
	whom(对谁)
	when(何时)
	where(何地)
	what(做什么)
	why(为什么)
3H	how(怎样)
	how many(多少个)
	how much(多大程度)

(3)C(check)检查。总结执行计划的结果，进行全面的复盘总结。找出其中正确的部分和错误的部分，明确最终效果与目标的差距。找到问题或障碍产生的根本原因。

其中需要注意的是，复盘结果不仅仅是单一的价值结果，而是需要从多个角度，确认达成率，包括总目标达成率、子目标达成率、行动计划达成率。

(4)A(action)改进。对总结检查的结果进行处理，对成功的经验加以肯定，并予以标准化；对于失败和未达成部分，需要进行调整。

是否对总目标进行调整？是否需要修改计划？是否需要调整解决方案？并将需要改进的部分，细化成为新的目标和计划。对于没有解决的问题,应提交给下一个PDCA循环中去解决,周而复始直至问题解决,最终达成目标。

不要停留在过去

过去的一切成就了现在的我们,但一味地沉湎于过去,过去就会成为枷锁,束缚我们的发展。

有的人无法理解领导的决策,是因为他的认知还停留在过去;

有的人错把机遇当危机,是因为被过去的经验所限制;

有的人把创意当垃圾,是因为他的思维还停留在过去……

咨询者许小姐一直认为自己是一个积极上进的人,因为她在工作上的确很卖力,执行力非常强,一直受到领导的赏识。但是自从换了新领导之后,她感觉工作中处处受阻。许小姐的上一任领导注重执行,他们的工作模式是,由领导提出方案框架,再由团队成员将方案细化,最后开会讨论确定最终方案并执行。而新领导喜欢让团队成员提报方案,并且极为注重方案的创意性。提报方案后对员工提报上来的多个方案进行对比分析,最终做出决策再去执行。

将思路细化为一个方案,这样的工作徐小姐手到擒来。但是从头构思策划一个方案,却让她一时间摸不到头绪,工作效率也很低,被方案逼得抓狂的许小姐满腹抱怨。

不仅如此,在很多工作细节上,她都与领导不合拍。比如说,提报方案的方式由原来的文档形式,变成了PPT形式,而且每个方案提报者,都要对项目进行阐述。以前他们都是阶段性的口头汇报,但现在都改成了每天下班前,整个团队都要进行文档汇报。

这位新领导打破了许小姐原来三年的工作习惯，以及和领导的工作模式。

在这个事情上，许小姐最明智的一点是，她有很强的解决问题的思维。但她看问题的想法以及对策却并不明智。

想要从根本上解决这个问题，许小姐最先要做的是先认清这个问题的本质。其实之所以没能够和新领导建立良好的向上关系，主要原因还是出在许小姐身上。虽然她在工作上很努力，但在某些层面上，她仍旧是一个沉湎于过去的人。

一方面他沉湎于前任领导的管理模式，在面对新领导时不愿意做出改变。另一方面他沉湎于自己过去的工作模式，在新领导提出新的要求时，也不愿意做出改变。

对于每个人来讲，过去意味着熟悉，人们在自己熟悉的领域里，往往会有一种天然的安全感。而这种熟悉的感觉一旦被打破，便会很难接受，从而产生抵抗情绪。

但是熟悉的并不意味着是正确的，或者说，那些与你熟悉的一切不同的，甚至是相悖的却不一定是错误的。

所谓的职业发展，其实本质上来讲，就是一个人在职场上不断提升和成长的过程。而成长和提升，都是一个不断自我打破的过程。

1. 过去的成绩

在职场上，成就会让人喜悦也会让人陶醉。那些成绩可能是你为公司拿下了一个大客户；你的业绩名列前茅；你的方案获得了甲方的青睐；你的工作受到了领导的赏识……

在前进的脚步中，每个人都会收获各种各样的成绩。成绩一方面证明了人的能力，但也很可能成为坚硬的墙壁。陶醉其中的人无法清醒，也更听不进去批评。

如何才能在成绩中时刻保持清醒？

（1）明确目标，把成绩当作起跑线。

有目标的人永远都不会失去方向感，更不会迷失在成绩中。有明确目标的人，能够看到自己与目标的距离，以及自己的进步空间。定会把成绩当作新的起跑线，重新规划自己的成长节奏和成长路径。

（2）复盘成绩，聚焦短板。

精明的职场人不仅懂得对错误复盘、结果复盘，还会对成绩进行复盘。职场上，没有人可以考满分，再优秀的方案也有改进的空间，再优秀的成绩也存在着不足之处。除了享受成绩中的喜悦，职场人更应该看到自己的短板。提升短板，才能成就卓越，在未来超越自己。

2. 过去的工作模式

很多职场人无法在职场中进行高效的向上管理，甚至与领导发生矛盾。有很大一部分原因是他们仍停留在过去的工作模式中。尤其是在职场上工作越久的人，这种情况就会越严重，上文中提到的徐小姐就是这样的情况。

职场上没有一成不变的领导，也同样不存在一成不变的工作模式。想要进行高效的向上管理，就一定要学会灵活变通，跳出过去的工作模式，与你的领导成为最佳拍档。

3. 过去的经验

过去的经验可以让我们对眼前的事件作出迅速的判断。过去的经验曾经被验证过是正确的。但任何经验都具有时效性，凡是以过去经验作为判断依据的人，终将会在这个急速发展的时代被淘汰。

（1）以开放的心态面对新生事物。

面对新生事物，你可以去了解去学习，但绝不要在尚未了解之时，就做出狭隘的判断，否定了它的价值。

（2）在新的事物中提炼新的经验。

时代不断发展，知识需要迭代，经验也同样需要迭代。在工作中尝试运用新方法解决问题，提炼新的经验，可以摆脱经验的狭隘性。

(3)逻辑训练能够很好地帮助职场人，提炼并检验经验。

常见的两种逻辑概念：归纳和演绎。一方面，职场人要学会从个别工作案例中提出具有普遍意义的结论，这种方法叫作归纳推理。另一方面，职场人可以通过原有的结论，推广到某个个别事件，进行验证和应用，这个过程叫作演绎推理。

4. 过去的思维

思维主宰着我们思考的路径，指导着我们的行为。但如果只停留在过去的思维中，思维就会成为一个没有出口的迷宫，让人故步自封。

(1)角色代入，跳出自己的角度。

我们在职场中身处的角色，决定了我们的思维和行为。如果想要跳出自己的思维，更客观更全面地看清事物，就一定要尝试着跳出自己的角色，带入新的角色。例如，当你无法理解你的领导或者想要明白领导的决策用意，那么你便要从领导的性格、身份、所处环境等多个方面代入角色进行逻辑推演。

(2)学习新的思维方法。

逆向思维：或者从结果倒推，寻找最优解决路径。例如在工作中，从预期结果出发，制订实现计划。

发散思维：从思维的各个层次出发，对事物进行多角度、多方面、多因素的考虑。例如在制订营销方案时，除了要从策划角度分析，同样也需要掌握市场思维和用户思维，多角度思考可以让方案更加完善，更具有可行性。

创新思维：打破常规，寻找解决问题的新思路、新方法。在职场中可以通过对常规项目进行头脑风暴，打破原有的路径。

柯美雅定律指的是世上没有十全十美的东西，任何东西都有改革的余地，这是由美国社会心理学家 M. R. 柯美雅提出的。根据这个定律，企业的组织也没有十全十美的，也需要不断地变革。对于个人而言，过去的成绩、经验、思维等,都需要在不断发展变化的事物中更新。

只要你身在职场,无论你此刻居于怎样的位置,都不要停留在过去,一个始终更新进步的人,在未来更具潜力和价值,也更容易获得领导的赏识。

要获得信任,必须给予信任

提到"向上管理"这个词,或许很多职场人都在想,领导不管我就不错了,我还要想着管理领导,这是无聊的天真幻想吧?

其实不然。著名管理学家杰克·韦尔奇曾经说过:"一个幸运的职场人拥有三个必备条件。一个支持、欣赏自己的领导;一个呵护自己的家庭;一份自己喜爱的工作。"在这里,要想获得领导的支持与欣赏,就需要职场人的"向上管理"。

由于职场的惯常思维,许多基层职场人会认为自己的存在微不足道,会觉得职场关系完全是从上至下的。但是对上位者而言,他们同样会受到来自基层员工的影响和牵制。因为职场关系在本质上更多是相互成全与相互牵制的。

很多基层职场人的常规做法是:等待上层的任务,并通过自身对工作的付出,期待获得上层的嘉许,从而获得上层的信任,实现升职加薪的目的,在职场上发挥出自身真正的价值。

实质上,这种惯常思维是十分被动的,而且并不适合现代企业发展趋势。对于职场人而言,努力工作固然最为重要,但一味地被动等待并非明智之举。如同著名管理学家彼得·德鲁克所说"任何能影响自己绩效表现的人,都值得被管理",职场人应该争取能动性和主动权,去改善我们的外部环境,争取到更多的资源和机会。

我曾经接触过一位咨询者，叫小飞。他的工作能力还不错，进入职场以来，从未在工作上出现过什么大的纰漏。但工作三年，他几乎没有获得过公司的重用。尽管公司每年都会给予他相应的薪酬提升，但都是普遍调薪，并没有职位上的晋升，以至于一些晚他进公司的人都早早晋升到了他的前面。

他询问我，会不会是自己在不经意间得罪了领导，以至于被如此打压。我让他先不要多想，同时询问了一些细节，得知他在工作期间始终勤勤恳恳，可以说是职场上最典型的那种埋头苦干的类型。与领导之间，他也维持着职场上应有的礼貌和礼节。

他素来认为，职场只是工作之所，人与人之间不过是一个庞大机器中部件与部件之间的关系，能不麻烦别人就绝不麻烦别人，能避免交流就避免交流，只要完成自己负责的工作，就算完成了自身的职责。

他这种想法固然并不算错。只是，他对待其他人有多大的热度，那么别人回馈给他的，必然也是同样的热度。

他提到，有时候领导会与他谈一些工作上和生活上的问题，他都只是说些场面话应付过去，在他看来，这种只能算作是职场应酬，算不得真，只要表面上和气过去，就算不功不过。他这种做法，的确会在一定程度上获得一些安全感，让自己不至于犯一些无心之失，不过，也正是因为他这种处事方式，才使得他入职三年都得不到公司重用。

他的本意是认为只要自己做事规矩，应对得体，就不会犯错。但尽管他做到了不犯错，却也很难被重视。因为他的这种表现，从侧面体现出了自己对领导的不信任。而信任，是建立关系的前提。

当领导向他询问工作和生活的问题时，本意是想通过交流跟他建立更进一步的信任关系，知道他的更多想法和意图。他用一些轻飘飘的场面话应对，便是拒绝了建立信任关系。在职场上，信任值越高，就意味着领导会交付越重要的工作；信任值越低，则意味着领导会交付很多不重要的工作。在这种情况下，小飞的按部就班并不会创造出更多价值，因此只能原地踏步，甚至极有可能有被“优化”掉的危险。

我给小飞的建议是,今后如果有机会与领导交流时,不妨将自己工作上和生活上的感悟多说一说,若是有什么想法或者困惑也可以时常与领导进行讨论。这种做法能够体现出他对领导的信任,领导看到他的诚意,才会反馈给他同样的信任。信任到位了,很多事情推进起来才会很顺利。

我还曾经接触过一些心胸颇为狭隘的职场人,当工作有了灵感与想法,却不愿与他人进行交流,问及原因,是担心功劳被抢。作为缺乏机会的基层职场人,他们认为如果将好不容易才做出的成果交给自己的领导,那么公司最后论功行赏时必然会将这个成果记在领导的头上,自己则成了为人作嫁衣的“小虾米”。

这种思想根源其实与小飞的情况很相似,就是他们不能信任自己的领导,也不懂得职场发展的底层逻辑。他们甚至还不如小飞,竟然将领导当作了自己前进路上的“假想敌”。

其实在公司中,若是每个人有点成绩都想越过上级,自己出风头,那么公司的秩序也就彻底乱了。

从职场的系统网络上来看,一个无法与领导建立强有力信任关系的职场人,不论他的能力有多强,对整个系统都将是弊大于利。这样的人或许会是一个不错的“兵器”,但他既不会是一个好兵,也更不会是一个良将。

“向上管理”的基础就是信任,要从与领导建立良好的信任关系开始。

1. 职场信任划定在工作领域之内

关于信任,哈佛商学院教授弗朗西斯曾经有过三要素的分析。他认为,人与人之间建立信任的关系,一定要有三个要素作为基础,即真实性、逻辑严谨性和同理心。

真实性,就是我们常说的“真心换真心”;逻辑严谨性,就是更准确的判断力和表达力;而同理心,就是可以站在对方的角度去思考问题。

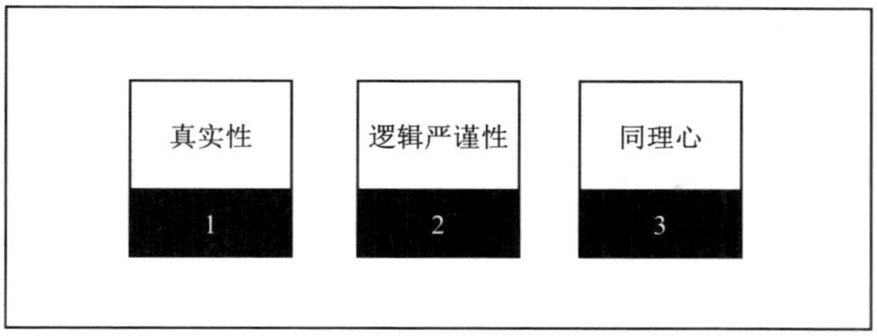

职场信任三要素

职场信任要划定在工作领域之内。我遇见过一些拎不清的职场人，因为发现领导在生活中有些问题，便无法与领导在工作上进行良好的合作，这实质上是公私不分的表现。

不论一个人在生活中如何，既然领导要对整体利益负责，那么作为其公司员工就要全力配合。既然是工作关系，就只关注工作问题，不该因其他问题与之心生罅隙，并影响工作。

职场人应该做到公私分明，做好分内之事，手不该过长，也不要过短，但凡涉及工作的问题，便该与领导做到充分沟通信任。

2. 摒除私心，将整体利益放在前面

不论是明哲保身，还是暗自算计，都不是健康的职场心态。对整个职场系统而言，私心太重的成员更容易成为弃子，因为这样的人很难在系统中发挥正向积极的作用。

职场素来强调合作精神。当职场人与领导之间建立起信任，那么两者就会成为彼此的贵人，相互促进未来的发展。职场人在助力领导的同时，也是在助力自己。只有先成全别人再成全自己，才是格局。

有人总结过，所有真正职场混得好的人，都要满足三个条件：做事有利于领导，有利于公司，有利于自己。这样才是好钢用在了刀刃上。

所以，这就像行军打仗一样，只有整支队伍胜利了，才有个人的胜利。在冲锋陷阵的时候，员工与领导之间的关系尤为重要。一旦有所松弛，会直接影响整个团队的发展。

3. 将后背交给绝对信任的人

在激烈的市场竞争中,企业都在挣扎中求生,迎接一场又一场的硬仗。只有上下一心,职场人与领导将后背交给彼此,才能充分激活价值,通过协作赢得市场。

很多企业都不是死于对手,而是溃败于内部。这些血淋淋的职场现实告诉我们,信任决定着企业的创造力、创新力和合作力,是职场发展的头等大事。

总之,为了充分解决职场信任问题,作为员工要先表现出愿意付出、愿意拥护与共创意识,明确向领导释放出信任的信号,最后达成信任匹配,一起把工作做好,将路走宽。

怎样才能获得领导的深度信赖

在说服心理学、演讲心理学、人际交往心理学、管理心理学等领域中,人们把由可信度高的信息所引起的信任行为现象,称之为信任效应。

在职场中,是否能够获得领导的信任,对个人成长尤为重要。而信任的程度不同,则对职场人的发展,会产生不同程度的影响。获得领导的深度信任,成为职场人决胜千里的关键。深度信任并不是凭空得来的,它需要在实践中,通过一点一滴的积累构建而成。

电器品牌公司的赵先生一直都对上一次竞聘失败而耿耿于怀。他纠结的原因在于如果胜出者比他的能力强,他会觉得心服口服,可偏偏成功竞聘的小胡能力和经验都远不及他。

后来他实在忍不住,找领导沟通后才终于明白,小胡之所以被选中,是因为领导更看重他的责任心。小胡承诺的事情，无论碰到什么难题，都会想方设法解决。领导交代给他的任何工作，都能得到回馈，从未有过不了了之的情况。让这样一个人去带团队，领导也会更放心，换成别人也会做出同样的选择。相比之下，赵先生能力突出，却败在了责任心上。

除了一些极端情况，一般而言，信任都需要长时间才能够建立起来。我们一般在与人第一次交流之后，可能会很容易地表达出讨厌这个人或者是尊敬这个人，但是很少人能够快速地决定信任对方。他们至多只能表达，“我也许会信任他，或他看上去值得信任”。尤其是深度的信任，需要日积月累通过点点滴滴去构建。

如何才能够获得领导的深度信任，建议职场人在工作中可以参考 ABCD 信任模型。

布兰查在《信任为王》一书中提出“ABCD 信任模型”，提供一个建立信任的方法，协助职场人认清哪些行为有助于建立彼此的信任感，哪些行为则会产生反效果。以下是“ABCD 信任模型”的 4 个要素。

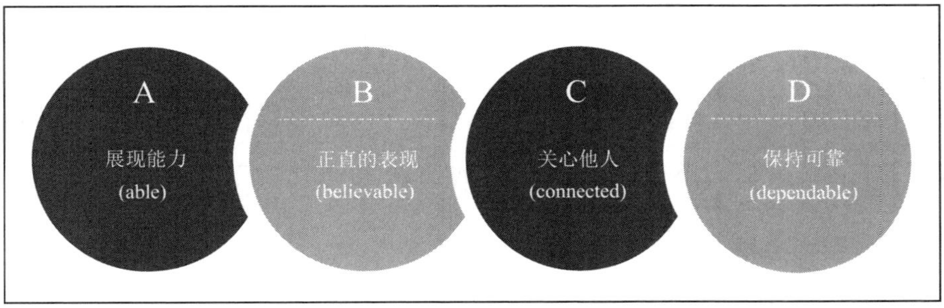

ABCD 信任模型

(1)展现能力(able)。包含从工作中展现高绩效、解决问题的能力、学习新技能、累积经验、运用自身技能协助他人与努力做到最好等。

在职场中，信任与期待是相互依存的关系。领导信任一个人，必定是期待他在某个领域能够展现出自己所期待的能力，实现自己所期望的价值。这些期待是源于领导在与员工的交流中，整合判断而设定的；而一旦员工无法达到这个预期，在工作中错漏百出，贡献率持续走低，那么你会很容易失去领导的信任。

(2)正直的表现(believable)。包含信守诺言、坦承错误、诚实、不在背后议论他人、客观与尊重他人等。

这些能力之外的因素，同样会在获取信任中起到决定性作用。

我曾接触过的一些职场案例中，有些职场人，他们明明能力很强，但是在工作中不能够信守承诺。这样的人能力再强，也不会获得领导的信任。

另外，在发生错误时，逃避责任也同样是领导无法容忍的。逃避责任要比错误本身更会让领导恼火。

(3)关心他人(connected)。包含仔细聆听，赞美他人的努力，对他人表现出兴趣，分享你的生活点滴，拥有同理心，询问他人意见等。

这方面的因素，体现在一些职场细节上。也许在职场中，不一定每一个细节都会决定成败，但是把一些细节做好，却可以为你累积更多好运。耐心地倾听领导，真诚地赞美和关怀同事，这些为人处世的小细节会积累成职场的积极标签，让你获得更多信任。

(4)保持可靠(dependable)。包含准时，说到做到，对他人的请求即时回应，对自己的行为负责，继续下一步行动，言行一致等。在职场中，守诺、守时意味着可靠、可信。那么，你守护的、如约达成的其实不仅仅是事件，更是信任。

一般而言，获得领导信任需要经过以下 4 个阶段。

1. 初步了解阶段

在这个阶段，彼此刚刚相识，还并不了解对方的工作习惯、工作模式、工作风格等。在这个阶段职场人需要做的，就是去除彼此之间的陌生感。一方面，观察是必不可少的，通过观察领导的决策、行为、语言等，可以对领导的性格、行事风格有初步的了解。另一方面，消除陌生感并不仅仅是要了解你的领导，同样也需要领导了解你的想法和优势等。

在消除陌生感的阶段，一定要避免自己对领导的主观猜想，通过领导的某个决策分析领导的意图，以及他的行为准则等。因为在此阶段你对领导并不了解，妄加揣测只能让你离领导越来越远。

人与人之间的陌生感是需要通过沟通和交流才能消除的，因此职场人在与领导沟通时，尽可能选择领导喜欢的方式沟通，并避免通过他人做沟通。信息传播的途径越多就越容易失真，让沟通的效率大打折扣。

2. 验证阶段

通过初步相识，职场人与领导之间会有一个初步的印象，但并没有做到真正的了解对方。所以在此阶段，职场人需要通过各种方式来验证自己的这些判断，以明确自己对领导的评估是否准确。例如，通过一些工作细节可以验证领导的质量要求；通过一些角色可以验证领导的价值评判标准；通过对错误的态度，可以验证领导的容错空间……

总之人的习惯、个性、态度等都可以在客观事件中得到验证。这些判断在不断地确定和修改之间，会让我们对一个人有更加准确的了解。

3. 接受阶段

在此阶段，彼此已经有了充足的了解，并开始接受对方的性格思维等。虽然人与人之间存在着差异性，也不可能做到永远的互相认同，但是在此阶段对于彼此的差异点，通过了解人们能做出更多的理解。比如说，领导做出了某些决策，或者是选定了某个方案，也许并不是自己所期望的，但是因为对领导有了足够的了解，明白其思考问题的角度，也会更加理解领导做出这些选择的动因。

在此阶段最重要的是，如何把这份了解和接受上升为信任。主要应该做到两点。一方面是站在对方的角度考虑问题，获得领导的认可。另一方面，是充分发挥领导认可自己的部分，使其成为一个优势标签。例如领导认为你是一个极具创意性的人，或者说是一个执行力很强的人，那么在方案提报或者是发表看法的时候，可以深化这方面的特征。

4. 信任阶段

不同程度的信任会在工作中产生不同程度的影响。如果你与领导的关系达到了信任的阶段,那么直接需要做的就是,维护并深化这份信任。

与领导建立深度信任的注意事项。

(1)了解并尊重领导的工作习惯。

在职场中,每个领导的风格都各不相同,工作方式也各有不同。那么你只有在了解了领导的工作习惯,并作出高度的配合,才有机会获得领导的信任。以工作汇报为例,有些领导喜欢白纸黑字的书面报告,也有领导喜欢简明扼要的口头报告等。

(2)在沟通中拉近距离。

与领导保持沟通,能够拉近与领导之间的距离,但这种沟通并不意味着事无巨细,更需要把握好尺度和分寸。若想要通过沟通建立深度信任,那么在与领导的沟通中,职场人应注意沟通的目的不是说服谁或者是质疑谁,而是为了一起解决某个目标,只有当这个目标保持一致性,彼此的沟通才会有意义。

(3)建立一个彼此真实的关系。

不要怕坦诚失败。相信很多人都有这样的印象,创业项目失败,创业公司破产后,老板都会出面开诚布公坦言错误,向自己的员工以及社会各界投资方道歉。

失败与错误是职场上常有的事情。如果一个人害怕自己的老板发现自己工作中的失败,只能说老板与下属两方都有责任,他们的关系不够开放与良好。

良好的上下级关系需要的是真实。因为直属老板可谓在公司中最能够帮助自己的人,是自己利益的最紧密连接人,如果对直属老板都做不到充分信任,在工作中不能交心,其他部门的同事又该如何相信你在职场中表现出来的真诚呢?

有些人经常抱怨办公室政治,职场站队问题,甚至为了某些原因,对直属老板阴奉阳违。殊不知，不能够对自己直属老板做到敞开胸怀，绝对忠诚，其他队伍里的人该如何看待这样的人呢。

一个好的管理者，不会禁止员工表达不满与愤恨。组织总有不完美，这才是组织需要进化调整的原因。员工也总有误解与情绪，是需要适当发泄。建议对自己的老板不要隐瞒这些愤恨，如果老板因此而对你有责备或者小动作，反过来证明这样的老板也不值得追随。

管理永远是双向进行的，用合适的语言与老板沟通自己的难处、不足、困惑与情绪，也是试探与暗示。优秀的管理者会对员工的反馈做出合理的反应，协助解决问题并且适当安抚情绪。在一来一往中，双方的关系更加紧密。此时的员工与老板不仅是工作上上下级合作的伙伴，可能会衍生出一种工作外的朋友般的信任感，这种信任感反过来又加强了其在工作中的关系纽带。

总之，要坦诚，彼此诚信。而且，经常带着困惑找到老板，用请教的口吻与心态与老板讨论问题，他们都会非常乐于帮助。帮助别人取得更高的成就，是每一位管理者的目标之一。所以，不要害怕直属老板发现自己的不足。

(4)降低自我利益感。

“天下熙熙皆为利来，天下攘攘皆为利往”，这句话是没错的。在职场上，每个人都有自己的利益出发点与落脚点，但是过多考虑自身利益而忽略旁人感受，就显得不那么受欢迎了。长此以往，信誉标签就是“自私”“小气”等。精致的利己主义者，往往形容的就是这样一群人：无论是大的利益还是蝇头小利，都不想放过，没有组织和团队的概念，不考虑团队与他人的感受，将自我利益感放在第一位。

这样的员工往往是短视的。而我们建议，每一位职场人在考虑自身利益同时，多去想一想他人的目标。直属老板、平行部门同事、外部客户，这些人的近期与远期目标是什么。

站在老板的角度去想,完成这个任务能带来什么益处,如果与自身利益冲突,但是长远来看是否可以更加获。

在来访者中,很多人都抱怨老板损害下属利益用来获利。其实,适当降低自我利益感,能够有效将我们拉出这样心理不平衡的深渊。在日常的工作对话中,多用“我们”“咱们”“团队”这样的字眼来代替“我”这个指代词。语言上的改变,往往能够带来心理上的暗示,从而潜移默化影响工作态度,改进与上级之间的认知与关系。

没有人是一座孤岛,在职场上,与老板沟通尤其需要博得信赖。建立一种良好的职场口碑,建立深度信任,从近期来看,绝对可以获得老板的喜爱,从远期来看,老板也喜欢将更多的资源和机会向这样的员工倾斜。

暂时放弃短期个人利益,成就的反而是自我的长期利益。

成功是80%的积累

向上管理是为了获得更多的机会,而机会真正能实现价值,是需要你有一定的能力。否则一切向上管理都是无效的。

华先生起初在公司的测试部担任主管,后来公司的业务经理离职,华先生觉得自己的机会来了。他认为自己的性格外向,也很善于与人打交道,并且对公司的产品、业务都非常熟悉,所以业务经理的工作似乎并不难。于是,华先生毛遂自荐,希望领导能够给自己一次机会。考虑到华先生积极努力,并且平时工作做得还不错,领导决定给他这次机会。

华先生的确是抓住了这次机会,但是真正到工作中,他的能力还不足以支撑起这个机会。工作做得很不顺利，业务经理除了需要懂业务，还需要更多的综合能力。虽然工资高，但是工作压力更大。

对于职业发展来讲，机遇的确重要，你必须要有足够的积累，才能在机会来临时完成职场进阶。对人生而言，成功需要完成80%的准备，才能实现20%的出击；对于职场而言，工作需要完成80%的积累，才能实现20%的飞跃。

职场中的积累和成长，一般包括为自我经验的成长和对他人经验的学习。但无论是在自己的经验中，还是在同事或者领导的经验中，我们需要从中积累思维方法、工具以及素材和信息。并将这种来自不同路径的杂乱的内容进行加工和整理，存储在自己的思维体系中。最终在职场以及生活中遇到相关问题时，可以随时提炼放在思维体系中的经验，进行应用。

从吸收到使用，才是真正的完成了积累的闭环，并将经验化成了自己的一部分。

其实简单来讲，职场上的成长，其实就是一个信息和经验的吸收、存储、使用的过程。而正是这看似简单的三个部分，让无数的职场人有了千差万别的发展。

经验积累主要有两类，一类是直接经验，自己亲身参加的实践而获得的知识，另一类是间接经验，我们从书本里或者是从他人的事件中获取的知识。

经验管理决定着职场人成长的质量，但是很多人在经验管理中存在着较大的误区。有些人收集经验是进行了无差别的收集，但很多经验，其实价值并不高，它只能使人们存储更多的通用能力。有方向的经验吸收，更利于我们形成核心竞争力，更利于职场发展。

另外一种是为了运用而收集，经验管理的目的是自我突破和提升，获得更好的人生发展。它的核心是为了个人和组织创造最大的价值。

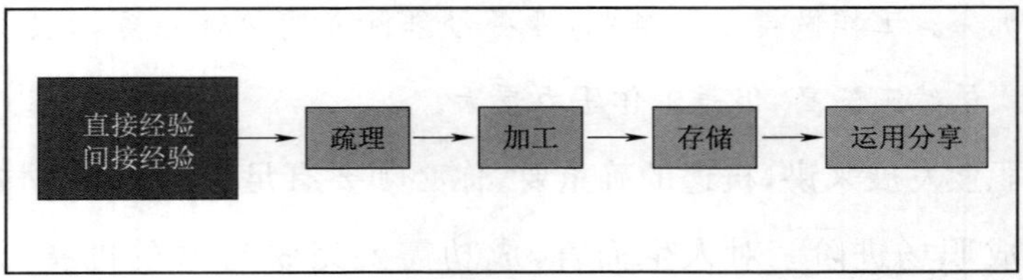

经验管理过程

那么在职场中该如何积累经验，为发展蓄力？首先应当清楚，经验积累的三个阶段。

1. 碎片化阶段

在此阶段职场人可以花费很少的时间，积累一个有效的经验。例如，如何连接打印机，如何为一个 word 进行排版，一个 PS 小技巧，又或者是一个经验教训，一个小的感悟等。这些经验仅仅是用来服务自己的，它的特点是呈点状的、零碎的。

等待会议的空暇，上下班乘车，午餐后的休息等，每个职场人都会有大量的碎片时间。很多人可能习惯性地用刷手机打发一些零碎的时间，但是除了增加一些无效的信息，让我们的头脑储存了更多无意义的内容之外，对经验的积累和个人成长并没有太大的作用。

相反利用这些空闲时间，可以积累很多零碎的经验。碎片化的经验虽然呈点状，但却并不微小，每天固定的几分钟积累，在长时间后能够发挥出巨大的作用。它会让你在职场中一些关键时刻脱颖而出。

2. 线性阶段

在此阶段，你需要花费更多的时间，才能获得这些经验。这部分经验会有一个相对独立完整的结构。例如你通过一周的学习和运用，了解一个流程。或者是通过一段时间的调研策划了一个方案，掌握了一个新方法等。

线性的经验累积在工作中是必不可少的，因为在职场中，所有的工作都不会永远在我们的认知范围之内。常常会出现一些新状况，或者是一些难题。这个时候，便需要我们去提升自己的技能，用来攻克这些认知之外的新问题或者是难题。

3. 体系阶段

此阶段的经验积累，需要花费较长时间，它可能是几个月甚至是几年才能完成。这类经验是成体系化的、多元化的，有着完整的思维方法和流程。比如说你学习了 PS 技能，学会了文案写作。你拥有了相关的知识体系，并能熟悉的掌握并运用。

只有当经验完成体系化的积累，才能真正沉淀到个人成长中，成为竞争力的一部分。

对于职场人而言，最重要的经验积累，就是建立自己的个人职业品牌，在某个领域深耕，积累丰富的经验。这些经验将成为自己的一技之长，并决定未来的发展。

经验的积累，便是这样一个从零散到聚焦，再逐步形成体系的过程。但单纯的经验积累和储存，无法实现个人能力的提升。所有的经验只有真正投入使用，才能发挥其价值。

经验管理的过程，其实就是将直接经验和间接经验，通过梳理加工存储，最后进行运用的过程。在这里可以参考 ORID 法，对经验进行积累和运用。ORID 模型（焦点呈现法）是一种通过主持人引导来开展的结构化复盘交流（会议、交谈）形式。主要适用于团队的经验总结、对事实进行分析。通过聚焦分析，引导团队成员从事件的表象认知逐步到深层思考。同时也可用于自我认知的沉淀。

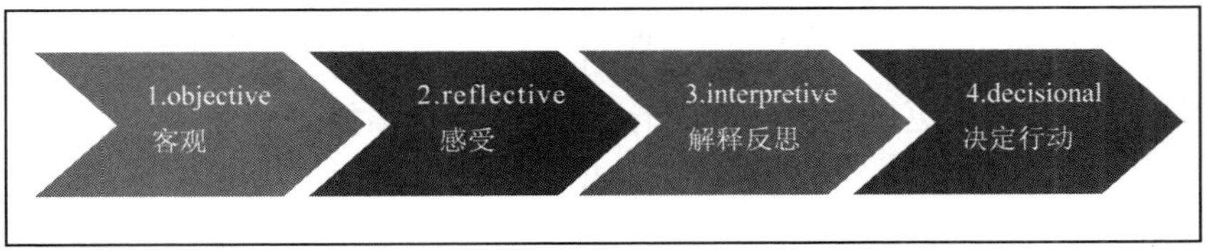

ORID 模型思考流程

(1)objective 客观。

通过感官复盘客观事实,把自己看到的、听到的事件完整地记录下来。

客观的记录看似容易,但其实常常容易出现偏差。人是感性动物,容易将主观的情绪带入到客观事件中,对其进行有意或者无意识的加工。所以在此阶段,职场人一定要努力地发掘客观事实,可以通过其他人的角度,来获取更多的客观事实,以减少自己的主观判断。

(2)reflective 感受。

情绪感觉层次,记录你的喜怒哀乐等感受。它包括了你自己本身的情绪反应,以及对一些事件和话语的感受,还有一些过去经验的联想。

(3)interpretive 解释反思。

诠释层次,根据眼前的既定事实,形成自己的观点、理解和反馈。展开对事实的分析,形成你自己的理解、反思。明确价值:确认当前事件,对于自己的价值是什么。观点:通过自己对事件不同层面的观察,形成自己的观点看法和结论。

(4)decisional 决定行动。

通过该事件作出总结,并以此为指导,规划下一步的行动计划。通过经验的积累和总结之后,可以在行动阶段开启更多的可能性,并通过执行来验证,沉淀这些经验。具体可以从以下几个角度进行分析。

下一步我可以做些什么?

基于自己新学习到的东西,下一步将采取怎样的新的做法?

如何做才能让下一步工作做得更好?

运用 ORID 模型进行思考,可以通过结构化的提问,引导自己对工作经验进行深度思考,获得更多有价值的经验,提升经验积累的效率。

永远准备好B计划

无论是生活还是工作，永远都不可能一帆风顺，所以当A选项行不通时，那么拥有B计划，无疑是人生的一大幸运。

B计划不仅仅是发生危机时的补救措施，还是一种职场人必备的抗风险思维。拥有B计划思维的人，永远都会拥有第二选择，在危机发生时也会拥有退路。同等条件下，B计划也可以让我们拥有多一次胜出的机会。

某集团行政总监杨小姐，在工作中吃了不少苦头之后，才学会养成B计划思维。在刚进入职场的前几年里，她常常错漏百出，因为各种各样的小纰漏挨批评。为客人接机时晚点；安排会议，音箱临时出了故障；拷贝PPT时文件损坏，无法正常播放。杨小姐是一个积极努力的人，但却因为没有处理好各种各样的琐事，让领导很不满意。后来与领导深入沟通之后，杨小姐才深刻地认识到自己的问题，调整了自己的工作方法，并慢慢养成了B计划思维。

因为任何人，在工作中都不可能是一帆风顺的，但不能够因为一些意外状况，就怨天尤人或自认倒霉。建立B计划思维，可以让我们更加从容地应对各种各样的意外状况。

B计划思维并不高深，她不过是需要我们在一些工作中多思考一步，多做一些准备，却可以让我们在职场中更加从容，并在关键时刻给我们带来质的改变。

B计划在工作中是如何发生作用的?

(1)工作节奏。职场人每天都在按照自己的计划去完成工作，但是总有一些意外情况会打乱我们的工作节奏，他可能是领导临时安排的任务，也可能是同事临时的状况。这些突发的状况很容易占用我们的时间、精力和资源，使我们偏离原本的工作目标。

在面临这种突然改变时,B计划便可以充分发挥作用,让工作重新建立起秩序,稳妥地达成目标。

(2)向上提案。在向上提案中,同样离不开B计划,一般为,在提案时向领导提供两个以上的选择,一方面能够让领导看到你的敬业,以及你对方案的思考和用心。另一方面,也能够给领导提供更多的决策思路和选择,有助于寻找最优解决方案。

(3)危机响应。B计划可以让我们永远拥有退路,又有了第二种选择。在一项工作任务开始时,通过提前预判,考虑到可能发生的问题,并做出相应的对策,能够让项目变得更加稳妥。也许危机永远可能不会发生,但一定需要具备危机意识。制订B计划,才能最大程度地消除任务执行中的不可抗因素。

那么,职场人究竟该如何养成B计划思维?

1. 提升认知,跳出思维定式

懒惰和不知进取的人永远无法制订出优质的B计划。只有通过不断学习,提升自己的认知,拓宽眼界,当你到达了新的认知层次,才能够寻找出人生的新出口。

这时候你的B计划不仅仅是一种备选,更是一种自我突破。当A计划的进行发生阻碍时,B计划可以充分发挥效用,它不仅仅能够帮助你突破当前的困境,更会让你得到提升。

打破过去的经验。每个人在处理问题时,都会无意识地依照过去的经验,顺着思维惯性做出决断。而在制订B计划的时候,要有意识地脱离原有的经验。例如,领导交代一个任务,要你去搜集行业信息。按照以往的经验,你会习惯性地进行网络搜索。但是,一旦领导不满意,可以找到其他搜索信息的途径,例如通过电话拜访,向行业从业者了解信息等。这种方式,打破了以往的方法和习惯,也同时可以为领导获取另外的思路。

深化认知层次,指的是通过学习和经验吸收,增加自己专业知识的宽度和深度。更深层次的认知,可以为B计划的制订提供更多的方法和素材。

改变思维方法，在做出A计划后，职场人可以换一个角度制订B计划，例如，运用逆向思维从结果倒推解决路径。又或者另辟蹊径，制订具有创意性的B计划。

2. 通过小事养成B计划思维习惯

这句话不仅仅是一种可以让我们应对危机的额外选项，更应该成为我们在思考问题时的一种思维习惯。我们可以通过生活中各种各样的小事，来养成这样的习惯。比如说，周末你本打算约朋友去散步，但如果天气不好就可以一起去看电影。

任何一件小事情都给自己多一种选择，生活也会变得更加从容，可掌控。B计划思维也会通过各种琐事，沉淀为思维模式，养成一种工作习惯。

3. 对不可抗力进行危机预判

当危机来临时，才发现自己无能为力，这样的情况是十分可悲的。每个人都应该对某件事或者自己的未来，进行一定的预判。在这种预判和评估的基础上，制订切实有效的B计划，来冲破这些阻碍。

我们制订B计划的目的，不是准备一个计划，而是为了在关键时刻能够切实有效地解决问题。

你的B计划真的靠谱吗？B计划的检验维度：

可行性、行之有效的计划才真正有意义，所以在制订B计划的时候，要问自己，这个计划是否行得通？

实操性：一个好的计划是需要能落地可执行，否则计划再完美也是一场空谈。因此在制订B计划时，需要考虑到是否会产生客观障碍，实际执行难度，以确保计划可实现。

目的性：B计划制订的目的明确，并且与A计划保持一致。

时效性：主要考虑时间性和有效性两个方面。职场人需要评估，B计划在可能被启动的时间内可产生的效果。

投入产出比：要充分掌握对比计划所需的成本，并对结果进行预判，分析投入产出比,以此来评估 B 计划的使用价值。

风险性:为 B 计划的执行过程进行预判,充分考虑其可能存在的风险,并对可能存在的风险进行评估。如无特殊状况,可能不采用高风险 B 计划。

没有一帆风顺的人生,也没有一路通达的职场,只有做好了充分的准备,当上帝关上了你的一道门,你才能够为自己打开另一扇窗。

第八章

向上沟通与自我管理

汇报工作的正确“姿势”

工作汇报是一种职场艺术。

优质的工作汇报，能够让你在职场大放异彩，反之，糟糕的汇报也可能埋没你的才华。

在职场中，我们常常会看到一类人，他们能力很强，像老黄牛一样埋头苦干，但职场的发展仍是十分缓慢。而那些常常围绕在领导身边，经常与领导沟通汇报的人，却能步步高升。

很多人不屑于这种行为，认为那是向领导谄媚。但职场是现实的，并不是你所有的努力都会被领导看到。尤其是在一些大公司里，如果你不懂得汇报，很有可能一不小心就被别人抢了功劳。

我曾经接触过一位咨询者何先生，他的工作能力很强，很有钻研精神，却不善言词。他在公司工作了 5 年，还是普通的基础员工，一直没有得到提拔。

在沟通中我发现，何先生最薄弱的环节就是向上汇报。因为在他心里从没把汇报工作当成一件大事，他认为自己工作的结果已经上报，并没有必要再在汇报上浪费精力。倒不如把时间和精力都用在钻研工作上。同时，他会把那些勤于汇报工作的人，当成是为了接近领导拉关系。

其实在职场中，像何先生这样的人还有很多，他们对工作汇报并没有太大的重视，而是把它当作了一种走形式，甚至是一种巴结领导的谄媚行为。

但是，汇报工作也是工作中的一部分，一旦你对这个部分重视不够，或者是做得不到位，就很有可能阻碍你的职场发展。

在职场中，那些经常会积极汇报，并且汇报内容很有条理的人，更容易获得领导的青睐。一方面通过积极的向上汇报，领导可以看到员工的工作态度；另一方面，通过汇报的内容可以检验员工的工作成果。而工作态度和工作成果则是领导衡量员工优秀与否的关键。

日本人有一条职业准则是，为了不给领导添麻烦，员工会不断主动地汇报工作，让领导放心、省心。

1. 汇报包含哪几个部分

想要通过汇报工作达到理想的效果和结果，那么必须让你的汇报内容清晰有条理。首先我们要弄清楚汇报，都包含了哪几个部分？

(1)事先提醒汇报。

在职场工作中，有一些项目是需要领导签字，领导亲自开会主持，或者是参加的活动。在这个时候员工有责任提前一段时间提醒领导，让领导有充足的时间做好准备。

(2)直接汇报。

此类汇报主要指一些突发事件或者一些领导可以直接决策的事件，此类工作需要及时地向上汇报。

(3)阶段性汇报。

在工作中有一些项目需要持续很长时间，并且在这个执行的过程中，会不断发生一些新的情况，甚至可能偏离原有的既定目标。这个时候就需要员工分阶段地向领导汇报工作，并作出阶段性的总结，以及下一阶段工作的一些规划和建议。通过阶段性汇报，让领导实时地掌握工作发展情况，并为下一阶段决策提供参考依据。

(4)结果汇报。

事事有结果，事事有回响，是一个职场人必备的基本素养。作为职场人，任何工作都不能不了了之。并且无论结果成败都需要向领导进行如实汇报。同时，职场人还需要针对工作的结果，进行复盘和总结。

工作汇报的5大原则

1. 讲事实	用最简洁客观的话语把情况讲清楚。 例如,某某工作,截止到某时,完成到了某种程度。阐述内容要包含时间、结果等要素,讲事实,讲结果,避免主观情绪渲染
2. 给选择	针对当前遇到的问题,给出两种以上选择。 例如,当下市场反馈是……我认为下一步,可以有……两种对策。分别简述不同方案的利弊,并询问领导的看法
3. 说想法	跟领导说明,自己的判断是什么。 例如,基于当前的客户反馈,我进行了哪些调查,根据数据情况,我认为当前的问题是怎样的。 需要注意的是,任何情况下与领导提想法都要有理有据,尽可能地在数据和事实的基础上发表看法
4. 问看法	问领导对事情的看法是什么。 在汇报结束后询问领导的看法,可以让职场人清晰地掌握下一步的提案和工作方向
5. 看数据	尽可能地将汇报内容数据化,让领导了解精准信息。 数据化的信息,可以让结果更直观清晰,避免沟通中的信息误差

2. 如何让领导领会汇报的主旨和重点

在工作汇报中如何梳理出清晰的逻辑,让领导领会汇报的主旨和重点?

(1)梳理资料和工作。

毫无头绪的汇报只会让领导一头雾水,在汇报工作前一定要做好充足准备,认真仔细地梳理工作内容。如果有需要向上呈报的资料或文件,那么一定要对这些资料或文件熟悉,一旦领导提及其中的细节,可以快速回应。

一定要避免一问三不知,回去再了解一下这种低效率汇报。如果是没有文件资料向上呈报的,要先打好腹稿。整理好需要汇报内容的脉络和层次,确保每一条内容都有理有据。

如果是需要向上汇报方案,那么一定要对工作任务进行深入了解,并结合需求,拟定几条备选方案,供领导决策选择。

(2)简明扼要汇报主要内容。

向领导汇报工作时,一定要用极为简练的语言,概括事情的来龙去脉,让领导在最短的时间内了解事情的前因后果。

职场人可以利用电梯法则让自己的汇报内容简明而清晰。

麦肯锡30秒电梯理论来源于麦肯锡公司的一次沉痛的教训。他们曾经为一家重要的大客户做咨询，在咨询结束后，该项目负责人在电梯里遇到了对方的董事长。当时对方询问能不能说一下结果，但由于该项目负责人没有充足的准备，并且即使在有准备的情况下，也无法在电梯从三十层到一层的30秒内，把事情说清楚。最终，麦肯锡失去了这位重要的客户，但在此后，麦肯锡要求公司的员工，都要学会在最短的时间内表达清楚，直奔主题。

职场人在进行工作汇报时，也同样可以采用电梯法则，它并不意味着在工作汇报时一定要把内容精简到30秒；但是却可以通过提炼观点，归纳总结，砍掉赘述和不必要的信息，将想要表达的内容整理得简洁而清晰。

在主要内容阐述清楚之后，职场人需要进一步向领导汇报项目中的注意事项和关键环节以及一些具体细节。这些细节就包括了完成时间、执行标准和结果预期等。这些细节能够让领导对项目有更清晰的了解。

(3)汇报反馈。

向上汇报，本质上就是一种向上沟通，而所有沟通都一定不是单向的，都需要对方的反馈才能达成沟通目标。

在职场人汇报工作后，领导常常会给出一些反馈或决策。有时候这些决策和回馈往往是方向性的思路和想法，职场人也需要通过一些问题，将这些方向性的思路和想法最大可能地细化、量化、具体化，才能明确领导回馈核心要点。

3. 汇报工作的注意事项

工作汇报的十大要素

(1)明确目的。

有些人在工作汇报中，准备的材料杂乱无章，汇报的内容也让人抓不住重点。之所以会出现这种状况，主要是因为汇报目的不够明确。在职场中，任何工作都要先明确目的，明确了汇报目的才能够解决工作汇报的根本性和方向性问题。聚焦汇报目的，够让我们在准备汇报内容时更有章法，并可以根据目的性对汇报内容进行取舍。

(2)抓住重点。

如果说汇报的目的是让我们清晰目标，那么汇报的重点就是让我们要抓住主干。

成功的汇报既能够让领导全面地了解情况，又能够让领导对重点内容有深入的了解。职场人需要对重点进行深入的阐述，才能让领导对重点内容有更清晰的认识，那么如何在汇报中正确地选择出重点内容？

一方面，从领导的角度来看，领导最想了解什么，最关心什么，所有能直接或间接产生高价值的事情，都属于重点内容。另一方面从自己的角度来讲，需要找出自己的最大贡献值，你在工作中，最出色的部分或者是最大的成绩是什么。

此外，除了重点之外，工作中的亮点和特色也是需要重点汇报的内容，它能够让你的工作汇报提升价值。

(3)实事求是。

工作汇报的本质，就是向上传递各种各样的工作信息。这其中的信息有好的也有坏的。好的信息可能会让你得到正向的回馈，糟糕的信息则可能让你遭受批评或者承担责任。

但无论信息的内容如何，或者预判的结果如何，职场人都应该本着实事求是的精神，向领导汇报工作。因为一切有效的工作汇报必须要建立在事实基础之上，不能够为了维护自己的利益，而主观的对信息进行加工和润色，更不能欺瞒领导。一时的欺骗或传递不真实的信息，都可能导致更严重的后果。这不仅仅是工作汇报的基本要求，更是职场人必须具备的职业道德。

(4)选择合适的方式。

每个人喜欢的沟通方式大都不同，以微信沟通为例，有的人喜欢看文字；也有的人会觉得语音沟通更方便。所以我们在向领导汇报工作时，应该充分了解领导的行为性格，按照领导更喜欢的沟通方式进行工作汇报，可以让汇报的效率大大提升。

(5)结论先行。

结论先行的方法是将逆向思维运用到工作汇报中。

无论任何工作，领导最想得到的是价值，而结果最能直接展示价值。因此职场人在汇报工作时，可以先汇报结论，再去简述过程的要点。一方面领导可以快速地掌握要点。另一方面，在得知结果后，领导可以带着思考去聆听过程汇报，可以更清晰地把握事件发展的脉络，提高汇报效率和决策效率。

(6)复述要点。

员工在完成工作汇报后，领导常常会给出一些决策，或者是工作布置等。在此过程完之后，员工要对领导的指示进行简明扼要的复述，检查自己有无疏漏或者是理解偏差。在此过程中，职场人可以依据领导的决策和指示，作出相关事实的补充。通过这样的交流可以提升彼此沟通的顺畅度。

工作汇报是向上沟通重要桥梁，通过信息的传递与接收。职场人能够与领导产生更多的交流。掌握正确的工作汇报方式，可以促使职场人更加高效地完成向上管理，获取领导的信任。

哪些错误不能犯

没有一帆风顺的职场，也没有从不会犯错的职场人。人无完人，每个人都会犯错，但犯错有度，并不是任何错误都可以被原谅。

有的错误像磨刀石，会让你成长和成熟，如果处理得当甚至会给你带来更多的机会。但也有一些错误会变成巨石,将你压垮,阻碍你的发展,让你成为平庸者或是被淘汰者。

咨询者于先生认为领导卸磨杀驴,自己作为公司的老员工,当初没少为公司卖力。眼下公司发展好业务做得越来越大,人也越来越多,便把他这样的老员工裁掉,十分不厚道。

经过沟通之后我发现,在于先生眼中,他是因为领导的不厚道所以才被辞退。但是从客观角度讲,于先生是因为犯了职场致命的错误却尚未自知。

之前于先生因为涨工资的问题一直对他的领导颇有微词。在他眼中,领导是一个独断独行又十分抠门的人。领导让于先生带新员工熟悉业务的时候,于先生不经意间将自己的情绪和一些对领导的看法,散播给了公司新人。

“领导让大家提想法,那就是走个程序,其实他心里早有决策,时间长了你们就明白了。”

“在领导眼里,你干再多活都是应该的,他怎么可能记得你的好。”

“这些细节工作,你们自己看着办就好了,领导基本都不会看。”

于先生用吐槽的方式发泄了心中的不满,在他心中或许认为这并不是什么大事。但是,其实它是在无形之中破坏了团队对领导和对公司的信任,破坏了团队的工作氛围。这样的错误也许不会体现在事情上,但却是触碰了领导心中的底线,所以必定要清除团队中这样带有负能量的人。

在管理学上有一个“酒与污水定律”,它是指一勺酒倒进一桶污水里,最终会得到一桶污水,而同样把一勺污水倒进一桶酒里,得到的还是一桶污水。由此可见,酒与污水的比例,无法决定这种东西的性质。真正起到决定性作用的是污水,哪怕只有一勺,再多的酒都会变成污水。那么当它应用到管理学中,作为管理者最正确的选择就是要及时清理污水。

团队糟糕的成员就像一个投入果箱里的烂苹果一样,如果不及时处理掉,它会迅速地传染其他苹果,导致整箱的苹果全部烂掉,有着惊人的破坏力。

每个人都可能在职场或多或少的犯错，而每一位领导心中也都有着一定的容错空间。处于容错空间的错误，领导会给予宽容，但是一旦触碰了领导的底线，等待的只有被淘汰。

1. 职场中有哪些致命的错误不能犯

(1)重复的错误不能犯。

每个人在工作中都会难免犯错，一次的错误可能是工作疏忽，或者是对任务领悟不够透彻，对环境不够熟悉等。但重复的错误，就是职场的失职，是极其不负责任的行为。

有些人之所以会重复犯错，一方面是因为在第一次犯错时，对错误的认识不足，没能够及时总结，导致了第二次错误的发生。另一方面，是态度问题，因为对错误的重视度不够，认为那只是一些微小的问题伤大雅，也不会对自己造成太大的影响。

就算这个错误是微小的，一而再再而三的犯错，只会让领导对你失去信心，形成一个不值得信任的印象标签，你就失去更多职场发展机会。

(2)切忌偷工减料。

惰性是人性中的一部分，也是阻碍职场人发展的因素。有时候为了准时下班，就赶着把工作完成而忽视了质量，有时候会为了轻松省事跳过一些看似不必要的流程，也有人为了能够让领导或者是客户满意，而搬运了其他人的作品。

还有一种懒惰的行为更为常见，他们大多数时候看起来积极而勤奋，但是每当遇到有难度或者是自己的弱项的任务时，就会产生一种倦怠情绪，选择性地懒惰。但其实面对这些任务的时候，正是我们提升短板的时候。你的选择性懒惰，只会拉低你的综合能力。

人之所以会放纵惰性，是因为存在着侥幸心理。抱有侥幸心理的人总会一叶障目，认为自己的做法安全。而往往这种侥幸心理，会酿出更大的祸端，或带来更大的损失。你可能因此而失去了领导的信任错失了发展的机会，你也可能因此背上职业道德的污点。

(3)切忌情绪化。

职场是一个公共平台，没有人有责任去承担另外一个人的情绪。所以管理好自己的情绪是管理好职场的基本前提。往往有一些职场人认为，自己没有对身边的人发脾气，自己的情绪也就无关他人。但其实这是忽视了情绪的作用力，消极的情绪会营造出一个消极的气场，影响着身边的每一个人。

对于领导而言，一个情绪化的员工是不值得信任的，或者说是存在较高的任用风险，因为他们很有可能一时冲动而做出了糟糕的行为。另一方面情绪化的人工作质量和工作能力也容易飘忽不定。他们将成为领导心中达成目标的波动因素，而这样的人是不可能受到重用的。

(4)切记接私单。

在当下时代，很多人都扛起为人生寻找 plan B 的旗帜，搞起了副业，做起了微商、自媒体等，少数人赚了满盆钵，更多的人还在盲目的追寻。

每个人都有在业余时间开展副业的权利，但不是所有人都能权衡好副业与主业之间的关系。我见过很多人，副业还没搞出名堂，主业却提前垮台，赔了夫人又折兵。

做好副业的前提是要做好主业，一个连主业尚且无法安排妥当的人，又怎么可能将副业做好。那样的选择，无疑是白白地浪费了自己的时间和精力，最终将会得不偿失。

2. 如何在工作中避免犯错

(1)态度严谨。

无论你此刻处于严肃还是宽松的工作环境，都需要保持一个严谨的工作态度。无论大事小事皆需认真对待，尤其是对待小事更不应该马虎，因为一些小的、简单的错误更不值得原谅，一些小的错误往往也可能导致一个十分糟糕的结果。秉承着认真负责的态度，敬畏每一件小事，也是对职场最大的尊重。

(2)养成良好的工作习惯。

调查发现,在职场上很少人会在重大事件上犯错误,但很多糟糕的错误往往初因都是一时疏忽。职场人若想要杜绝这样的低级错误,就一定要养成良好的工作习惯。

在领导下达任务时,如果任务不够清晰,一定要通过反馈,将任务细化、量化。

在工作进程中以及工作完成后,一定要至少检查两遍以上,并将其固化成为自己工作模式中的一部分。此外,如果条件允许的情况下,求助同事或外援,协助自己检查。他人的检查往往能够跳出你原有的思维逻辑,从侧面看到一些新的问题。

(3)学会从错误中总结经验。

很多人在犯了错误之后会认为自己记住了,也就不会再犯了,并没有认真地在错误中复盘经验。但这样的观点往往容易让人陷入更大的误区,犯更大的错误。

及时的总结错误一方面会给你带来成长和提升,另一方面则是能够有效地避免下一次再犯同样的错误或者是同类的错误。

总结错误,一方面要分析错误产生的原因,这其中包括客观因素和主观因素。通过分析,我们可以找到问题产生的关键点,并在错误中提炼出经验。

无论是向上管理还是职场发展,对错误的管理都是极为重要的部分。在错误中,提炼有价值的经验,尽可能地避免和减少错误,这本身就是一个自我提升的过程。正确态度与合理的处理方法,可以让错误更有价值,减少更多职场的阻碍。

把错误变成机会

人非圣贤，孰能无过。

无论是职场菜鸟，还是高管，只要在职场中都有犯错误的可能。人们常调侃说，“多做多错，想要不错，只能不做”。因此，只要执行，就一定会在过程中出现不同的错误。出现错误并不可怕，很多时候，我们可以将错误转化成机会，加强领导对我们的印象，甚至改观以往不好的印象，重新为我们贴上标签。

1. 发现错误后，要主动与领导沟通

很多人在职场上对直属领导都有一种天然的畏惧感。领导在员工眼里，往往是权威的象征，有时候可能会严厉甚至不通人情。员工在发现错误后，通常由于害怕被责备，进而掩盖错误。经过时间酝酿后，错误若被发现，会造成难以挽回的损失。

发现自己的错误，及时与领导沟通，表明了两个重要的目的。其一，是对领导的信任。向领导表明，心中有对方，并且相信对方解决问题的能力。其二，是一种用于承担责任的展示。管理者希望自己的员工用于承担责任，以减轻自己的负担，这样管理者才有更多时间做本岗位更有意义的事情。

小周是一位行政经理，每天都要多线工作，处理公司内外行政相关事务，任务繁杂。这个周末，小周在复盘时发现了一个错误，是否要向领导汇报，他迟疑了。这个错误领导并没有发现，其实小周可以蒙混过关，而且周末又是休息时间，小周不好意思打扰领导。但是转念一想，如果领导先于自己发现了这个错误，那么自己就显得非常被动了。

再三考虑，小周打电话给领导，主动汇报了这个错误。领导经过评估判定后，觉得这只是非常小的一个错误，及时修改后完全不影响工作正常开展。小周长出一口气。领导反而觉得这位员工非常有责任心，善于及时沟通，对此有很高的的评价。

可见，工作中出现错误并不可怕，及时与领导沟通，正确处理，反而会让错误成为展现自己责任心与工作态度的一个绝佳好机会。

2. 先于领导提出解决方案

承认错误不仅仅是简单的检讨，这只是处理错误的第一步，最关键的一个环节是先于领导提出修补解决方案。

领导固然喜欢勇于承担责任，主动承认错误的员工，但是一味地道歉只会显得懦弱。职场上的上下级并不是绝对的压制关系，没必要显得卑微。此时，若提出一个完美的解决方案，会让领导觉得，该员工认真思考分析过错误的原因和本质，并且有能力解决该问题。

深入思考与专业能力在职场上都是至关重要的品质，通过主动坦白并且处理错误，可以完美展现这两个品质。

3. 端正、客观的检讨态度

人性是趋利避害的。在遇到错误的时候，人们会很自然地开始找外部原因。很多人都习惯于将成功归功于自己，失败归于环境因素。

面向领导检讨承认错误时，要从心底接受这件事情，而不是表面敷衍的承认错误。其实，往往主动、端正地检讨错误，会更加获得领导的青睐。

回想一下，我们是不是都有类似经历：客观分析错误，主动检讨后，领导或者一起合作的同事极有可能退让，甚至深思熟虑后表明“我本身可能也有做的不妥地方”。这是确实，一件事情的发生都是有上下游因素、前因后果的，从来没有孤立的错误存在。

而如果一开始就抱怨这些外在因素，甚至拖着其他人一起下水，心不甘情不愿地承认错误，领导不仅反感，甚至可能放大错误带来的影响。客观地检讨错误，不仅让自己心平气和梳理事件，更会给领导留下一个积极正向的印象。

同样，我们也要防止另一个极端的产生，即过多包揽错误。这可能会打击我们的自信心,领导会认为这样的人能力不足。

所以,客观非常重要,不偏不倚,不强调不利因素,也不为自己寻找借口。在一个平衡合理的范围内,诚恳地向领导阐明错误。

4. 做好检讨之后的善后工作

很多时候,感情是发生在事件本身之前的。职场上亦是如此,积极的正能量会弥补错误带来的负向能量。与其抱怨,不如将精力投入解决问题的过程中。解决问题是一个闭环,在检讨过后,仍旧需要充满正能量投入工作中。

我曾经接触过一位职场人曾女士。那时候我们为曾女士的公司做人事咨询。在内部访谈过程中,我们发现这位员工的与众不同。曾女士就像是一个向日葵一样,永远向着阳光,积极、正向。她的这种心态也影响到了团队其他成员,她所在的团队气氛一直非常融洽。

曾女士也曾遇到困难,也会犯错,但是她最优秀的一点,就是在处理错误之后会及时调整自我情绪,转身投入全新的工作。

错误总会让人感到沮丧,领导的指责也会让员工消沉。但是若走不出这种负面情绪,可能会因为精力不够集中,而接二连三犯错。能够在职场上迅速调整心态就显得至关重要。

从曾女士身上,我们发现:处理错误事件的善后,有几条妙招可以帮助员工快速回到原有状态。

首先,要从行动上给自己暗示。微笑,挺直腰背,投入新的工作。不要害怕周围同事的议论或者目光。要从肢体语言上就表现出“我很好”,不仅是一个自我暗示,也带给别人积极正向的影响。

其次,要切实地从错误中吸取教训。同样一个错误,不能再犯,这才是最完美的善后工作。纵然有再好的承认错误的态度,对错误造成后果的担当,却一而再再而三地在同一件事情上犯错误,在一个坑里摔倒,饶是再包容的领导也会怀疑员工的能力。

做好分析，严防类似错误的发生，才是完成了整个检讨善后工作。这样，错误才转换成职场经验，进而转变为机会。

向上管理并不意味着唯上是从

每个人看问题的视角都有着一定的局限性，所以领导也常常会在决策中询问员工的想法和建议。这个时候，员工就会有不同的反应。有的人是害怕说出想法，无法承担责任；有的人觉得自己是员工，听领导的安排做好事情就可以；也有人会认为，即使说了自己的想法，领导也不会采用……但不管出于怎样的想法，他们最终都选择听从领导的决策。

而优秀的职场人往往会恰当地提出自己的想法，无论最终建议是否被采纳，积极的态度和思考，都会帮助职场人在职场中脱颖而出。

在一些职场人的心中，员工就应该听从领导的安排，同时，这样的做法也会让他们感到安全。

项目策划陈小姐，就是一个极其听话的员工，领导交代的工作她都会马上去做，不会问为什么，就算是有不合理的地方，也从不去质疑。从执行的角度上来讲，她是一个强力的执行者。但在工作中，她就如同领导的工具，基本都是领导说什么做什么，从来不提出自己的想法。每当出现糟糕的结果，她就会说自己当时有另一种解决方案，只是没敢说，也没敢做。这样事后诸葛亮的行为，让领导更加恼火。

从陈小姐的角度来讲，她明明是做了很多工作，却又常常挨骂，更谈不上职场发展。每个人都会有考虑不周或者是犯错误的时候，领导也不例外。如果当时陈小姐，在自己有不同想法的时候提出自己的思路和建议，可以让问题得到更好的解决。事后才提想法的行为,无论当时的想法再完美,在领导眼中那都是推脱责任的借口。

这样尴尬的情形,其实在职场中很常见。很多人面对领导不敢开口或者是羞于开口,尤其是面对气场强大的领导时,会保留自己的想法。

职场人之所以不肯开口,一方面是因为不自信,在他们心中,领导是权威的代表,有着比自己更加丰富的经验、能力和阅历。因此,会担心自己的想法不成熟或者是过于幼稚,或觉得自己的想法,不会被采用或者遭到质疑。另一方面是职场人对领导存在着一种畏惧心理,把领导当作一种高高在上的权威,而无法以平等的心态去和对方交流。

想要克服这种心态,那么职场人就需清楚,从领导的角度来讲,领导是如何看待那些能够提出自己想法见解的职场人的。有时候领导心中已经有了决策,如果这个时候员工能够提出不同的意见,就算没有最终被采纳,也能够为领导提供决策参考。在领导眼中,那些提出不同声音的人,工作态度是积极的,对待工作也是富有责任心的。同时通过那些意见和思路,领导也可以判断出员工的认知高度,以及是否有所成长,并在未来可能会对这些有想法的人委以重任。

给领导提意见一定要掌握分寸,语言是一门艺术,也可能成为一把匕首。善意的初衷,如果用错了表达方式,也会给你带来很多不必要的麻烦。这样的情况,在实际的工作中常有发生,尤其是在与领导的沟通中,很多人常常一不小心就得罪了人。

我曾接待过这样一位咨询者,他性格爽朗,工作能力突出,在职场上发展很快,领导很器重这个充满干劲的年轻人,两个人相处得也不错。后来项目越做越大,也常常会遇到一些困难,但是他与领导的想法有时候会产生冲突。他不止一次对领导说过"如果按这个方向,那我这后面没法干了。""你这种方法根本就不行。"

领导当时没说什么,但渐渐地就没再让他负责过大项目了。后来他找领导谈过两次，但是言辞激烈，彼此之间嫌隙越来越深。

当时他觉得自己是设身处地地为了公司的项目考虑，他拿领导当朋友，才不小心说了那样的话，可没想到领导这么小心眼。在他眼中，领导是个不讲究、不厚道、不惜才的人。而他自己是个性格直率，待人坦诚，踏实做事儿的人。可换个角度看问题，却另有乾坤。

很多人常常会把工作关系和朋友关系混在一起，并会因为这种融洽的关系放松了心里尺度，危险便悄然滋生。

无论领导多么和蔼，对你信任赏识，或是与你像朋友一般相处。在工作的时候，你们只是纯粹的工作关系。以“为公司好”的名义，毫无顾忌地对领导发出指责或要挟，就是亲手拆毁了彼此之间的信任。而那个糟糕的结果，你只能自己承担。

向上沟通就一定要听领导的吗？该不该坚持自己的原则？

有理有据，言之有物地向领导提出建议，也是工作职责所在。工作的目的是达成目标，而不是保全自我。每一位职场人都有责任，为了达成团队目标，提出优化建议。畏惧权威，这是一种愚蠢的行为。它不仅无法保全自己，也会阻碍你的职场发展，让你在领导心中成为一个平庸的人。

1. 先分析，再建议

和领导提出不同意见的前提是，你的想法要有价值。有理有据的想法，才值得发声。那些泛泛而谈的评议，只会浪费大家的时间。职场人可以通过以下几个问题，来判断自己的建议是否值得提出。

你的建议是不是能够开辟一个新角度？

你的建议结果预判是怎样的？

你的建议是否具有可行性？

你的建议投入产出比是怎样的？

通过以上几个问题，职场人能够对自己的建议有更全面的把握，可以清晰地判定自己的建议是否值得提出。

2. 根据领导的性格,选择提建议的方式

每个人的性格各有不同,而不同的性格又决定着不同的沟通方式。所以在对领导提出不同声音和意见时,一定要根据领导的性格适度地提出自己的想法。

语言的破坏力不可小觑,职场人无论在何种情况下,与领导沟通时都应该保持平和的态度,客观地沟通。

面对性格温和、接纳度较高的领导,直接提出自己的想法,讲明利弊即可。面对强势的领导,一定要有十足的把握,充足的论据,并委婉地提建议。面对多思多虑的领导,可能需要多次沟通,打消领导的疑虑和担忧。

总之,每一位领导的性格各有不同,职场人要针对领导的性格特点,选择恰当的方式提出建议,这样更容易被接纳。

3. 合适的时机,合适的场景,提出恰当的建议

提建议的时机和场景同样会决定提建议的质量。

一般而言合适的时机,指的是领导心平气和,并有充足时间考虑意见的时候。有些职场人会特别冒失地在领导生气的时候,或者是为另一件事情而忙碌的时候提意见。这种时候领导有可能会被情绪左右,而无法正视你的建议;又或者会因为忙碌其他紧急的时间,对你的建议没有足够的重视。

一般而言,合适的场景是两个人单独相处时。有些职场人常常会在有不同想法时就立刻提出,完全不顾及场合,甚至言辞激烈,这在无形之中就是质疑了领导的权威。

4. 提议前,做好被否定的打算

在提议前一定要做好被否定的打算,就算在你的眼中,自己的建议要远远高于领导的想法,也不要对此存在太多的期望。不同的视角以及不同的认知层次,会让我们对同一个事件有着不同的看法和决策。

有时我们无法领会领导的决策,并不代表着他是错的。一方面可能是我们的认知层次不够，另一方面也可能是不同的思维，对同一个事件作出了不同的选择。所以在有理有据提出了自己的建议之后，如果没有被采纳，那么就坦然接受领导的决策。

如何在沟通中充分了解领导

著名的管理学大家彼得·德鲁克曾经说过，提高效力的第一个秘诀是了解跟你合作和你要依赖的人，以利用他们的长处、工作方式和价值观来实现职业生涯的长足发展。

对于身处江湖的职场人来说，领导就是你长期合作并需要依赖的人，因此，要进行良好的“向上管理”，一个重要的大前提就是要充分了解你的领导。

了解自己的领导，最重要的一点，就是要看懂领导的真实意图。

在实际工作中，我们经常会看到很多人工作兢兢业业、积极上进，但却很奇怪地总是得不到提升，弄得郁郁不得志。如果我们去仔细地分析一下，或许就会发现，这些人得不到提升的原因，并不在于他不够努力，或者方法不正确，而是他们在进行工作之前，忽略了对领导真实意图的了解。因此，尽管做法和态度都符合标准，但却无法得到领导想要的结果。所以，这些人的努力和认真，最后只能变为无用功。

举个简单的例子：领导希望得到的业绩分析报告主旨是说明业绩做得“还不够好”，而你的分析却是说明为什么业绩如此之差。两者相比较，尽管分析的是相同的内容，甚至原因都是一致的，但是因为报告的写法完全不同，所以得到的结论也就完全不同。如此一来，你再有理有据地分析报告，在领导眼里，也不过是一堆废话而已。

诚然，想要充分了解自己的领导，掌握领导的真实意图，并不是那么容易的。如果把每天在职场上的表现比作是一场考试，那么，其中最难的一道题目可能就是了解领导的需求与心思了。不过，尽管如此，还是有一些小的技巧可以帮助到我们。

1. 多接触领导，给自己创造“上镜”机会

换位思考一下，如果我们是领导，会喜欢什么样的员工呢？当然是了解我们的，知道我们想做什么的，和我们合拍的。

这时候，你一定会给这样的员工更多机会去展示自己。因此，职场人若天天不接触领导，更遑谈了解领导的意图了。只有给自己创造更多跟领导交流的机会，学会每天或定期主动向领导汇报工作进程和工作想法，让领导知道你每天都在干什么，诚恳寻求指导和意见。这样，领导注意到了你，熟悉了你，才有机会进行深度捆绑与合作。

2. 了解老板的沟通模式

每个人习惯的沟通方式是不同的。有时候，沟通效率低下，可能仅仅是双方没有适应彼此的沟通方式，导致情绪失衡，在心情不好的情况下何谈事情的沟通。

有些人适应听觉型沟通。比起文字汇报，他们更喜欢口头上的汇报。这一类老板喜欢直接、显著的观点，语速稍快，而且讲话不拖泥带水。与这样的老板沟通，就需要提高自我口头汇报表达能力。有些人纵然心思缜密，但是想得再多，汇报时候口齿紧张，吞吞吐吐，听觉型老板几乎没有耐心等待汇报结束。这样当然无法顺利沟通。

而另外一群人则适应视觉型沟通。与其耳闻，不如亲眼所见。他们更喜欢看书面文字材料。这类人更加敏感、细心、沉稳，可能不需要快节奏的汇报，但是需要汇报的准确度和严谨性。一个口若悬河，妙语连珠的人遇到视觉型老板，若不能洞察对方的沟通喜好，有可能遭到厌恶，被认为是轻浮、聒噪的员工。此时，拿着整理好的文字材料，向老板一一汇报，会真正走到对方的心里。

当然，这些都是如何管理好沟通时对方的心情的方法。最重要的还是“后事情”。无论怎样的沟通，最终都是要拿出解决方案，再好的心情，遇到糟糕的方案，都无法形成高效的沟通。

3. 多察言观色，领会领导的弦外之音

Y姐在进入某公司之后，短短五年的时间内，就从公司最低一级的普通职员，一路升级到了经理职级。究其原因，和Y姐极善于察言观色的本事是分不开的。作为文秘的Y姐，本来就应该是领导的第三只眼睛，看到领导能看到的，也应该看到领导所看不到的。

上个月，公司原来的总经理得到升迁，公司没有在公司内部直接提拔员工补缺，而是新招聘进来了一个人接任总经理。面对这样一位对公司业务流程和内部工作人员各个方面都不够了解的总经理，Y姐知道自己要做的第一项工作就是尽快让总经理了解公司的一切。因此，没等总经理问她，她就主动向总经理递交了公司的运作情况和各个部门的主要负责人名单等。如果有人要约见总经理，她也会在通知总经理的时候告诉她自己对这个客户的了解，好让新任总经理能够更好应对；碰到难缠的员工过来惹事时，总经理的一个眼神Y姐就能心领神会，安静地将惹事之人请到别处……诸如此类，不胜枚举。就这样，Y姐凭借着她强大的察言观色的能力，得到了每一任领导的赏识。

对于职场小白来说，或许无法短时间地精进到这种境界，但是，只要稍微用些心思，就能很容易记住并识别领导一些非常有特征的表情及动作，从中作出相应的判断。因为人的眼神、表情及肢体语言总会在不经意间暴露出他的内心变化。要注意领导说话时的用词、声音、语调、口吻、节奏，甚至隐藏在其中的微妙的感觉，这些都是在传递一种特定的信息。提高听话能力和辨别能力，就是要能在各种语言和肢体状态中抓住要点，领会其中真正的潜台词。

因为很多时候，领导说出来的话并非完全是他的真实想法，要能做到听话听声。

4. 多进行沟通，掌握实用的沟通技巧

石油大王洛克菲勒说："假如人际沟通能力也是同糖或咖啡一样的商品的话，我愿意付出比太阳底下任何东西都珍贵的价格来购买这种能力。"由此可见沟通的重要性。

在实际工作中，没有不好沟通的领导，只有不会沟通的员工。因此，掌握一些必要的，与领导沟通的小技巧就显得格外重要。具体而言，任何与领导的沟通都要经历"明确意图—有效编码—充分解码—选准通道"四个步骤。

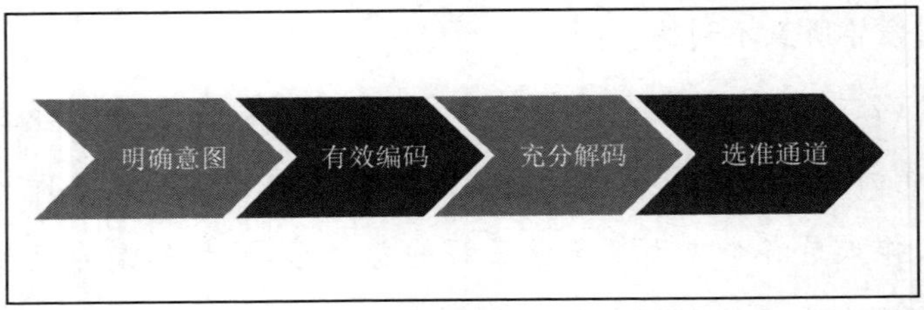

沟通四步骤

(1)如何明确领导意图。

首先，你要在平时多注意观察领导的关注点、喜好、背景信息等，逐步加深对领导的了解，通过量变引起质变，这样在日后沟通中才更容易领悟到领导的真实意图。

其次，平时要多思多想，领导交代一些比较重要的任务时，多问自己几个为什么。比如，领导安排你起草一份竞标策划，你就要在心里多问自己几个问题："领导为什么让我主要负责？"(找出领导看重你的地方并在这次任务中充分体现出来)；"领导为什么要进行这次竞标？"(摸清竞标的目的会更容易策划和执行)；"领导想要达到的效果是什么？"(领导的最终意图是什么)。多做这种问答题，会让你对领导的意图领悟得越来越准确。

最后，要在沟通结束前，确认意图。在领了任务，充分做了分析之后，沟通结束时一定要再跟领导确认一下意图。这是因为，之前的准备工作都是你自己的揣摩和推断，最后的确认意图环节既能帮助你纠正对领导意图领悟的偏差，也能让领导看到你思考的过程，在后续沟通中更容易认可和接受你。

（2）如何有效编码。

千万不要以为明确领导意图后就万事大吉了，你还要将对沟通结果的认识传递给领导，让领导感知到他的需求已被理解，这样双方沟通目标才能达到一致。

向领导编码、传递信息，要会换位思考，不是你以为的就是领导以为的，要站在领导的视角给他传递信息。比如，出差时你要帮领导订机票，因为是出行旺季，一票难求，你使出三头六臂的能耐，通过亲朋好友儿圈关系才帮领导抢到一张票，汇报的时候想强调一下你的苦劳，你若说："领导，这次票太难订了，我线上线下都刷遍了，还找了黄牛，也没整到一张票。没有办法，我托关系找了航空公司的内部人员帮忙，结果也没办法。后来……"还没说完，领导解码的是你没订上票，就会批评你怎么不早订还这么多借口，根本不会在意你前面说的辛苦。但是，站在领导的视角，你若说："领导，您的机票订好了，具体信息已发到您手机上。不过这机票还真不好订……"这样编码后，领导能感知到他的需求已实现，也会认可你的用心。

（3）如何充分解码。

以上都做完后，接下来在接受领导的信息时，就要学会充分解码。这时候要把握三个关键点。

一是要学会倾听领会。特别是在跟领导沟通时，领导布置工作任务和发表意见，要注意好好地倾听和记录，不要中间打断，也不要急于就自己的困惑和疑问进行发问，先都记下来，等领导把话说完后再统一确认。

二是要会梳理组织。很多时候，领导布置的工作或讲话的重点比较多，当时并没有办法完全领会和消化，事后一定要将记下来的东西重新梳理和组织，形成明晰的脉络。

三是要会复述确认。前两步你都准备好后，将你的理解再给领导复述一遍，得到最终确认。

通过以上三点你就可以充分解码了。

(4)如何选准通道。

沟通通道的选择直接关乎最后的沟通效果,这就要弄清楚领导的沟通类型。如与控制型领导沟通,要求做事干脆利索,不拐弯抹角,无关紧要的话少说;与互动型领导沟通,要和平友善,当面沟通,开诚布公;与实事求是型领导沟通,要直截了当,对细节要详细阐述,直接谈他们感兴趣而且更具实质性东西。

通过应用以上这些技巧,我们可以在工作中逐步加深对领导的了解,快速掌握领导的内心想法和要求,从而调整自己去适应他们的风格和需求,为自己今后的发展奠定良好的基础。

如何说服领导

每个人在职场生涯中都可能会碰到与领导想法不一致的情况。遇到这种情况时,你又是怎么处理的?是直接听从了领导的决策,还是会为自己的想法,再做争取?

如果你认为自己的想法或者方案有价值,那么又该如何才能说服你的领导?

面对这种职场常见的问题,每个人的想法和做法各有不同。

咨询者方先生是个耿直又敬业的人,也很有责任心,工作经验丰富,但是在这家新公司里,工作并不顺利。

在工作中,但凡涉及他的专业领域,他都会直言不讳地提出自己的想法,无论是对同事还是对领导皆是如此。但是他的想法和建议常常不被采纳,这让方先生很有挫败感，他甚至感觉领导在有意打压他。方先生一直都想不通，为什么他的建议和方案更具有可行性，但却很难打动他的领导。

对于当下这种情况，方先生将其归结于领导是一个强硬派，是一个不愿意听取他人意见的人。

任何沟通都需要讲求技巧，而说服领导这种高难度的沟通，更需要讲究方法。

职场人都需要明白，在与领导存在不同意见时，说服领导并不是为了证明自己比领导更出色更有主见。它并不是一次一争高下的辩论或对垒，而是一种为了实现共同目标的共赢。

在这个沟通中，你可以不断地学习和发现领导的长处，弥补领导的短处，进而与领导形成一种相互依赖彼此信任的协作关系。

当你无法说服领导时，也许并不一定是领导的态度强硬或独断专行。在此时，职场人更应该自检，是否是自己的原因阻碍了向上沟通。

很多职场人在工作中无法说服领导，常常存在以下几点原因。

(1)忽视沟通技巧。

很多人常常认为，在沟通中要就事论事，只要条理清晰，有理有据，领导便会接受自己的想法。但在沟通中，常常有一些非理性的因素会影响沟通的效果，让沟通结果产生质的不同。

(2)没有拿捏好态度。

很多人在与领导沟通时一开始便表明了立场，态度强势，语气强硬，甚至咄咄逼人，没有给彼此留出回旋的余地，糟糕的态度往往会让领导产生强烈的反感。

(3)急于求成。

说服领导并不是一件容易的事情，在你完成了自己的表述之后，需要给领导留有充足的时间考虑。有些时候说服领导并不是一蹴而就的，而是需要一个循序渐进的过程。并在这个过程中，不断丰富和完善自己的观点和论据，让领导能够全面深入了解你的想法。但往往在职场中,很多人在初次沟通被否定后,认为领导不认可便止步于此。

本质上看来,说服领导其实是一个促成决策的过程。

领导决策是指为了解决重大的现实问题,通过采用科学的决策方法和技术,从若干个有价值的方案中选择其中一个最佳方案,并在实施中加以完善和修正,以实现领导目标的过程。因此想要说服领导,促使领导完成领导者决策,最科学有效的方法是从领导者决策要素着手。

1. 决策者

决策者是决策活动的主体,而决策者的素质、能力、水平等直接影响着决策结果。决策者想要说服领导,就一定要充分了解领导的决策类型,并根据其特征,有的放矢地引导决策。

从心理特征来讲,决策者大致可分为三种类型。

(1)果断行。此类型的决策者,思想高度集中,反应力敏捷,能够对信息进行迅速地消化和吸收,运用经验,对未来作出预测和推演,在较短的时间内作出明确的指令。面对此类型决策者,职场人应该在沟通之前做好充分准备,为决策者提供充分的决策依据,并提炼出决策要点,使决策者能够在短时间内对你的想法,有全面深入的了解,并做出判断。

果断型决策者在决策时果断迅速,因此职场人一定要抓住短暂的决策时机,在为决策者提供想法和方案的时候,除了论据翔实,更要抓住重点和亮点打动对方。

(2)顽强型决策者。此类决策者对决策内容有很强的韧性,一旦做出了判断之后,也很难动摇。面对此类型的决策者,职场人一方面需要从多个角度向领导提供决策依据。另一方面,要格外地注意沟通态度和沟通技巧,应当以提建议的方式运用假设或者商量的语气,委婉地表达自己的观点和看法,避免引起对方心理上的反感。同时,如果想法和方案没有足够强的说服力,那么此类领导会很难说服。

(3)多虑型决策者。此类决策者在决策时往往具有深思熟虑、沉着稳健的特征,他们常常会在决策中三思而后行。职场人若想要说服此类型的领导,则需要付出更多的耐心,逐步打消领导的疑虑和担忧。

2. 决策目标

在职场中,任何活动都要目标先行,决策目标即是决策所要达成的目的,它能够为决策指明方向,并为行动方案提供衡量标准。因此,职场人说服领导的最初应该明确沟通目标,确定自己的方案目标,与领导的一致性。如果目标是正确的,那么说服领导才具有可行性和可能性。职场人可以通过提问的方式,了解并明确领导的最终目标。

3. 决策备选方案

领导者决策其实就是一个选择方案的过程。为了获得最优决策方案,决策者会将备选方案,进行比较鉴别,并选出可行性较高的方案。因此,职场人想要说服领导,就一定要着重打磨方案的可行性。尽可能地运用充足的数据,并依照清晰的逻辑进行推演让自己的方案有理有据,更具有说服力。

此外,职场人可以模拟领导对已存在的多种方案,从不同的维度进行对比,进行自我评估,找出自己方案中的劣势,并将之不断强化。

4. 决策情势

它主要指的是决策环境。决策环境包含了空间环境和心理环境。因此职场人在说服领导时一定要充分地考虑环境因素,以及领导的情绪变化,把握合适的时机。避免因为决策环境不当,而对领导决策产生消极影响。

5. 决策后果

一切决策活动的目的都是获取最优的决策结果。因此,决策者在决策之前会对方案中的最终解释、实施后果,进行客观公正的预测和评估。决策后果也成为决策者选择方案的重要依据。因此职场人在说服领导的过程中,一定要预演决策结果。并通过合理的逻辑和客观的语言、图文、数据等形式表现出来,能够让领导作出迅速准确的判断。

(1)明确初衷。想要说服领导,不是为了证明自己,而是为了更好地达成目标。你认为领导的观点不正确,这并不意味着领导的想法就是错误的。所以当你和领导提出不同想法的时候,一定要保持理智,避免与领导针锋相对。

(2)沟通语言。在沟通语言中,不要直接否定领导的想法,要肯定领导想法中自己认可的部分,再以提建议的方式提出自己的想法。同时在沟通语言中可以用"我们"作为主语,淡化个人角色。让领导感知到你是在商量探讨,共同面对问题,而不是提出反对意见。

(3)尊重领导。在说服领导的过程中,一定要注意自己的沟通语气,心平气和地表达自己的想法,维护领导的尊严。

(4)以讨论的方式引导领导。说服领导并不一定要直接提出异议,提出自己的观点。职场人可以通过提出问题,引导领导思考方案的优缺点,并在过程中与之探讨,循序善诱地表达自己的想法,这样的方式更容易让领导接受。

(5)换位思考。立场不同,每个人看问题的角度也就不同。职场人在与领导发生分歧,想要说服领导的时候,一定要学会换位思考,从领导的角度去理解领导的决策。有了换位思考,职场人在说服领导的时候,才能更清楚领导的需求以及顾虑等。

(6)制造选择。在说服领导的沟通中,职场人可以为领导提供多个决策选择,一般而言,在对比选择中,人们会更容易做出决策。

(7)掌握尺度。说服领导时表达一定要简洁清晰,既要让领导了解全面的情况,也要让领导能够清晰地挑出重点,看到亮点。切忌毫无意义的反复重申,否则一旦陷入僵局,只会惹恼了领导前功尽弃。要给予领导充足的思考和决策时间,就算领导最终没有采纳,也要给予充分的理解和支持。

向上管理如何把控情绪

情绪是我们生命中的一部分，并随着各种事件的发展跌宕起伏。向上管理中的管理者与被管理者，都可能会因为职场中的各种事情而产生情绪。一旦情绪产生之后，职场人没有及时地进行正确的管理，很容易对向上管理造成消极的影响，失去领导的信任。

咨询者贺小姐差一点就因为领导而离职。贺小姐入职现在这家公司有半年时间，一直以来与领导工作都很合拍。贺小姐创意性很强，她的方案也常常成为被表扬的标杆。在这样的鼓励下，贺小姐的工作劲头很强，并深受领导信任。

后来有一次，领导因为一个重点项目竞标失败而大发雷霆，这个项目的失败，源自一个同事一个很小的疏忽。

何小姐去提报方案时恰好赶上领导正在气头上，领导简单地翻了翻方案，就提出了质疑。语气中带着不满，贺小姐一一作答，但领导似乎并不满意，将方案拍在桌子上，大声质疑，“你这写的什么东西？连客户的基本诉求都没有弄清楚，这几个部分这么写合适吗？”随后又训斥了几句之后，才叫她出去。

贺小姐感觉很郁闷，也很委屈，因为这方案是上一次开会后按照领导的要求去写的，到头来又被他痛批一文不值；明明是另一个同事犯错，却无故地迁怒于自己。一连好几天，贺小姐都郁闷极了，做什么也提不起精神，与领导沟通时，有了很明显的疏离感，生怕一不小心又遭到了批评。

贺小姐的经历，可能很多职场人都曾经历过，甚至是遭受更大的委屈。再优秀的领导，甚至是企业家也都有脾气暴躁和员工拍桌子的事，就算是那些追随他们多年的员工，也随时有可能被骂得狗血淋头。

有情绪的职场才是现实的、真实的。但如果情绪不加以正确的管理和疏导，就会很容易成为向上管理中的障碍。

在向上管理中如何做好情绪管理，应当重点从两方面出发。一方面是自我情绪的管理，另一方面则是对领导情绪的应对。

1. 自我情绪管理

(1)明确自己的真实感受。

情绪是人对客观事物态度体验以及相应的行为反应。当情绪产生时，很多人无法判断自己真正的情绪感受，往往会沉浸在自己的情绪中，并不会有意识地去分析情绪产生的根源，寻求解决办法。

职场人应当明确，在任何时候都要树立解决问题的思维。尤其是当自己被情绪困扰的时候，更应该明辨自己的真实感受。分析情绪的来源，找到问题的关键，并逐一解决，才能够把自己从糟糕的情绪中解脱出来。

当你产生情绪时，可以试着从以下几个方面提出问题，来明确自己的真实感受。

自己的期望究竟是什么？

这件事真的足够重要么？

它的眼前的价值和长远的价值有多少？

情绪产生的主次原因是什么？

有哪些是来于自己？

有哪些事来源于客观环境？

对于当下的状况该如何处理才能朝着自己期望的方向去发展？

在这些负面情绪中是否有可吸收的经验？

通过上述的问题，职场人可以进行深度的思考，明确情绪产生的原因，解决方法，改进策略以及可吸收的经验，等等。在这样的思考过程中，不仅会锻炼思考能力，也能够让自己冷静下来，变得更加理智。

(2)接纳情绪，解读情绪信号。

情绪是我们生命中的一部分，每个人都无法控制它的产生。所以，管理情绪的第一步,便是应该学会接纳自己的情绪。例如,你的领导冤枉了你,或无故地迁怒于你。这个时候,每个人都会感觉到委屈和愤怒,它是一种极为正常的心理反应,所以当它产生时,便要接纳它。并用适当的方法疏导并管理这些情绪,使它不会再作用于自己,做出过激行为,破坏向上关系。

此外职场人还需要明确,焦急的情绪并不一定全都是负面的,它同时也会给我们提供一些正面的思考,明白自己需要改变,或者是在认知或行为方面需要提升。例如,在给领导提报方案时,领导总是无法满意。这可能会让人觉得很焦虑,但它同时也可以让我们产生思考。要如何改进自己的方案,学会换位思考,明确领导究竟想要一个怎样的方案。

(3)寻求最优经验,解决情绪问题。

情绪一旦产生而不加以管理和控制,很容易酿成糟糕的后果。所以当情绪产生时,要选择一个最优方案来疏导,或解决这些情绪。

这些方案一方面来自我们过去解决问题的经验,另一方面来自我们从外界学习的方法。

假如你因为领导的批评而感到沮丧,那么便可以试着回想一下,你曾经是否有过此类的情绪体验;当时自己又是怎么解决的;这经验有哪些部分可以用来帮助你调整现在的情绪。带着过去成功的经验,再去面对这些情绪问题时,你便拥有了自信和方法。

从另一方面来讲,如果曾经的方法不奏效,那么可以学习身边的人处理情绪的方法。或者是从一些成功人士的经验里,寻找适合自己的解决情绪的方法。例如有的人会选择去听一些专业人士的课程,也有一些人会听一些励志演讲,或者像贺小姐一样,找专业的职业咨询。通过多种多样的方法,都可以学习到一些优秀的经验,并用在自己的身上。当这些经验能够在你的身上发挥效用,会成为你个人经验中的一部分。

2. 如何应对领导的情绪

每一个职场人都可能会面临领导各种各样的情绪。而情绪是会传染的,这个时候如果你不懂得如何去应对领导的这些情绪，很可能会在这种消极情绪的影响下，产生自我怀疑。所以当领导产生负面情绪的时候，作为员工应该懂得分析领导的情绪，并做出正确的回应。

在面对领导的情绪时，一般会有两种情况，一种情况是领导的情绪来源于自己，因为自己做错了某些事情，让领导感到愤怒；或者是因为自己的失误，使项目陷入巨大的困境，让领导焦虑不安等。这个时候正确的做法是要坦然地接受领导的批评，不要因为领导的怒火，而怀疑自己的能力，陷入沮丧的情绪中，进入一种恶性循环。

反思自己的错误，并向领导深刻的认错。一定不能是逃避责任，或掩盖自己的错误。任何无意义的解释和掩饰，都只会加剧领导的怒火。此外，还需要寻找问题的根源，提出解决方案并执行，尽最大能力去弥补和解决问题。就算是被领导误解或误会，或是毫无理由地批评，也同样不要在领导的情绪风口做出过激的举动。学会忍耐，保持清醒和理智，并在领导情绪恢复平静之后，寻求最佳的解决方案。

另一方面，领导是因为个人原因或者是其他原因而产生了愤怒、焦虑、沮丧等情绪。

如果领导陷入了沮丧，那么尽可能不要去打扰他，如果这个情况持续了很长的时间，影响到了团队的士气，你可以通过关心的方式了解领导发生了什么事情。如果领导遇到了什么困难，在能力范围之内尽可能地去提供帮助。

如果领导感到焦虑，作为员工应该积极地给予支持，而不能在背地里讨论领导的八卦是非。

如果领导正因为一些其他的事情而感到愤怒。那么一定要避免在这个时候与领导沟通，尤其是一些可能使领导产生疑问的工作。避免成为领导发泄愤怒的对象。如果一定要进行沟通的话，尽量选择重点，或是有把握的内容，以简洁的方式进行沟通。

转换语言，进入高效轨道

语言是一门艺术，也是一门学问。会说话的人往往在职场中能够游刃有余。

在同样一种情况之下换一种表达方式会呈现出截然不同的效果。尤其是在向上沟通中，善于转换沟通语言，能够让你进入高效发展的轨道。

在职场上很多人常常会把自己未能达成目标，或者是没有获得机会，归结于自己的领导太过强势，或者是领导的选择没有倾向自己。当面对糟糕的结果时，会非常委屈地抱怨。

咨询者周先生跳槽比较频繁，每一次都是与公司和平分手。他之所以频繁跳槽，并不是因为对工作的福利待遇或者是工作环境不满意，而是一直都希望自己能找到一个合适的平台，充分发挥自己的能力和创意。

其实当时听到周先生的情况，我有一些诧异。因为他当时正打算离职的这家公司，正在筹划产品营销推广活动，此类的活动就需要一些创意内容，周先生完全有机会发挥。周先生的解释是，这个项目几次策划会议，领导在几个工作组里抽调了几个人，但是并没有叫他。周先生认为，领导如果需要他，就一定会叫他，那么项目提案会议没有叫他，也必定表示了这个项目不需要他或者是不想给他这个机会。

虽然什么都没有发生，但在心理上，周先生已经认定了自己被拒绝了一次。

职场中，不是所有千里马都能遇见伯乐，不是所有员工的情况都能被领导悉知。

等待分配机会的员工，常常会与机会失之交臂。最后没有获得自己想要的结果，便会产生一种委屈的心态，觉得自己怀才不遇，不被看重。

在竞争机制占主导的职场里，怀才不遇大都是因为自己堵上了发展的出路。所以想要赢得机会，那么你一定要先学会向领导表达自己的需求，而不是事后抱怨。敢于发声,提出需求,是实现向上管理的基本前提。

除了敢于发声,更要懂得正确的发声,用恰当的语言,表达出自己的需求。管理者有它的需求,作为员工也同样有着自己的需求。让需求精准对接,充分合作,才能达成目标,实现共赢。那么这个让需求精准对接的过程就是向上管理的过程。

在职场中,当各种各样的需求没有通过精准的语言通道传达出去,便会拥堵在自己的心中形成了抱怨。

我们常常会听到这样的声音。“领导把目标定得太高,太难完成。”这样的表达其实是希望领导能够将目标合理化。“甲方真的太不靠谱了,又修改了方案。”这句话的背后其实是职场人在工作中遇到了困难,希望能够得到领导的帮助。

像这样的例子还有很多,职场人将自己的诉求,藏在了这些质疑或吐槽中。但从领导的角度来看,这些员工更多的是在抱怨自己的处境或者是自己遇到的难题,并没有提出真正的诉求,甚至会给领导留下一种糟糕的印象。

当双方的需求无法精准对接时,在工作中的配合度也会大大降低。所以职场人如果想要实现向上管理,获得更多的资源和机会,一定要清晰领导的需求和自己的需求。

领导所需要的是能够解决问题达成目标的人,员工正是那个解决问题达成目标的人。就算在执行的过程中遇到了困难,那么适时地提出自己的困境和想法,领导则会给予相应资源的倾斜和帮助,最终达成目标。

1. 如何提出自己减少工作量的需求

在工作中常常会出现这样一种状况,领导会临时给你增加一些紧急的工作。但这样一来就很可能让你的工作内容超负荷。如果勉强应承,很可能会压缩工作质量,而一旦结果不满意,没能达到领导的预期,也只能自己承担后果。而当你在这个时候才提出自己的工作强度超负荷,却并不能够为你开脱责任,反而可能会让你的领导更加恼火。

但如果在领导交代任务之初,便直接指出自己无法完成这些工作,同样也会给领导留下逃避工作的印象。

这个时候，建议职场人可以这样表达，首先你需要表示了解这件事情的重要性；然后再将自己这项新任务，按照重要程度和截止时间进行排序。这样一来便可以不着痕迹地让领导了解自己的工作量。

如果其中有内容在执行时间上发生了冲突，自己没办法同时完成两项或者多项工作。那么便要适时地讲明情况，由领导决策，修改完成时间或者是将其中一部分工作交给另外的同事。

2. 如何向领导表达自己无法达成目标

在工作中如果遇到自己的工作能力无法达成任务的时候，直接地表达自己无能为力，或者是自己做不了，不可能实现等，会让领导觉得你是在推卸责任，或者是没有担当，不愿意挑战难题。

这个时候，你需要向领导表明自己目前做这件事情，可能还存在一定的难度。提出完成这项工作，需要公司提供哪些支持和帮助才能够达成，并对这件事情的投入产出比进行分析，让领导清晰看到利弊，以供领导决策。

这样一来，你把决策权交给了领导，领导不会觉得你是一个喜欢逃避责任的人；你是从公司的利益角度出发，对这件事情进行权衡，而不是顾及自己的利益，这会让领导觉得你具有大局观。

3. 遇到棘手的难题该怎么办

每个职场人在工作中都会遇到棘手的难题，它可能来自客户不靠谱的要求；可能是来自同事不配合；也可能是来自一些错误和疏忽，或者是不可抗力。

任何难题的产生都有千千万万种理由，也容易滋生烦躁、沮丧或气愤等多种多样的情绪。但情绪对于难题来说毫无意义，吐槽和抱怨也同样只能展示你的无能。面对难题时，需要做的只有一件事，那就是解决这个难题。

解决难题的条件有两个：资源和方法。带着方法求资源，则是最佳的解决途径。

职场人可以表达自己在某项目中遇到了怎样的难题，言简意赅地让领导了解最真实的情况。并提出自己的解决方案、备选方案、预计达成的目标，以及达成目标所需要的资源。以请求帮助的方式向上提出需求。

这样一来你没有把这个难题抛给领导，而是把它当作自己的事情来完成，会让领导觉得你是一个很有责任心的人。

通过你的方案思路，领导可以看到你的深度思考，以及你解决问题的能力和潜力。而通过这样的锻炼，你有可能在未来获得更多的发展机会。

就算你的方案最终没有被采纳，但是在领导心中，你会是一个态度积极，乐于解决问题的人。如此一来，难题不但没有阻碍你工作的进程，反而会成为你展示自己的机会。

在语言沟通中删除 6 个“不”

沟通是一门艺术，用错了方法，就很有可能断送自己的前程。

在现在的职场中，都较为提倡直接的沟通方式。但职场人应当明确的是，直接并不意味着口无遮拦，而恰恰是需要深思熟虑，用精准简练的语言进行高效的沟通。

尤其是在与领导沟通中，一定要掌握沟通技巧。一次精准的表达，可能为你赢得一个发展的契机，而一次错误的表达，则会断送你的前程。

咨询者程先生在一次项目中与领导发生了分歧，程先生工作能力强，而且很有想法有创意，一直深受领导的器重。在去年年底的大项目中，领导任命程先生为此次项目的负责人，并且有意在完成项目后提拔他。

但是在项目执行过程中，对于项目的方向把控，程先生与领导产生了分歧，他认为领导的决策方案可行性不高，实现难度大。程先生便对领导说，“你这种想法根本做不到。”最终僵持不下，领导换了其他同事去执行。程先生事后找到领导，进行了恳谈，解释自己当时只是心急，但的确是在为公司着想。担心领导决策的方案风险太大，给公司造成损失。领导表示了理解，也没有说他什么，但彼此之间产生了嫌隙，程先生最终还是失去了领导的信任。

无论你的领导对你有多么的信任，甚至能够与你像朋友一样相处。但这并不意味着你与领导沟通时，就可以无所顾忌，任何事与领导沟通都需要注意分寸。

并不是领导所有的要求，都不能拒绝，但是在职场中若想要获得领导的信任，一定要删除这几个“不”。这不仅仅是一种沟通技巧，也是一种工作态度。

1. 这不是我的职责

每个人的职场中都可能会碰到一些不属于自己工作职责范围之内的事情。那么这些事情是否应该去做?

面对这样问题的时候，很多人会说这不是我的职责。在现实之中，任何一个公司在发展中都会出现一些预料之外的新状况和新问题，如果每个人都认为这不属于自己的工作范围，那么这些工作究竟该归属于谁? 公司又该如何取得进步?

同在一个公司、一个团队，就有义务为共同目标去努力。作为一个员工，这些任务也许在你的工作范畴之外，但作为团队的一员，这却是每一个成员都应该需要尽的义务。

那些给出否定答案，将任务划分在自己工作职责之外的员工，在领导心中会留下没有上进心的印象。作为领导也不会愿意去培养这样的员工。

除此之外，这些额外的任务其实不仅仅是给你增加一份工作，也很有可能会给你带来一次发展的机会。

精明的职场人在面对这样的问题时都会尝试去做，并在实践中去摸索这份任务的价值。再适时地找机会与领导探讨它的归类划分，合理地安排这些任务。

2. 这不是我的错

任何一个值得信任的人,都必须有一个基本的素养,那就是责任感。

在错误发生时,领导更渴望得到的是解决方案和补救方案。但很多职场人,往往会在这个时候不自觉地说道“这不是我的问题”“这不是我的错”,忙于从责任中解脱出来。殊不知,这样的做法只能让自己陷入更大的麻烦。

也许错误本身并不会让领导感到反感,但推卸责任一定会让领导心生不满。当你以为自己,从一个麻烦中解脱出来的时候,也许正因此而错失了一次发展的机会。

正确的做法是,当一个糟糕的结果发生时,无论这个错误来源于谁,首先要想到的是如何解决。作为一个员工,应该及时地向领导汇报情况,并从自己的角度提出解决方案,尽可能地在解决问题的过程中发挥自己的长处。

3. 这个我不清楚

在与领导的沟通中遇到自己能力或者知识所没有涉及的问题,很多人会习惯性地回答说“我不清楚”。

的确,不懂装懂很容易误事,但是草率的回答一句“我不清楚”同样也是糟糕的表现。一句话直截了当地否定了自己的能力,也表现出了你不知进取的心态。正确的做法是,先向领导表达自己,对此了解不深,并承诺一个时间去搜寻信息,然后给领导回馈答案。

在当下这样一个信息发达的时代,任何一个问题,都可以通过多种方法获得了解。也许我们无法在短时间内,成为一个专业人士,但是通过调研和学习,也能对不知道的事情有所了解。将自己所了解的内容有条理地呈报给领导,可以在某种程度上给领导提供一些决策依据。而对于自己来说,这也是一次学习和成长的机会。

4. 这绝对不可能

每个人都有着自己的认知界限,当领导提出一些观点想法的时候,就算你当时认为他是不合理的、不可能的,也不要草率而绝对地回复。

一方面,这样的说法是质疑了领导的能力和智慧;另一方面,自己狭隘的认知,很可能欺骗了自己,做出错误的决断。

在社会各个领域中,很多奇迹以及创新,都源自人们勇敢地打破了很多的不可能。而否定了一些事物的可能性,同样也是否定了自己成长的可能性。

面对这些自己认为不可能的事件,应该马上去求证,或者是去尝试着探索。在这个求助的过程中,便会不断提升自己的认知,获得新的突破。同时,你积极的态度,更会获得领导的欣赏。

5. 这个我做不了

在职场中,我们总会遇到一些自己能力或者是时间不允许的事情。很多人会习惯性地开口,向领导表示自己做不了,或者是做不到。

但其实无论是能力还是时间条件产生了限制,都还是有其他的解决方法。

在面对难度大,自己能力不及的任务时,其实正是自己成长的机会。职场能力就是解决问题的能力,简单的事情也许人人都能做,而能够攻克难题的人才具有更高的价值。

领导在安排工作的时候,一定是有所考量的,一定不会无缘无故地将一个根本不可能完成的任务交给员工。那么面对这个难题的时候,职场人应该学会提升自我,试着将难题分解成多个小问题,再一一解决。如果在过程中遇到了自己的确无法解决的困难,也可以向同事或领导求助,协同解决问题,而不是退缩和拒绝。

如果是在工作时间上存在冲突,可以与领导充分沟通目前任务的轻重缓急。将一些重要紧急程度不高的事件,排在后面或延迟完成。

6. 这不公平

职场不是完全透明的,它的公平也是相对的,每个人在职场中都可能会遇到一些不公的事件。

也许是你付出了努力,却没得到相应的回报。也许是你的善意却被别人误解,也许是你的善良,让你无故背锅。

职场有风雨,也有彩虹。没有人能在职场中不受半点委屈,所以在面对一些不公的事件时,不要急着去质疑领导的不公。恰恰是因为这份不公,你要付出更大的努力,去为自己赢得机会,走进那片相对公平的领域。

任何抱怨都无法对抗职场的规则,唯有行动和努力,才会让你变得更强,让领导看到你的价值,你便会成为机会的不二选择。

第九章

人人都是管理者

管理并不是领导的专利

究竟何谓管理?

斯蒂芬·罗宾斯给管理的定义是:同别人一起,或通过别人使活动完成得更有效的过程。

"科学管理之父"弗雷德里克·泰罗认为:"管理就是确切地知道你要别人干什么,并使他用最好的方法去干。"在泰罗看来,管理就是指挥他人能用最好的办法去工作。

彼得·德鲁克认为:"管理是一种工作,它有自己的技巧、工具和方法;管理是一种器官,是赋予组织以生命的、能动的、动态的器官;管理是一门科学,一种系统化的并到处适用的知识;同时管理也是一种文化。"

管理没有统一的表述,也没有绝对的定义,同样管理也并不是领导的专利。

领导是运用管理者思维,进行向下管理,并达成目标。而员工同样也可以运用管理者思维,进行自我管理和向上管理。

在我的职业咨询案例中有一位胡小姐,当时她跳槽到一家大公司,担任总经理助理。公司的福利待遇很好,发展前景也不错,但这份工作的难度也不低。胡小姐的领导是一位非常强势的领导,在她之前已经先后有三位助理离职。这样的情况也让胡小姐有些紧张,不知道该如何与这位新领导相处。

我给出的建议并不复杂,"管理"二字即可解决所有问题。管理好自己,然后管理好领导。

管理好自己的工作是一切的基础,这里所提到的管理不仅仅是完成领导安排的工作，还需要通过管理，找到实现目标的最优路径，提高工作的效率，并尽最大能力让工作做得妥善，超出领导的预期。

管理领导即是向上管理，其重点在于运用管理者的思维去思考领导交代的每一项工作，有意识地积极配合领导工作，从而对领导的行为产生积极的影响，而获得更多的利于自己的良性的职业发展机会。

后来，胡小姐的工作很顺利，而且进步很快，这一切都要得益于她在工作中不断建立起来的管理者思维。

每个职场人都曾经或正在经历着员工的角色，从基层员工一步步地奋斗，才能实现发展。但若想要未来能够实现高效的成长，管理者思维是必备条件。

从内在的成长来讲，拥有管理者思维，能够让职场人拓宽思维，提升认知层次。

从外在成长来讲，拥有管理者思维，能够帮助职场人更深入地了解领导的思路，实现高效的向上管理。

从人生发展角度上来讲，具备管理者思维的人更能够管理好自己的职场，掌控职场发展的航向。员工思维只能让我们赚取一份劳动报酬，而拥有管理者思维，才能够让我们赚取未来。

管理者思维并不是只要假设或代入角色即可获得，而是要通过提升自己的综合能力，提升自己的认知，通过不断积累才能够到达的思维水平。

1. 管理者都需要具备哪些能力

在任何组织中，管理者都需要具备一定的管理技能。著名管理学学者罗伯特·李·卡茨列举了管理者所需的三种素质或技能，海因茨·韦里克博士对此进行了补充。综合来说，管理者需要具备的素质或管理技能主要有以下6项。

(1)技术。

这里的技术主要是指工作能力。它是指对某个特殊活动，特别是那些包含方法过程，程序或技术活动的理解和熟练。在普遍意义的职场上来讲，就是职场人应该提升自己的工作能力，不断地增强自己的核心竞争力。

(2)人事。

人事技能一般是指管理者为完成组织目标，应具备的领导激励和沟通能力。作为员工也同样应当以此为目标，提升这几项能力，就算在工作中自己的角色是一个被管理者，那么也同样可以转换思维，以领导者的思维去管理自己，进行自我激励等。

(3)思想。

是统揽全局判断出重要因素，并且了解这些因素之间关系的能力。职场人若想要提升自己统揽全局的能力，一方面需要拓宽自己的思路。运用多元化思维，通过多个角度审视问题，跳出自己的局限性。同时也要通过不断学习提升自己的认知水平，使自己能够站在更高的角度看问题。

(4)设计。

这是指以有利于组织利益的种种方式解决问题的能力。职场人要尽职尽责地履行自己的义务，解决工作范畴之内的问题。同时也要试着挑战难题，提升自己解决问题的能力。

(5)概念。

它是指一种洞察既定环境复杂程度的能力，和减少这种复杂性的能力。简单来说，他需要职场人能够洞悉事物之间的关联性和本质，并权衡协调各方面的关系，以及不同方案之间的优劣和内在风险。

(6)人际。

也就是处理人与人之间关系的能力。作为管理者，必须具备这样的能力才能够组织好团队关系。而作为职场人同样也需要锻炼这种能力，才能在职场中实现顺畅的沟通，达成工作目标。

2. 如何管理好自己的职场

(1)管理好自己的成长路径。

著名管理学家德鲁克把人的成长分为“内在的成长”和“外在的成长”。所谓的“内在的成长”是，人首先是自己内在能力和做事情的技术在成长。对于职场人而言就是做好自己的本职工作，并将自己的能力深化、提升。

而当个人具有较强的能力，并可以把事情做好时，就会得到组织的赏识，得到晋升和提拔。职位和任务的变化就意味着获得了“外在的成长”。

德鲁克把一个人的职业生涯成长比喻为一种螺旋式循环上升的过程。最开始的起步是“专注工作”，专注工作的目标是“胜任工作”，而能够胜任工作，就意味着可以“负起责任”。当个人能够熟练地负起责任之后，就会再上一个台阶，内心开始“拥有自信”，这是一个层层递进不断上升的关系。

所以，“专注工作”“负起责任”和“拥有自信”，被德鲁克称为职业生涯循环中的三个核心要素。职场人若想要实现自己的职业发展，就是把德鲁克循环不停地运转起来，在此过程中获得更好的发展。

因此对于一个职场人而言，实现螺旋式上升发展的关键在于，能够专注于工作，胜任工作。

(2)管理好外部发展环境。

人在职场的终极目的，都是为了实现自己的价值，获得更好的发展。那么在这个发展过程中，除了受自身条件的约束，同时也会受到外部环境的影响。其中一个重要的外部环境就是自己的领导。

领导掌握着公司的资源，如何才能够让这些资源向自己倾斜，帮助自己实现职场发展？换个角度考虑其实就是，领导更愿意把资源倾向于什么样的人。

有能力的人：在职场上能力越强的人，能创造的价值就越高。因此想要获得更多资源倾斜，就需要提升自己的核心竞争力，成为领导的得力助手。

靠谱的人：管理者在决策过程中，一定会考虑风险性，他们会更愿意把公司的资源和机会，投入到那些做事稳妥，有责任感，能够让他们放心的人手中。

工作合拍的人：除了工作能力之外，工作方法和工作模式，同样可以让工作结果产生质的影响。作为领导，在资源投放时，会更倾向于那些与他工作和配合度高的人。

帮助领导解决麻烦问题的人：在职场，工作就是要解决各种问题达成目标的过程。没有一个领导会选择一个制造麻烦的人，所以职场人在工作中要不断地提升自己解决问题的能力，帮领导解决麻烦，更容易受到领导的青睐。

毫无规划随心所欲地行走职场,只会让你越走越迷茫。管理并非领导的专利,想要走稳职场的人都需要具备管理思维,它会让你站在更高的视角看职场,让你拥有更宽阔的视野,帮助你在职场成长中乘风破浪。

Less is more(少即是多)

“少即是多”是德国现代建筑大师路密斯·凡德罗提出的建筑设计理念,现代建筑史上最为经典的名言:less is more。

“少”不是空白而是精简,“多”不是拥挤而是完美。它通过精简,而使建筑达到一种完美的状态,成为一种艺术。

less is more 也可以应用在社会各个领域之中。尤其在职场中更是发挥了无穷的魅力,成为许多职场精英的工作法则。less is more 本质上体现的是一种大道至简的哲学。它意味着,越简洁越有效的职场艺术。

有些职场人常常会发出这样的感叹:“朋友都混得风生水起,为什么我一直在奋斗,付出了这么多,却还是原地踏步?”“为什么我明明很努力都做了很多工作,却始终都没能熬出头?”这些问题其实是许多职场人的困惑,也是当今社会的一种普遍现象。

很多人整日忙着做各种各样的事情,却没有在职场取得高价值。于是疲惫、抱怨、焦虑悄然滋长,让人渐渐失去动力,却始终没能解开困境。你明明做了很多事情,付出了很多努力,却没有得到应有的回报。究竟是命运不公,还是另有原因?

其实,任何事物永远都不会跳出因果逻辑。所谓付出与回报相去甚远的疑惑,只是人们没有探寻到其中深层次的原因。而人生最可怕的是,我们一直在犯错却从不自知。这是一个讲求效率和结果的时代，劳苦并不等于功高，做得多也并不一定代表着高价值，加班发圈的伎俩不再奏效。

本质决定结果，你做了很多不必要的事情，浪费了很多不必要的精力，你看似付出很多，但其实它的价值很少。通过二八法则来解析，就意味着你付出了80%的精力，却只收获了20%的价值。最后的结果也只能是不尽如人意。

咨询者李小姐就曾向我诉说过她的苦恼，她工作一直都很积极努力，公司里的大事小情，分内分外的事情他都做了不少，加班也是常有的事情，但是加班却并不讨好，领导还是对她很不满意。

奋斗者成为被批评者，努力的人却没能得到领导的好脸色。从表面上看起来，这的确会让人觉得有些丧气，怀疑努力的价值。身边的朋友也都为她喊冤，还有人劝她实在不行就跳槽。在各种各样的建议下，她感到更加迷茫。

其实李小姐的问题在于，做得太多，但都做得不够精。她没能够把握好工作的质，那么就算做再大的量，也都是无用功，甚至会给她减分。

奥卡姆剃刀定律曾指出"如无必要，勿增实体"，即"简单有效原理"。

对于职场人而言最重要的是时间和精力，它们是实现价值的筹码。可现实的职场中，很多人都不懂得合理地使用自己的时间和精力，将它们浪费在很多没有意义的事情上，日积月累，疲于奔忙，却让自己成为一个平庸的人，陷入一种低价值的忙碌状态。

1. 低质量的忙碌的特征

(1)在沟通中不懂得梳理和精简信息。

在沟通中反复的信息传递，很容易使信息失真。相反，信息越是精简，越容易被接受和理解。很多人在职场中沟通不顺畅，正是因为不懂得如何去梳理和精简信息。而这些有偏差或者是错误的信息，往往会让后续的工作价值大打折扣，或者是偏离了原有的方向，做了无用功。

(2)在工作时忙于完成，却忽视质量。

有些职场人由于性格或者是心态原因，会急匆匆地将工作做完，然后投入到下一个工作中,并以此标榜自己的高效率。但是这样却是单纯地加快了完工速度,却忽视了质量,反而会拉低工作效率。即使做了再多工作,产出价值仍旧极低。

(3)精力碎片化,工作效率低下。

在这个充满诱惑,又信息爆炸的时代里,有太多分散注意力的事情。就算是在上班时,也会充斥着各种各样的琐碎小事,吸引你的注意力。它会让你产生这样一种错觉,每天总是感觉忙忙碌碌,回头一看却并没做多少事情。刷一刷手机,聊两句八卦,洗洗杯子,泡点咖啡,发个信息……各种各样的小事都能够把时间切碎,并在无形之中消耗着你的时间和精力。

(4)工作抓不到重点,无法充分地展示自己的能力。

任何工作都会有主次之分,抓住重点,有的放矢,才能够让你的时间和精力产出更高的价值,同时也能够充分地释放你的能力。很多职场人无法抓住工作内容的重点,毫无计划地使用自己的精力,很可能会在一些次要的工作中做了无用功。

2. 如何掌握好职场上"多与少"的尺度

(1)精简目标:做 10 件事,不如做好 1 件事。

人的精力是有限的,你要做的事情越多,每件事情所分配到的有效时间和精力就会变得越少。职场人要学会精简自己的工作目标,把更多的精力聚焦到重要的工作中,你所能获取到的价值也会得到质的飞跃。

这里所提到的精简工作目标,并不是单纯意义上的减少自己的工作量。而是通过合理分配自己的精力和时间,让自己的专注力在更重要的事情上发挥作用。

职场人可以通过前文中提到的四象限时间管理法,划分工作任务的重要紧急程度,并对时间和精力进行合理的分配。

(2)精益求精,职场也要有匠心。

匠心是在近些年中,无数次被提到的一种专注精神,它最初用在一些雕刻木匠师傅等一些传统手艺人身上，并不断在各个领域得到应用。它的核心是指人们对于某件事情专注、严谨、精益求精、精雕细琢的态度。

职场人若想要自己变得优秀卓越，并能够在职场上获得很好的发展，那么就必须具备这种匠心精神。它并不是一个漂亮的口号，而是可以应用在任何一件小事上的行为准则。

当你在职场中，能够对经手的任何一件事情保持专注，并尽力做到极致，便可以在日积月累中成为一个卓越的人，实现职场质变。

(3)“少”不是要偷懒，而是要付出更多。

简洁并不是简单，少做也并不意味着是偷懒，恰恰因为少，所以我们需要付出更多的时间去打磨。每件事情浅尝辄止很容易，但要把一件事情做到极致，这需要付出极大的耐心，并不断地深入钻研。

(4)删除无用事项，让时间更有价值。

在现代生活中，很多人都提倡“断舍离”的概念，以此来提高生活质量。同样，在职场上，如果我们想让自己的时间更有价值，也需要这种“断舍离”的理念。

在我们当下的职场中，充斥着各种各样繁复的信息，以及低价值的事件。例如，刷手机。这似乎已经成为一种大众的生活方式，通过手机我们可以实现支付、沟通、工作、休闲等多种功能。它一方面使我们的生活更加便捷；但另一方面，我们也会因为浏览各种八卦信息新闻、闲聊，耗费了太多的时间和精力，有意无意间做了太多低价值的事。

你怎样支配自己的时间，就会收获怎样的人生价值。如果你希望自己的未来得到快速增值，那么便要学着精简一些类似于刷手机、看八卦，或是与同事闲聊等不必要的低价值事件，将更多的时间投入到工作和学习中。这种对日常事件的管理，也正是在与自己消遣休闲的欲望进行“断舍离”。

在职场，没有简洁也就没有高效。掌握 Less is more 的精髓，将重要的事件做到极致，打磨自己的核心竞争力，才能获得更高效的职场成长。

学会换位思考

想要在复杂的职场关系中赢得一席之地，就一定要具备换位思考的能力。正所谓，“横看成岭侧成峰，远近高低各不同”。方位不同看到同一事物的结果也大相径庭；在不同思维角度上，去评判一件事情，更是会呈现出不同的样貌。

换位思考是一个社会学概念，也并不难理解，就是站在对方的立场上，理解对方的想法和感受，以对方的立场来看事情，思考问题。

从表面上来看，换位思考是为了理解他人，但从本质上来分析，换位思考最终成全的是自己。增加了自己看事情的角度，提升了自己的格局，从而能够让自己和事物和谐相融。

其实，在工作中很多不如意的事，都是因为我们看问题的角度过于片面，从自己狭窄的利益角度出发，而无法直达问题的本质，从而滋生了误解和抱怨。

黄先生来找我做咨询的时候正是满腹怨气。他在职场打拼 5 年，因为业务能力较强，一直也比较顺利，但是前不久他的领导跳槽到了另一家公司，而他也迎来了一位新领导。

对这位新领导，黄先生大吐苦水，他觉得自己太倒霉摊上这样一位领导。黄先生给他这位领导的评价是，喜欢死抠细节，爱挑刺儿，脾气差。动不动就会因为一点小事而大发雷霆，丝毫不给他留面子，还常常把一些难搞的客户都交给他。黄先生感觉新领导处处针对自己，特别怀念自己之前的领导。

从黄先生的角度来讲，他的想法以及他的情绪都是合理的，如果换作是别人，可能也会有同样的想法。但合理的并不意味着它是正确的和客观的。黄先生认为领导在为难他、刁难他，可事实却并不一定如他所想。每个人的做事原则不同，每个领导的领导风格也会不同。有的领导喜欢把控方向，有的领导喜欢精雕细节。其实从客观角度上来看，黄先生的领导对员工要求严格并没有错，只是黄先生一时无法接受这样的管理方式，而对其产生了抵触情绪。他常常把难题交给黄先生去处理，其实这并不是刁难他，反而是信任他的能力。

所有的理解，都需要建立在充分的了解之上。所以我建议他去和领导进行一次深入的沟通，敞开心扉去了解领导真正的想法。经过深入沟通之后，黄先生的确解开了自己的心结。很显然，换位思考的能力，可以让我们的职场更加通达。

在工作中，我建议职场人可以通过以下几个方面，与领导进行换位思考。

1. 关于工作标准

在职场中不是尽力、努力就一定会得到认可，每一位领导心中都有一把检验标尺，那就是工作标准，员工心中同样有一套完成标准。如果这个完成标准低于领导的衡量标准，那么你的工作质量也很难让领导满意。

员工看重自己在工作中付出的辛苦和努力，但领导更看重结果和价值。

做了、做到、做好是完成工作的三个不同层次，在员工思维中常常把这三个层次混为一谈。

而在领导的心中，往往是期待员工能够超预期达成。换言之，超预期完成才是领导心中真正的工作标准。

对策：作为员工，真正的尽职尽责是要以结果为导向，尽最大能力去达成目标，并超出目标。

2. 关于难题

在工作中每个人都会碰到难题。在员工思维中，难题是一堵超越自己能力范围的墙，应该由能力更强的领导来解决。并不在自己的责任范围之内。而那些把难题强塞给自己的领导，大都是为了为难自己。

在领导的观念中，方法总比问题多，任何难题都会遵从事物发展的规律，只要拆解其中的本质，都会变得简单、可解。

作为领导，即使有能力解决这个难题，他也更希望由员工能够把它完成，因为这是一次难得的锻炼提升的机会。所以在分配这些棘手的问题时，他会更倾向于将难题分配给自己信任的人，想要培养的人，或者是他认为有能力解决的人。

对策：重视领导交代的每一份工作，学习领导的工作方法，学会拆解难题。

3. 关于机会

在员工心中，机会是一种由领导分配的资源，领导亲近的人更容易获得。在领导心中，机会是能力者的试炼，需要职场人用实力去争取。

对策：在工作中积极主动，做好大事也要看重小事。因为任何事件都可以展示你的能力。以小见大的威力，不可小觑。

4. 关于晋升

在员工心中，升职加薪并不完全由能力决定，有时候也要看领导的脸色，领导完全主宰着升职加薪的大权。在领导心中，升职加薪是一个员工成长过程水到渠成的回报。什么时候获得，能获得多少，本质上是由员工自己决定。

对策：想赚高薪，获得更高的职位，先让自己有高价值。成为高价值的人，升职加薪方能水到渠成。

5. 关于决策

在员工心中，有时候领导的决策是不可理喻的，不近人情的。他们在解读领导的决策时，往往更看重自己的利益得失。而在领导心中，聚焦目标，顾全大局，是决策的原则，而不是为了让每个人都满意。

在决策时，领导首先考虑到的是需要付出多大的成本，最终能获得怎样的价值。其次是在执行的过程中可能会存在哪些风险，以及最大限度可承受的风险是多少。

此外领导还要考虑，方案的效率是否还有更好的解决方法。

对策：分析领导的决策类型，有针对性地提案，并理解领导的决策思路，会使你与领导的配合度更高。

6. 关于禁忌:领导最讨厌什么样的员工

(1)偷奸耍滑的员工。

有些职场人在工作中得过且过,能混就混,不知上进。在工作中偷奸耍滑,并以此为荣耀,觉得占到了便宜。他们可能在领导的面前会表现得积极而努力,但背地里却做事拖沓。领导的眼睛是雪亮的,一个处处耍小心机而不知进取的员工,永远无法得到重用,他们往往是裁员时的首选。

(2)为个人利益斤斤计较的员工。

职场上的一些大大小小的纠纷皆是因利益而起,有一些职场人为了自己的利益而斤斤计较。他们往往只看重眼前的小事或者小利,无法透过现象看本质,不识大局,容易给公司造成不可估量的损失。

(3)办事拖沓不守时的员工。

这类员工做事效率不高,经常无法按时完成领导交代的任务。并会为自己找出各种各样的借口,这样的员工领导十分反感,也更不会得到重用。

(4)越级的员工。

职场中会有一些人为了某些利益去越级汇报,或者是替领导做决策。无论你与领导的关系再好,这样的越级行为都是质疑了领导的权威,对领导极其不尊重。

(5)轻蔑领导的员工。

有些职场人在某些工作能力上高于领导,便自以为是对领导没有足够的尊重,认为领导不如自己,在公开场合或私下里质疑领导的决策或作为。没有一位领导会喜欢一个质疑自己的员工,即使能力再强,也不会得到重用。

(6)搞小团体的员工。

在职场中会有人仗着自己能力强,或者是资历老,在职场中建立自己的小圈子,并对圈子之外的同事有意地排挤,甚至利用小团体的力量,反对领导的决策。此类员工也同样是质疑了领导的权威,是领导非常讨厌的类型。

(7)不接受批评的员工。

有些员工过于自负,在领导指出错误或批评时会勃然大怒。而作为领导,一般不会无缘无故地批评自己的员工,凡事事出有因,一个不懂接受批评,不知进取的员工,无法得到领导的信任和赏识。

与领导换位思考,能够最大程度上帮我们减少职场阻力。我们理解别人,去从不同的角度,更客观的审视问题,其实也是纾解了自己心中的困惑,成全自己。

如何维护向上关系

在职场中取得了领导的信任,并不意味着一劳永逸,因为任何优质的关系都需要不断地维护。维系良好的向上关系,是向上管理中的重中之重。向上关系的建立需要日积月累,但如果没有细心的维护,它可能会在一瞬间崩塌。

咨询者贺先生因为一次升迁的问题,跟领导闹得很不愉快。此前贺先生与领导关系不错,进入公司 5 年,贺先生一直追随着这位领导,成为他的得力助手。同样领导也十分信任他,给他倾斜了不少机会和资源,也给他介绍过一些大客户。

贺先生志得意满,在领导的帮助下,他的职场一直走得比较顺利。但是这两年贺先生的干劲儿往往大不如从前。公司正处于转型期,发展战略做了大调整,贺先生的领导也得到了公司的重用,成为新板块的业务负责人。水涨船高,贺先生笃定了领导会提拔自己,但结果却出乎意料,领导并没有选择他,贺先生心凉了半截。

从贺先生的角度来讲,他的反应和失望都可以理解,但出现这样的结果却是必然。向上关系的基石并不是情感,而是彼此之间的价值。

虽然在前期工作中贺先生与领导建立了良好的向上关系，但他近两年的表现过于懈怠，尤其是在公司战略发展转型期，没有能够跟上领导前进的脚步，错失机会也是理所当然。开创一片新的事业，领导所需要的是一个得力助手，而不是一个志得意满的老朋友。

获得领导的信任，建立良好的向上关系，并不意味着领导会毫无原则地给予你帮助。他只是能够在你和其他人能力相当时，为你提供更多的机会。

想要维系好一段关系，一定要看透他的本质。那么在向上关系中，彼此双方的诉求是什么？

1. 领导渴望什么样的员工

(1)一个具有高价值、高潜力，配合度高的种子选手。

职场关系都属于理性关系，那么建立这段理性关系的基础一定是现实价值，而非感性价值。因此领导在与员工建立信任关系时首先要考虑到的是，员工当下以及未来是否都能够在工作中回馈较高的价值。

(2)一个能解决问题的高手。

在与员工建立信任关系时，领导一定不会选择一个给自己制造麻烦的人，而是会倾向能够在工作中帮助自己解决麻烦、解决难题的高手，协助自己达成目标。

(3)一个办事妥当，值得信任的得力的助手。

领导对员工交付信任的前提是，这个人一定是值得信赖的，并且在过往考察中始终都能够稳妥发挥，基本能够按照领导的期待达成目标，或超预期完成。如此，领导才愿意将更多的、更重要的工作交付给这样一个值得信任的得力助手。

(4)一个忠诚的追随者。

领导在给员工交付信任的同时，也会付出更多的资源和机会来培养员工。领导会更信赖一个忠诚的追随者。因为培养一个三心二意的人会有极大的风险，在未来这样的员工，很容易会因为利益而离开，对于领导而言便会白白地损失了自己的栽培和投入。

而与此同时,员工渴望得到的又是什么呢?

(1)领导的认可。领导能够认可自己的工作成绩以及工作能力。

(2)领导的信任。领导能够相信自己,承担更重要的工作,并能够稳妥地完成。

(3)更多的工作机会。领导能够给予自己更好的项目,更多展示自己、提升自己能力的机会。

(4)更好的发展机会。领导能够给予自己升职加薪的机会,获得更多的职场回报。

职场人了解自己的需求是为了明确向上关系的目标,而了解领导的需求是为了能够精准地满足这些需求,稳固这段关系,达成自己的目标。

2. 建立信任后的维系向上关系

那么职场人在获取了领导的信任之后该如何维系向上关系?可以从以下几点出发。

(1)向上关系的尺度。

任何优质的关系都需要把握好适当的尺度,其实这个最佳尺度并没有一个绝对的答案,根据领导的性格不同、喜好不同,员工与领导的最佳距离便也不尽相同。有的领导比较热心,会在休闲时与员工进行深入交际;有的领导会比较疏离,在工作之外的私人时间里,与员工并无太多交集。具体情况应因人而异,但有一些共性问题职场人一定要知晓。

无论领导的性格如何,始终都要对领导保持尊重。有些职场人,遇到性格比较开朗很有亲和力的领导,关系走得近了,就会渐渐模糊了彼此相处的界限,不分轻重地与领导开玩笑,与领导分享自己的私事,不加克制地放纵情绪,或者是对领导大吐苦水。

职场人应当清楚,向上关系并非情感关系,而是一种基于职场合作的信任关系。混淆了这两种关系很容易模糊了这种关系的界限,一不小心,便很容易踩到领导的底线。正如刺猬法则中所强调的,在人际交往中都应当保持适度的心理距离。

(2)不能失去业务能力的根本。

向上关系在本质上是一种交换关系,你用工作能力和工作价值,来交换领导的信任和资源。在现实的职场生活中,很多人却对此存有很大的误解。认为自己与领导关系好,走得近,便忽视了自己的业务能力,而是在搞好领导关系上下足了功夫。

职场人应当清晰地认识到,向上管理以及其他任何职场技巧能发挥作用的前提是,自己具有一定的核心价值。

所以若想要向上关系发挥更大价值,那么职场人需要付出加倍的努力,提升自己的核心竞争力,在职场上贡献出自己的价值。如此才能够换取领导更多的信任,更多的资源,才能真正地让这层关系更加牢固,即使未来领导离开,自己也可以在职场上独当一面。

(3)不是贪图安逸,而是要加倍努力。

在当下的职场中,仍然存在着一种狭隘的思维。有些人依仗自己和领导关系好,便会避重就轻,偷懒耍滑。这样不明智的行为,只会不断消耗领导的信任,一点点地蚕食向上关系。

任何的向上管理都是为了获得更多的成长,而不是为了贪图安逸。职场人在获得了领导信任之后,需要付出加倍的努力,珍惜每一次领导给予的机会。用实际价值向领导证明他的决策的正确性。回馈领导的同时,其实也是在成就自己。如此一来向上关系将会变得更加牢靠,也会在这种良性关系中获得更多的发展机会。

(4)低调行事,不给领导添堵。

向上管理的意义在于,给领导解决麻烦而不是给领导添堵。有一种极为不理智的想法是,有些人在职场中,认为自己获得了领导的信任,与领导关系近,行事大胆,却不负责任。一旦出现了什么问题,便仰仗着领导处理解决。这样的行径其实是在挥霍领导的信任,而最终输掉的只能是自己的职场。

在职场中,越是深得领导信任受到领导重视,就越要低调行事。要成为领导的得力助手,领导解决麻烦,悉心地维护向上关系,才能使其不断上升,让自己在职场生涯中持续受益。

(5)要学会主动去替老板分忧解难。

一些员工在执行老板分配的任务时,可以完成得非常好。但是,仅仅做一个只会完成任务的助手是远远不够的。向上管理的核心是要发挥员工自己的主观能动性,从而对老板发生正面的推动作用。

因此,“各人自扫门前雪,休管他人瓦上霜”这样的工作思路是需要被抛弃的。想要维持与老板之间的信任关系,除了在做好本职工作的同时,身为员工还需要不断挖掘潜力,主动接受新的工作任务和挑战,不断地创新和突破。这样,既为老板分忧解难,又锻炼了自己的工作能力,何乐而不为呢?要知道,在这个竞争不断升级的时代,人是不可以沉溺于舒适区的。“不进则退”是残酷的职场现实。况且,职场人在过程中所表现出的担当、勇敢、创新和能力,从来不会白费。任何一个聪明的老板都不会亏待一个真正优秀的人才,否则,要么是你还不够优秀,或者,你真的需要考虑换一个老板了。

(6)要切记不可随意威胁自己的老板。

想要维持与老板之间的信任,一定要保持忠诚,与老板一条心;而所谓保持忠诚,最重要的一点,就是不要随意抱怨老板,更不可以随意威胁自己的老板。

很多员工,尤其是一些职场新人,往往会认为老板存在的意义就是榨干自己的剩余价值。他们的眼中常常只能看到自我,而看不到老板的处境和需求,因此,他们不会去想如何帮助老板攻克难关,共同取得成功,而只会怨天尤人,年纪轻轻就牢骚满腹,更不要提和老板一条心,对老板保持忠诚了。而相比这些员工,那些刚刚帮助老板做出了一些成绩,就自鸣得意,向老板提各种苛刻要求和条件,威胁老板如果不满足自己就离职的员工,则更令老板反感。因为,没有人喜欢被威胁,即使老板个人涵养再好,遇到这种事情时也难免会光火。

能力越大,为人就越需要低调。我们不得不承认的一点是,在职场上,即使你真的非常优秀,也极少有人是不可以被替代的,如果你刚刚取得了一点儿成绩,就翻脸不认人,那么,无论你多么优秀,对公司的发展有多重要,老板也一定不会接受你的威胁。

而一旦你因为这种威胁失去了老板的信任，那之前付出的一些支持和帮助都将付诸东流，且极难挽回。所以我们在讲帮助和支持老板时，需要摆出一种“无条件”的姿态。你真的做好了，不用你说，为了留住你，老板也会主动为你升职加薪，但如果你没有先打好业绩和信任的基础，就急于提条件、搞威胁，对不起，没有一位老板愿意接受这样的员工。

用领导的思维做事

思维决定出路，一个在职场上始终抱有“打工者”思维的人往往进步缓慢，也很难成为职场精英，获得更好的发展。

在“打工者”思维中，职场就是为别人做事，是个人劳动智力付出之后与公司之间的交易。而一旦这种交易发生了不平衡，就会滋生出很多职场问题，也很难干好这份工作。

“打工者”思维很常见，它也许不会呈现为一个明显的错误，但是却在悄然之间阻碍着职场发展。

1. 职场中常见的“打工者”思维

(1)喜欢做表面功夫。

具有“打工者”思维的人热衷于做表面功夫，在领导面前，他们常常是一副忙碌努力的样子；领导不在时，他们便会消极怠工。而工作迟迟没有进展，没有取得理想的成果，他们便会摆出一副明明自己很努力却很委屈的样子，将责任归于其他外部因素。

在他们心中表现的勤奋卖力要比在实际工作中取得成果和进展更加重要。具有这样思维的人，总是得过且过，时时刻刻地守护着自己的利益。如果身在职场的你，仍是有这种思维，那么你离职场精英距离还有很远。

(2)完成即是尽责。

在“打工者”思维中，领导给多少工资就做多少事情。完成即是尽责，尽了本分，就该有收获应有的成果。这样的心态无异把自己当成了一个完成任务的工具。哪怕在某处吃了亏，也会暗暗地在另一处工作上偷懒，弥补心理上的亏欠。

在职场中，完成任务是本分，但在此基础上多做一步，深想一层，你的职场就有可能获得质的飞跃。

职场精英们在完成工作之后，总是能够站在公司和项目的角度上，去深入思考很多问题，并提出自己的建议和思考，也因此会赢得更多的赏识和机会。

想要扭转这种狭隘的思维，一定要学着看透问题的本质。

首先，只是满足于完成基本工作，而不去进一步深思，那么就会比别人少了一些锻炼机会，在职场成长中落后于他人。

其次，在现实的职场中，也许多劳多思暂时不一定会多得，但是不去积极努力地争取，一定会在领导的心中大打折扣，在竞争中处于劣势。

最后，这种狭隘的思维更容易让职场人产生一种不公平的感觉。一旦在发展中失利就会认为是职场的残酷，或领导的不公。

(3)推脱难题。

在“打工者”思维中，认为无论自己多么的努力，最终最大的受益者是自己的领导。

在他们心中并没有达成目标的信念，尤其是在工作中，遇到难题或者进展不顺利的时候。常常会表示自己已经足够尽力和努力，是客观条件阻碍了自己的脚步，以此来推脱自己的责任，推开难题，将其理所应当地抛给了领导或者是其他同事。

从一个员工角度来讲，只要尽力便足够了，或者说只要看起来足够尽力就好。

其实很多职场上的难题并不是绝对的无解，只是大多数抱有“打工者”思维的人，在心态上就已经认输了。

每一个职场人都应该对自己的职场有清晰的认识。工作仅仅是一个载体，而每一天的所作所为，所有的奋斗都是为了自己。你在工作中会获得劳动报酬，此外公司也赋予了你受益终生的工作能力。

在职场上每一天的工作，不仅仅是要对得起自己拿的薪水，更要聚焦于未来，对得起自己的发展前途。

总之，在身份上你是一个打工者，但是在思维里一定要把自己当成领导。

2. 转化打工者思维，用领导的思维去做事

(1)思维目标上转变。

思维目标即是思维所实现的目的和结果。在明确了目的和结果的基础之上，我们才能够找到合适的途径。

领导的思维目标是解决问题，达成项目成果，实现企业目标，获得价值。打工者思维目标是维护自己的利益和获取更多个人利益。

更易于职场发展的做法是，抛开眼前的利益，做好职业生涯规划，为自己设立长远目标。并将长远目标进行分解、细化，与领导的目标绑定，依托公司发展，实现自我发展。

(2)打破思维定式。

思维定式指的是以思维能力为主体，长期形成的思维态式和惯性。身处于员工身份的职场人都很容易形成打工者思维的惯性。如此，思维定式决定了由打工者思维向领导思维转变的难度。

想要打破这种狭隘的思维定式，首先要学会放下自己的利益，改变自己的价值认同。

其次是遇事要冷静，不要盲目地沿着过去的思路，妄下决断。养成多元化思考问题的习惯，避免片面，把握全局，改变原有单一的思考路径。

最后，任何思维惯性都不是一朝一夕促成的，想要改变打工者思维，则需要从每一件小事上改变，日积月累养成全局思维和领导思维。

(3)在时间规划上转变。

能够管理好时间的人才能够真正地管理好职场。

在领导思维中,时间成本是一种不可忽视的重要成本,管理好时间才能让职场更加高效,获得更大的价值。

关于时间管理,职场人可以参考前文中的四象限时间管理法,区分任务的轻重缓急,合理安排时间。

(4)在工作方法上转变。

高效的职场离不开高效的工作模式和工作方法。

在领导思维中,任何简单的工作都需要条理和章法。任何难题都可以被划分成无数个小问题,并一一攻克解决。

在"打工者"的思维中,他们并不会过多地思考工作方法,而是领导交代什么就做什么。

职场人可以通过建立模块思维对工作进行梳理,根据自己的工作职责以及工作内容的特点,将其分解成若干个独立的模块,然后根据每个模块的特点以及需求进行逐一解决。

模块思维可以将复杂的工作分解成简单的工作,大大降低工作难度。同时也能够让任务的主次变得更加清晰,以便于职场人能够合理安排自己的时间和精力,掌握任务的轻重缓急。

模块思维一般有两种。

要素法:它是指工作任务是由很多个相对独立的要素单元组成。在职场中,有很多工作内容繁杂琐碎,但相互关联性不大,没办法用一个统一的流程将其贯穿。那么便可以把工作中相类似的内容进行合并,将其梳理出几个清晰的条框,分类进行解决。

流程法:它是指用一个工作流程将工作内容串联起来的方法。这种方法适合较为流程化的工作内容,这些内容是纵向延伸的,很少有其他额外不相关的内容。所以通过流程法将其串联起来,并根据流程安排工作节奏。

转换思维本质上就是转变立场,用领导的思维做事,才更能读懂领导,更高效地实现向上管理。

把领导当客户

我们看事情的立场决定了我们的态度与行为，在职场关系中，很多人在职场中都会不知不觉地把自己放在了领导的对立面。

从客观现实讲，职场就是一种付出劳动与收获报酬的等价交换。领导与员工之间就是一种领导与被领导的关系。

但从个人职业发展角度上来讲，职场是我们成长发展的舞台，而你的领导作为资源和机会的把控者，直接影响着你的职业发展。

咨询者赵先生有着9年的职场工作经验，在现在这家公司也做了5年，在找我咨询的时候他陷入一种极其苦闷的状态。以前他工作还算顺利，但是半年前公司调来了一位新领导，彻底打乱了他的职场节奏。

赵先生与这位领导总是很难合拍，领导认为他的方案毫无可行性，而赵先生则认为领导根本不专业，理解不了他的想法，工作做起来也越来越没有激情了。这也让他十分怀念与前任领导的工作模式，他们总是能够很合拍，一起合作，彼此互补，做出了不少成绩。

赵先生考虑是不是应该辞职，换一个更能成就自己的平台，去寻找一位真正的伯乐。但是从另一个角度来讲，公司的其他方面赵先生还算满意，而且发展也还算不错。所以，对于去留的问题赵先生始终拿捏不定。

其实对于赵先生的问题，不一定需要辞职来解决。在职场中，想要遇见工作合拍的领导，不能单纯靠缘分，更应该通过向上管理来实现合作共赢。只要换一个角度，换一种立场，很多问题便可以迎刃而解。

把领导当作客户去经营，用分析客户、服务客户、维护客户的方法对待领导，所有的问题便呈现出了另外一种状态。

这样一来赵先生的情况就是他换了一位新客户而已。他需要解决的，是如何去服务这位新客户，而不是去选择另外一位合心意的用户。

1. 如何维护领导

职场人究竟该如何维护这位影响职业发展的重要“客户”?

(1)客户定位。

服务好客户的前提就是要对客户有清晰的了解和明确的定位。你对领导越是了解,那么在向上管理中就越有把握。

首先你需要了解领导的基础信息,这并不是要去窥探领导的隐私,而是需要你充分了解他的个性、喜好与禁忌,并分析领导的优势和劣势。领导的优势是你需要尊重并学习的,而领导的劣势,你需要通过努力,去弥补配合或谅解的。

除了要了解领导的性格优缺点之外,你同样要学会解读领导的行为心理。用换位思考的方法,去解读领导的行为和决策,分析其背后的思维动机和最终目的。那么作为员工在工作中才能够更加有的放矢的,去达成领导期待的目标。

(2)客户需求。

领导在职场中是一个领导者的角色,那么职场人应该分析在这个角色中,领导的需求是什么,或者确切地来讲,领导对员工的需求是什么。

作为领导,首先需要员工配合他去达成目标,实现更大的价值。

领导希望员工具有解决问题的能力;领导希望看到结果和价值,而不是在此过程中员工付出了多大的努力;领导更欣赏积极的态度,而不是消极和抱怨。

错误发生时,领导更期待看到解决方案,而不是借口或者逃避。

通过角色的代入,职场人可以在各种情境下,分析出领导的需求,并随时调整自己的行为,满足领导的期待。

(3)客户服务。

做好客户服务的前提是专业,要有专业的产品才能够打动客户。

在职场中,这里的专业指的是你的业务能力,以及其他各方面的综合能力。不管你的职务大小,不管你处于何种岗位。都需要拿出你的专业水准,才能够让客户满意。

人无信则不立，做任何事情都需要把诚信放在第一位。没有诚信，无法做好客户服务，没有诚信也同样无法打动你的领导。

在工作中做不到的就一定不要逞一时口快去承诺。承诺到的就一定要完成，即使最后真的无法完成，也要主动的告知领导。

遇到问题也同样不能推诿，无论事情大小都有解决的办法。而逃避的结果只能让你失去客户，失去职场发展的更多可能性。

(4)维系客户。

维护客户，就是要替客户分忧，在职场中便是要替领导分忧。尤其是在遇到难题的时候，很多职场人会不自觉地选择退缩，保全自己的小利，使自己不必陷入难题和麻烦中。

而正确的做法，需要以一种共赢的态度来应对难题。一方面，领导的难题得以解决。另一方面对自己来说，在解决问题的过程中，得到了充分锻炼的机会，也因此会赢得领导的赏识和信任。

2. 与领导共赢的 4 大原则

(1)服从原则。

在职场中，领导掌握着一定的资源和权力。领导在决策中需要从团队的角度去考量，也因此有时候会难以兼顾到个体。所以在个人利益与领导的角色发生冲突时，职场人应该站在高度看问题，服从领导的安排，不要找借口。想尽一切办法去完成任务，促进目标的达成。因为成就领导，也就是成就自己。

(2)敬业原则。

在向上管理中，敬业是一切管理能够生效的根本。对于一个没有业务能力的人而言，任何管理技巧都轻如浮云。把工作当作自己的责任，认真地对待工作中大大小小的事件，是职场人的本分，更要时时刻刻地把自己的职业当成自己的事业。在完成工作时，抱着尽力做到最好的态度，想着如何能把工作做得更好，并不断地提升自己的业务水平。

只有敬业的态度才能促成敬业的行动，让你在职场中发挥充分的价值，而这份价值则是与领导共赢的筹码。

(3)请示原则。

尊重是一切合作的前提，没有尊重，也就没有共赢可言。

任何时候都要尊重领导的决策权，否则一旦越界，就会失去领导的信任，破坏原有的合作关系。因此在职场中切忌任何行为的越界，不要以一种想当然或者是替领导着想的借口去作出任何越界的行为。在工作中凡事向领导请示，一方面是对领导的尊重，另一方面是保护了领导的决策权力。

将自己的工作计划及工作思路上报给领导，如果与领导的想法一致，那么便可以以此来执行。如果领导给出了其他指示，也会让你的工作更加完善和稳妥更加接近目标。

(4)互补原则。

当你通过不断的努力，提升自己的能力，与领导相互依赖，达成优势互补的关系。那么你在职场中，便会与领导收获更多的共赢和发展。

一般而言，想要与领导形成互补关系，需要三个阶段。

第一阶段，是依赖阶段。你可能刚到一个新环境，或者是刚刚进入职场，对周围的一切并不熟悉，所以你需要依赖同事依赖领导。

第二阶段，是独当一面的阶段。在此阶段中你需要通过努力，不断地提升能力，能够独立解决问题，成为一个成熟的职场人。在此阶段，领导对你的信任度也会不断攀升。

第三阶段，是互补阶段。你与领导的能力各有所长，为了达成某个目标，需要彼此互补，并在长期的工作中形成这种互补关系。

共赢思维本质上就是借力借势，通过向上管理，我们帮助领导达成目标，同时也借助领导手中的资源成就了自己，获得共赢。这是初心，也是目的。懂得与领导共赢的人，就等于实现了与领导的价值绑定，能够顺利地进入职场的上升通道，更能稳妥地实现自己的职业发展。

后　　记

新环境下的新职场，已经不仅仅是我们把业务做好，工作做好，就会博得领导赏识。你需要的不仅仅是打磨业务能力，更需要的是转变思维，提升认知。因为，思维决定出路，认知水平决定了你的发展上线。

在当下职场环境中，向上管理，已经成为很多职场人职业发展的分水岭。

在传统的认知中，管理历来都是自上而下的。那些人就以员工思维与领导对垒，在当下的职场环境中会遇到更多的困境。他们与领导相处时总是别别扭扭，多或少还会有一些抱怨。抱怨加班，抱怨没能升职加薪，抱怨领导对自己大发脾气，抱怨领导的决策不当……

对向上管理的认知，还停留在极其浅表的层次，认为是向上拍马屁，谄媚领导。不可否认的是，他们已经远远地被时代抛下。

这个时代，我们在职场上面临着越来越多的挑战。它需要我们做出更大胆的选择，和更多的突破，向上管理已经势在必行。

在职场中没有人会是一座孤岛，我们的职业成长，并不是单纯意义上的自我成长，它需要土壤，需要阳光，需要雨露。而向上管理将会给我们的职场，带来丰富的养料。

管理大师彼得·德鲁克曾说："你不必喜欢、崇拜或憎恨你的领导，但你必须管理他，让他为你的成效、成果和成功提供资源。"

管理的本质就是对资源的配置，在职场中领导掌握着资源的分配。所以想要获得领导手中的资源，就必须做出正确的向上管理。

从被动的接受领导的管理到主动的实现向上管理，你改变的不仅仅是一种工作状态和工作思维，它会让你的职场产生质的不同。

其实向上管理并不高深，它的本质就在于打破所有障碍，建立有效路径，与领导实现心与心的深度链接，深化信任，然后彼此成就。

如何才能明确领导的需求与决策思路进行积极配合,实现同频共振,达成共同目标?如何才能够与领导顺畅沟通,相互依赖,相互成就?这些问题,都在本书中都进行了一一阐释。

而任何方法只有被使用,才能产生真正的价值。同样的方法被不同人使用,也会产生不同的效果。

希望职场人在合上书本之后,能将方法付诸实践,与领导相互成就,实现职场进阶。